本书为辽宁省教育厅人文社会科学研究一般项目
"美国基础教育公平演进研究"（编号：W201160）最终成果。

美国基础教育公平演进研究

——以理念与政策为视角

勾月 著

中国社会科学出版社

图书在版编目（CIP）数据

美国基础教育公平演进研究：以理念与政策为视角／勾月著．—北京：
中国社会科学出版社，2014.10
　　ISBN 978 - 7 - 5161 - 5019 - 1

　　Ⅰ.①美…　Ⅱ.①勾…　Ⅲ.①基础教育—教育资源—区域资源—
资源配置—研究—美国　Ⅳ.①G639.712

　　中国版本图书馆 CIP 数据核字 (2014) 第 247430 号

出 版 人	赵剑英
责任编辑	顾世宝
责任校对	张　慧
责任印制	李寡寡

出　　　版	中国社会科学出版社
社　　　址	北京鼓楼西大街甲 158 号
邮　　　编	100720
网　　　址	http://www.csspw.cn
发 行 部	010 - 84083685
门 市 部	010 - 84029450
经　　　销	新华书店及其他书店

印刷装订	北京君升印刷有限公司
版　　　次	2014 年 10 月第 1 版
印　　　次	2014 年 10 月第 1 次印刷

开　　　本	710×1000　1/16
印　　　张	15.5
插　　　页	2
字　　　数	260 千字
定　　　价	49.00 元

序

　　《美国基础教育公平演进研究——以理念与政策为视角》一书是勾月博士在其博士学位论文基础上修改而成的。在该书即将付梓之际，她希望我能够为该书写个序。作为她在浙江大学教育学院攻读博士学位期间的指导老师，我为自己学生的学术成果出版感到欣喜，故欣然应允。

　　在世界教育领域，基础教育公平是一个人们高度关注的热点问题，也是一个既有理论研究价值又有实践应用价值的重要问题，还是一个各国教育理论和教育决策的核心问题。正如该书所强调指出的："教育公平问题是20世纪60年代以来国际教育改革领域的重要论题，也是我国20世纪八九十年代以来教育改革的重要论题。教育公平问题之所以日益受到人们广泛而高度的关注，是因为它既是一个国际性的难题，也是中国教育改革中的重要问题。教育公平是任何一个国家在教育发展过程中都无法回避的问题。教育公平问题既涉及公民教育权利的保障问题，也涉及社会教育资源的公正分配问题，还影响着现代教育改革与发展的方向。教育公平作为指导政府制定教育政策的主要原则之一，对教育改革与发展具有重要意义。"正是在这个意义上讲，《美国基础教育公平演进研究——以理念与政策为视角》一书的出版具有重要的理论和实践意义。

　　诚如著者所言，美国的历史走过了一条不同于欧洲的民主之路，教育公平也是美国人民一直追求的目标，教育公平贯穿于整个美国教育发展的历程。可以说，美国的教育史就是一部追求教育公平的历史。通过对美国各个时期基础教育公平的理念与政策的系统论述和深入分析，该书明确得出了这样的结论："一个国家若要实现基础教育公平的目标，将教育公平理念转化为现实，就需要通过教育公平政策加以保障，与此同时，政策实施过程中的问题又为新的教育公平理念提供了素材。因此，基础教育公平理念与政策是紧密联系的。"这个结论清晰地揭示了基础教育公平理念与政策上的规律性，因而对思考和实现基础教育公平有很大的启迪作用。

在收集大量相关的英文资料基础上，《美国基础教育公平演进研究——以理念与政策为视角》一书从理念与政策的视角，以历史为视野，对美国建国后至今的基础教育公平的演进进行了系统而清晰的考察，厘清了美国基础教育公平发展的历史脉络。以基础教育公平的目标转变和更迭为主线，该书分五个时期来论述美国基础教育公平理念与政策。具体来讲，一是普及初等教育时期，在以提倡公立教育为主导的基础教育公平理念下，制定了以促进公立学校发展为核心的基础教育公平政策；二是发展和普及中等教育时期，在以强调教育机会均等为主导的基础教育公平理念下，制定了以确保更大范围教育机会均等为核心的基础教育公平政策；三是追求教育结果平等时期，在以关注教育结果和自由选择为主导的基础教育公平理念下，制定了以提供补偿教育为核心的基础教育公平政策；四是突出教育优质和公正时期，在以学校和教室层面的公平为主导的基础教育公平理念下，制定了以兼顾教育公平和教育质量为核心的基础教育公平政策；五是为每一个学生提供成功机会时期，在以追求每一个学生成功为主导的基础教育公平理念下，制定了以全面卓越的教育公平为核心的基础教育公平政策。特别应该指出的是，在此基础上，该书最后又结论性地指出，在美国基础教育公平理念与政策上值得人们关注的几个方面：基础教育公平的内涵逐步深化；通过教育补偿政策促进少数民族学生发展；基础教育公平离不开教育质量；联邦政府在基础教育公平实践中的作用日趋强化。

从创新的视角来看，该书也提出了一些在我国教育学术界具有创新性的学术观点。例如，在国内研究上第一次论述了当代美国教师教育专家、教育政策分析家琳达·达林－哈蒙德的基础教育公平理念，分析了她在教师质量、教学质量和课程质量与教育机会公平的关系上的观点。又如，分析论述了当代美国批判教育学家亨利·吉鲁的基础教育公平理念，即"如果公立教育不进行改革，基础教育不公平最终将导致严重的社会不公平"，在一定程度上丰富了美国教育公平理念方面的研究。再如，基于英文的教育政策文本，对21世纪以来美国的基础教育公平政策进行了较好的梳理分析，指出其在以教育质量为本的同时也表现出保障教育公平的取向，因而凸显出研究的前沿性。

从《美国基础教育公平演进研究——以理念与政策为视角》一书的整体结构来看，该书的框架合理，条理清楚，资料翔实，观点明确，论述得当，文字流畅，规范也很好。此外，特别应该指出，该书注意了历史意识和问题意识的结合，以及教育理念和教育政策的结合，既论述了美国各个时期教育家所主张的基础教育公平理念，又分析了美国各个时期基础教育公平政策文本。

勾月博士原来学的是英语专业，从硕士教育阶段起开始学习外国教育史专业。凭借厚实的外语基础，她能够更快和更好地收集到更多和更新的英文资料，从而为课题的研究和论文的完成奠定了极好的基础。在该书所运用的资料中，既有美国教育政策文本，又有关于教育公平理论的著作，还有关于美国教育公平政策的著作。

最后还有一点想在这里提及一下：在博士生教育阶段，勾月作为一个博士生学习十分努力，踏实用功。记得，在撰写博士学位论文的最后阶段，她年初五就从东北的家乡回到了南方的学校进行论文撰写，当时学生宿舍大楼里还只有很少的学生返校回来。正是这种严谨的学习精神和刻苦的学习态度，使得勾月博士能够按时按要求完成自己的博士学位论文，并很好地通过了博士学位论文的答辩。

对勾月博士来说，《美国基础教育公平演进研究——以理念与政策为视角》一书的出版是对她在教育学术上不断努力的一种肯定，也是对她在教育学术上有所追求的一种鞭策。我期盼着，勾月博士今后能在自己的教育学术道路上进步得更快，不断取得新的研究成果。

单中惠

浙江大学教育学院

2014 年 7 月

目　　录

绪　　论

第一节　选题缘由

教育公平问题是 20 世纪 60 年代以来国际上教育改革领域的重要论题，也是我国 20 世纪八九十年代以来教育改革的重要论题。教育公平问题之所以日益受到人们广泛而高度的关注，是因为它既是一个国际性的难题，也是中国教育改革中的重要问题。教育公平是任何一个国家在教育发展过程中都无法回避的问题。教育公平问题既涉及公民教育权利的保障问题，也涉及社会教育资源的公正分配问题，还影响着现代教育改革与发展的方向。教育公平作为指导政府制定教育政策的主要原则之一，对教育改革与发展具有重要意义。

一　我国实现基础教育均衡发展的需要

教育是促进人发展的最主要途径，也是实现社会阶层流动的重要手段，还是实现社会稳定与和谐的主要途径。因此，作为社会公平在教育领域的延伸，教育公平是社会公平的重要基础，不仅是教育现代化的基本价值和基本目标，也是推动社会公平的重要力量；教育公平为当前教育改革奠定了根本的价值与理念基础，是制定教育政策的出发点和归宿。

党的十六届四中全会提出了构建社会主义和谐社会的目标，强调建设"民主法制、公平正义、诚信友爱、充满活力、安定有序、人与自然和谐相处"的社会。其中"公平正义"就是社会各方面的利益关系得到妥善协调，人民内部矛盾和其他社会矛盾得到正确处理，社会公平和正义得到

切实维护和实现。① 此外,《国民经济和社会发展第十一个五年规划纲要》
也指出,注重社会公平,使全体人民共享改革发展成果,加快教育结构调
整,促进教育全面协调发展,建设学习型社会;促进教育公平,公共教育
资源向农村、中西部地区、贫困地区、民族地区以及薄弱学校、贫困家庭
倾斜;形成多元化的教育投入体制。② 2010 年 7 月发布的《国家中长期教
育改革和发展规划纲要(2010—2020 年)》中,也将教育公平作为战略目
标和战略主题,强调形成惠及全民的公平教育。坚持教育的公益性和普惠
性,保障人民享有接受良好教育的机会。建成覆盖城乡的基本公共教育服
务体系,实现基本公共教育服务均等化,缩小区域差距。努力办好每一所
学校,教好每一个学生,不让一个学生因家庭经济困难而失学。切实解决
进城务工人员子女平等接受义务教育问题。保障残疾人受教育的权利。③
在 2011 年 1 月中旬召开的全国教育工作会议上,就做好当前教育改革和
发展工作,胡锦涛总书记提出,着力推进教育内涵式发展,坚持走以促进
公平和提高质量为重点的内涵式发展道路。

　　在我国,教育公平问题突出体现在基础教育阶段,它也是我国制定基
础教育政策的指导原则之一。基础教育具有全局性、基础性、先导性的特
征。对个人发展而言,基础教育对每个人的终身发展起着奠基作用。对社
会而言,基础教育可使弱势阶层向优势阶层流动,进而促进社会的稳定。
基础教育是国家教育体制的主要组成部分,包括小学和中学两个阶段的教
育,通常指 1—12 年级学生的教育,包括九年义务教育部分。基础教育是
实施教育公平的重要阶段,因为其中的义务教育部分,就是要实现学龄儿
童接受教育的机会均等。这关系到所有公民自身的素质提高,还关系到他
们义务教育阶段后的升学或就业等生存和发展问题。因此,我国在制定基
础教育政策时,需特别考虑如何实现基础教育均衡发展。

　　改革开放以来,我国基础教育的发展呈现出非均衡的态势,例如,区
域间不均衡、城市内的择校等。多年来,我国的教育政策在教育经费和师
资配置等优质教育资源分配上实行不同标准,教育政策向优势地区的优势
学校倾斜,有限的教育资源主要集中于城市地区,同时城市内的名校还享

---

　　① 《胡锦涛同志在省部级主要领导干部提高构建社会主义和谐社会能力研讨班上的讲话》,
2005 年 2 月。

　　② 《中华人民共和国国民经济与社会发展第十一个五年规划纲要》,新华社,2006 年 3 月。

　　③ 《国家中长期教育改革和发展规划纲要(2010—2020 年)》,新华社,2010 年 7 月。

受招生、经费、师资等方面的优惠政策。教育部发布的《关于进一步推进义务教育均衡发展的若干意见》，要求各级教育行政部门把今后义务教育工作中心进一步落实到办好每一所学校和关注每一个孩子的健康成长上来，有效制止城乡之间、地区之间和校际之间教育差距扩大的势头，保障弱势群体学生接受义务教育，建立检测评估体系，切实推进义务教育均衡发展。① 《国家中长期教育改革和发展规划纲要（2010—2020年）》中，更是明确把促进公平作为国家基本教育政策。教育公平是社会公平的重要基础。教育公平的基本要求是保障公民依法享有受教育的权利，关键是机会公平，重点是促进义务教育均衡发展和扶持困难群体，根本措施是合理配置教育资源，向农村地区、边远贫困地区和民族地区倾斜，加快缩小教育差距。教育公平的主要责任在政府，全社会要共同促进教育公平。② 在十一届全国人大三次会议会后的记者招待会上，温家宝总理提出："我们国家的发展不仅是要搞好经济建设，而且要推进社会的公平正义，促进人的全面和自由的发展，这三者不可偏废。集中精力发展生产，其根本目的是满足人们日益增长的物质文化需求。而社会公平正义，是社会稳定的基础。我认为，公平正义比太阳还要有光辉。"

可见，我国政府对教育公平的重视达到空前水平，将促进公平作为国家的基本教育政策，积极遏制教育非均衡化，教育政策导向明显地向基础教育、农村教育和弱势群体教育倾斜。我国在积极解决基础教育发展中存在的不公平问题的同时，也需要与国外的基础教育公平发展进行比较，借鉴国外的经验。

二　教育公平是教育理论研究的一个重要问题

教育公平问题一直是世界教育理论研究的重要问题，二战后，尤其是20世纪六七十年代以来，教育公平问题引起了西方学者的广泛关注，各派理论从不同角度出发，出现了大量的研究成果。20世纪90年代以来，世界各国纷纷将教育公平作为本国教育的目标，1995年世界银行报告《教育优先发展和策略》，建议各国把"公平"放在优先的地位，公平问题比以前受到更多的重视，"教育公平作为争取民主化的原则之一成为衡

① 教育部：《关于进一步推进义务教育均衡发展的若干意见》，2005年5月。
② 《国家中长期教育改革和发展规划纲要（2010—2020年）》，新华社，2010年7月。

量一个国家教育发展水平的重要标志"①。可见，在当今世界范围内，教育公平问题已成为教育理论和教育决策的核心问题。

在国内学术界，教育公共问题逐渐引起学界的重视，20 世纪 90 年代以来，关于教育公平、教育均衡发展等问题的研究成为教育理论研究的热点。20 世纪后半期，教育科学的发展更倾向于"应用性"，出现了教育理论应用化的趋势，教育理论工作者越来越多地参与到政府教育政策制定与教育发展规划等活动当中，关于教育公平理论与政策的研究成果，对政府的决策产生了重要影响。出于合理分配资源的需要，公平性是公共政策的本质属性与内在要求。对于教育公平理论与教育政策的关系的研究，可为教育政策的制定和教育实践提供理论支持，提高政府教育决策的科学性和时效性，进而推动我国教育公平的发展。对于教育公平政策方面的研究，从不同视角探讨教育政策问题，可以丰富教育政策研究。

三　美国基础教育公平经验可提供借鉴

教育公平是世界各国教育制度和教育政策的出发点和共同目标，世界各国都将教育公平作为制定教育政策的核心。教育公平始终左右着教育改革的方向，并最终决定着教育事业发展的成败。二战以后，随着教育改革的不断深化和教育公平理念的不断发展，以及经济和科学技术的迅猛发展，教育公平问题也变得日益重要和紧迫。美国是一个多民族国家，具有多元文化的背景，它又是一个注重民主的国家，向来重视人权、自由和平等，"人人生而平等"是美国人心中坚定不移的信念，也是美国宪法所遵循的原则。美国的历史走过了一条不同于欧洲的民主之路，教育公平也是美国人民一直追求的目标，教育公平贯穿于整个美国教育发展的历程，可以说，美国的教育史就是一部追求教育公平的历史。今日，美国教育部总部的大理石墙壁上的"保证教育机会均等，提高教育质量"这两句话，作为一种教育理念已经深入人心。

美国在 20 世纪一直都是世界的第一强国，一直处于世界教育改革和教育理论与实践的中心地位，在现代教育理论中，很多新兴的教育分支学科几乎都发源于美国，美国对教育公平理论和实践的研究反映了世界教育

---

①　World Bank. *Priorities and Strategies for Education*. Washington DC：World Bank，1995. 113.

公平的特点，美国教育汇集了各国教育思想和实践的成果。在教育公平的理论上美国学者的研究也占有很大的部分。此外，美国对教育公平问题关注较早，早在 19 世纪末 20 世纪初，美国学者之间就对教育公平问题进行了一系列的争论。在美国教育史上曾出现多种教育公平的理论，既有从政策层面关注教育公平的理论，也有从理念层面强调教育公平的理论；既有从教育环节的角度主张教育公平的理论，也有从实现教育公平的策略的角度提出教育公平的理论。正如英国牛津大学教授、研究美国历史的著名学者波尔（J. R. Pole）所指出的，对于美国来说，"平等的观念在其漫长而时常充满暴风骤雨的历史过程中，产生了各种各样的含义"①。各种教育公平理念虽然从不同的侧面提出观点，但都丰富了教育公平理论，丰富了人们对教育公平问题的认识，更促进了教育公平的实践。

20 世纪以来，在多民族与多元文化的社会背景下，美国基础教育政策对教育改革的影响日益加深，突出体现在对基础教育公平重视方面，并在基础教育公平政策和改革实践中取得了显著的成绩。基础教育公平问题一直是美国教育政策制定过程中的重要内容，教育思想与教育政策之间的互动是美国基础教育公平研究的重要课题。美国能够积极运用教育公平的思想，不断地调整教育政策，并适时地根据现实的需要，制定相应的教育法律。又因为美国的教育行政管理权分属各州，联邦政府的职能和作用通常主要经由颁布和实施教育政策来实现，所以，研究美国联邦政府的教育政策尤为重要，近年来联邦政府通过了各项教育法律，如《不让一个孩子掉队法》《2000 年目标：美国教育法》等，可见美国联邦政府对公共教育管理的权限逐步增加，对基础教育政策和改革实践的宏观导向和影响不断强化，其功能和作用日益凸显。

第二节　文献综述

本书收集了国内外与教育公平理论和政策相关的资料，以便从美国社会发展的背景和基础教育发展的历程，深入分析美国基础教育公平问题。

---

① ［英］J. R. 波尔：《美国平等的历程》，商务印书馆 2007 年版，第 434 页。

一　国外文献综述

美国对于教育公平问题的研究非常广泛,不仅包括对美国教育公平的理论与政策的研究,而且包括从其他视角对美国教育公平现实进行关注的文献。这一部分的资料主要分为四类:第一类为美国基础教育政策文本;第二类为关于教育公平理论的著作;第三类为关于美国基础教育公平政策的著作;第四类为关于美国教育公平的综合研究。

(一)　美国基础教育政策文本

通过美国教育部网站等互联网,目前搜索到主要的美国基础教育法案有12部,还有其他教育政策文本,每个时期具有代表性的政策文本有:《西北土地法》《中等教育的基本原则》《初等和中等教育法》《不让一个孩子掉队法》和《美国复苏与再投资法案》《改革蓝图——对〈对初等与中等教育法〉的再授权》。

《西北土地法》(*Northwest Ordinances of Land*, 1787),是处理俄亥俄河以北阿勒格尼山脉及密西西比河之间的公共土地的法令。该法令强调以土地支持公立教育。其中规定,由于宗教道德和知识为良好的政体以及人类的幸福所必需,所以学校和教育手段将永远得到鼓励,同时拨出土地的收入作为教育经费。各州利用出售公共土地和其他收入建立了永久性的教育基金,并且将此列为最初的教育法案。《西北土地法》标志着联邦支持公立教育的开端,打破了学校主要靠捐款兴办的局面,大大地增加了儿童的入学机会。

《中等教育的基本原则》(*Cardinal Principles of Secondary Education*, 1918),指出美国教育的指导原则是民主观念的原则,应使每个成员通过为他人和为社会服务的活动来发展他的个性。为了有效地实现这一目标,报告建议改组学制,建立一个中等教育与初等教育相衔接的学校系统。中等教育在包容所有课程的综合中学进行,使综合中学成为美国中学的标准模式,以便使中等教育面向所有适龄青少年。该报告提出了中学是面向所有学生并为社会服务的思想,对美国的中等教育产生了深刻的影响。

《初等和中等教育法》(*Elementary and Secondary Education Act*, 1965),作为美国基础教育领域最重要的一部法律,也是美国基础教育公平发展历程中最具代表性的法律之一。该法案旨在增加贫困和低成就学生的受教育机会和促进美国教育机会均等,共五个部分,其中内容大部分涉及教育公平，规定包括为贫困家庭儿童提供补偿教育服务和为贫困学区补充经费；为贫困学区提供教育补助；为教育处境不利的儿童提供服务等。

《不让一个孩子掉队法》（*No Child Left Behind Act*，2002）是布什（George Walker Bush）总统 2002 年初签署实施的一项法案，对美国基础教育产生了重要的影响。该法案的核心要求是每个州都必须为所有的学生建立年度充分发展目标。具体涉及制定评价标准、教育绩效评估等问题，并且高度关注了弱势群体的学生，包括来自社会经济地位低的家庭的学生、少数民族学生、残障学生及英语水平低的学生，确保他们也能达到相应的水平。该法案阐明了布什政府的教育政策在追求高质量的教育同时兼顾公平的教育原则。

《美国复苏与再投资法案》（*American Recovery and Reinvestment Act*，2009），由美国总统奥巴马（Barack Hussein Obama）于 2009 年 2 月 17 日签署。该法案规定在美国 21 世纪充满挑战的经济形势下，通过未来两年的减税以及对能源、卫生保健、基础设施和教育等关键领域数千亿美元的投资，其中包括对英语水平欠缺、身体有残障等特殊群体和弱势群体学生的教育投资，其重心倾向于基础教育等内容，该法案与《不让一个孩子掉队法》一脉相承，推进了美国基础教育公平政策的发展，具有深远的历史意义。

《改革蓝图——对〈对初等与中等教育法〉的再授权》（*A Blueprint for Reform*：*The Reauthorization of the Elementary and Secondary Education Act*，2010）是 2010 年 3 月奥巴马政府对《不让一个孩子掉队法》进行修订的提案，体现了美国新时期教育政策的内容和方向，其中涉及提供所有学生的成绩并缩小成绩差距，扩大教育选择，以及补偿弱势群体等基础教育公平的内容，表明这一时期美国将继续实施以往的基础教育公平政策。该提案也提出了赋予每个人以成功机会的教育公平目标。

（二）关于教育公平理论的研究

科尔曼（James S. Coleman）著的《教育平等和教育成果》（*Equality and Achievement in Education*，1990）。全书分为五部分，阐述了教育公平含义的发展，讨论了美国种族隔离问题，以及美国私立学校与公立学校之间的教育公平问题，还立足于更广泛的社区、学校和家庭的范围，讨论教育公平问题及不同主题间的关系。

科尔曼编的《关于教育机会平等性的报告》（*Equality of Educational*

Opportunity，1966)。该报告分为 9 部分：报告摘要（第 1 部分）、7 个分
类报告（第 2—8 部分）以及技术性的附录（第 9 部分）。其中，第 2 和
第 3 部分是有关学校政策的最重要的两个部分。该报告主要讨论了美国教
育中存在的问题，包括公立学校中存在严重的种族隔离情况；校际差距对
不同种族的学生有不同的影响；造成黑人儿童学习水平低的原因；社会经
济背景对不同社会阶层的学生的影响。

莫斯（Pamela A. Moss）、普林（Diana C. Pullin）、吉（James Paul
Gee）、哈泰尔（Edward H. Haertel）和扬（Lauren Jones Young）等编的
《评价、公平和学习机会》（*Assessment*，*Equity*，*and Opportunity to Learn*，
2008)。该书从社会学的角度考察了美国教育体系所面临的最有压力的
话题，即教育机会与公平问题，为所有学生提供公平的学习机会。作者
以学习者与教育环境因素之间相互作用的观点重新思考了学生的学习机
会问题。该书涉及很多领域的命题，包括社会文化、社会学、社会测量
和法律等，内容包括学习机会公平和评价的发展历史、思想和原则，分
析了实践过程中的具体案例，设想通过评价体制为所有学生提供公平的
学习机会。

（三）关于美国教育公平政策的研究

彼得罗维茨（Janice Petrovich）和威尔斯（Amy Stuart Wells）主编的
《实现公平的回归：新时期美国教育政策研究》（*Bring Equity Back*：*Re-
search for a New Era in American Educational Policy*，2005)。该书讨论了美
国 20 世纪 80 年代所面临的教育公平问题以及教育改革运动，如特许学
校、教育券等，进一步讨论了教育立法和政策制定的复杂过程。该书还
探讨了当代教育改革和教育政策的转变，即由广泛性的教育转变为精英
教育，在平等与卓越的讨论之中，教育改革从一个极端走向了另一个极
端。该书还对美国新的区域性隔离现象进行了研究，美国市中心和边远
的郊区，聚集着大量贫困和少数民族的居民，他们在公立学校中的不平
等加剧了布朗案后美国教育的隔离和不平等，对此，作者进一步研究了
州政府在教育改革中的重要作用。研究还提到郊区人口的持续增加对政
府教育改革进程的影响。最后，该书提出了部分设想和改革措施，联邦
政府应在推进教育平等中起领导作用，教育组织也应积极促进城市与郊
区的沟通。

麦奎恩（Patrick J. McGuinn）著的《〈不让一个孩子掉队〉及联邦教

育政策的转变》（*No Child Left Behind And The Transformation of Federal Education Policy*, 1965 – 2005, 2006）。该书搭建了一个可用于在特定领域分析教育演变的框架，用历史方法分析了 1965—2005 年美国的基础教育政策及联邦政府在学校改革中的作用的演变，还讨论了美国教育的弊端和最佳的解决方法，联邦政府作用的范围和尺度，及联邦政府在推进教育机会均等中的重要作用。该书通过回顾 1988 年前美国地方控制教育权的传统和当时联邦政府的作用，提出联邦政府在教育改革中的作用日益显著和联邦政策的影响因素，进而分析美国联邦政府教育政策的摇摆和各方政治理论之间相互作用的复杂性。此外，该书还探讨了 1965 年第一个联邦教育计划《初等和中等教育法》与 1983 年《国家处在危急之中：教育改革势在必行》报告之间的联系，指出社会经济与种族之间的差距日益增大，引起了对联邦政府作用的重新评价。另一方面还跟踪了布什（George H. W. Bush）政府和克林顿（Bill Clinton）政府时期的教育政策，并详述了基于标准改革的《美国 2000 年教育战略》和《2000 年目标：美国教育法》。该书重点评析了《不让一个孩子掉队》，以及法案颁布后州和学区又颁布新法案对其进行修正，指出该法案使联邦政府在学校改革中的作用大大增强。

霍巴特（Jay P. Heubert）主编的《法律和学校改革——推进教育平等的六个策略》（*Law and School Reform*, *Six Strategies for Promoting Educational Equity*, 1999）。该书研究了美国在过去的半个世纪中有关公立学校的立法的发展，主要探讨如何促进学习和处境不利儿童的受教育平等问题，其中涉及到法律人员与教育者之间的复杂的伙伴关系，及法律在学校改革中的作用。该书首先介绍了 1954 年布朗案，它的出现拉开了在学校中废止种族隔离和学校财政政策改革的帷幕，这涉及移民学生的教育机会均等和特殊教育等问题。接着，又对主要针对处境不利儿童和母语不是英语的移民儿童提供资助的 1965 年《初等和中等教育法》和《双语教育法》进行了评析。该书另一部分主要探讨了几个相关的主题：少数民族儿童是否在种族隔离的学校和班级；贫困儿童所参加的学校是否缺乏基本的教育资源；移民儿童是否被拒绝接受正规的教育，或者教育者使用的他们根本不懂的语言；残疾儿童是否有机会进入主流文化和社会。该书最后针对这些问题提出法律人员和教育者必须在教育改革中确立新的角色和责任，同时进一步加强法律人员和教育者的合作。

（四）关于美国教育公平的综合研究

科潘（Andrew Kopan）和沃尔伯格（Herbert Walberg）主编的《对教育平等的重新思考》（*Rethinking Educational Equality*，1974）。该书收集了10篇关于教育公平的有影响的研究，并在此基础上重新思考美国在教育公平方面所面临的问题。它首先回顾了20世纪初至70年代美国教育机会公平的历史，再现了美国教育中存在的诸多不平等，比较了欧洲移民的教育与少数民族的教育所面临的不同的问题，并分析了社会阶层和教育之间的关系，将民权运动和向贫困宣战确定为教育平等发展的先导，梳理了20世纪60年代著名学者科南特（James Bryant Conant）、戴维（Riesman David）等的主要观点。接着分析了影响少数民族教育平等的因素，它还特别论述了美国教育中的吸收、分离及多样性的特点，以及在这种背景下，学生应该继承本民族的文化，还是认同文化的多样性的问题。在教育平等问题上，它探讨了联邦政府的职责以及国家政治背景，政府在推进教育公平中所起到的作用。最后，本书还关注了教育平等是否会缩小社会差异的问题，提出教育自由与教育平等的关系，认为在失去自由的情况下，不可能实现教育平等。

阿什林（Nelson F. Ashline）、佩苏略（Thomas R. Pezzullo）和诺里斯（Charles I. Norris）合著的《教育、不平等和国家政策》（*Education, Inequality, and National Policy*，1976）。该书是一本会议论文集，围绕教育公平讨论了几个问题，首先介绍了1965年《初等和中等教育法》的背景、颁布和内容，以及同一时期的教育学家科尔曼的研究成果和主要观点，接着介绍了20世纪70年代学者詹克斯（Christopher S. Jencks）的补偿教育思想，以及他的新观点，即学校教育与家庭背景的关系不大，机会均等不会缩小美国经济的不平等。该书还探讨了教育社会学的研究成果在教育公平研究方面的作用。此外，教育的平等与多样性是本书讨论的重要话题，教育干预应适当关注个体差异，确立更明确的教育改革目的。书中还强调了由于自由原则和民主原则的辩证关系，而导致教育平等充满矛盾，提出在教育技术和经济规划和社会政策方面做出应有的努力。最后，讨论了教育改革与经济改革和社会改革之间的关系，学校在实现国家平等主义理想和多层面的教育平等中的角色。

米诺（Martha Minow）、施韦德（Richard A. Shweder）和马库斯（Hazel Rose Markus）等主编的《公正的学校：在不同的社会群体中追求平等》（*Just School：Pursuing Equality in Societies of Difference*，2008）。该书是关于人种、法律和概念的研究，集中探讨了教育公正的问题，主要关注美国教育政策和法律问题，也涉及法国等其他国家。它还关注到一些以前研究在关于教育公平的教育政策和经济分析中所忽视的问题，即学校教育对特殊群体的传统文化教育方面的缺失，造成了文化认同与教育平等之间的矛盾。该书讨论了为所有儿童提供均等的受教育机会与促进个人发展之间的矛盾，内容涉及种族、文化、宗教、移民及学校和班级等多个方面的问题。书中还对美国教育法案进行了评析，结合对2001年《不让一个孩子掉队法》进行了个案研究，讨论了教育公正与教育平等的关系，教育机会均等的大范围的实现推动了人们的教育结果平等的追求，教育公正要求学业机会的成功、社会阶层之间的流动和在学校内公正地对待每个学生，即要求一种公正的平等。书中还讨论了自布朗案后美国教育平等模式的转变，对布朗案的讨论超出了种族和性别的范围，涉及特许学校、磁石学校等其他形式的学校，及其对联邦教育政策的影响。

塞卡达（Walter G. Secada）主编的《教育公平》（*Equity in Education*，1989）。该书是1987年美国教育研究会主办的学术研讨会的论文集，会议主题为"什么是教育公平"，所收录的文章汇集了关于教育公平的研究和观点，讨论了整合所有涉及教育公平团体的研究范式和贯穿不同公平群体的研究框架，还探讨了如何对教育公平和教育平等进行重新定义和区分，深入研究了教育公平与教育平等的重叠之处和差异之处，而这种讨论应建立在清晰区分两种概念的基础上，通过教师与学生之间的互动和课程，在班级里寻找相关的实例。该书还探讨了课程是如何使社会的不平等和教育的不平等实现合法化的。书中深入分析了关于教育投入、教育结果和教育过程的平等问题，还提出了在教育公平的视野下，如何解释不同群体和个体间存在的差异。该书还间接提到教育公平思想、政策和实践之间的相互作用，以及教育研究者、政策制定者和从业者共同思考、彼此合作，以推动教育公平的发展。

美国的教育公平问题日益呈现出多样性的特点，理论研究相对完善，研究的主体相对独立，自主性强，研究理论与实践之间的相互促进关系不断强化，基础教育公平问题日益成为学术界关注的热点问题。

二　国内文献综述

国内有很多学者关注美国基础教育公平这一问题，近年来呈上升的趋势，研究成果也很丰富，有的从国际比较的视角对包括美国的多个国家进行研究，有的从思想、政策、法制、财政等不同角度进行研究。这一部分文献主要分为四类：第一类为关于美国教育公平理论的著作；第二类为关于美国基础教育公平政策或实践的著作；第三类为关于美国基础教育公平问题的综合研究；第四类为关于美国基础教育政策的博士学位论文。

（一）关于教育公平理论的著作

杜威（John Dewey）著，傅统先、邱椿译的《人的问题》（*Problems of Men*，上海人民出版社 2006 年版）。该书是杜威于 20 世纪 30 至 40 年代发表过的论文选集，包括"民主与教育"、"人性与学术"、"价值与思维"、"关于思想家们"四部分内容。书中主要阐述了民主理论和现代教育理念，提出了对教育本质的独特见解。在杜威民主教育思想和哲学观中，包含了教育公平问题和人与社会关系问题。该书具有较强的学术性，展现了杜威对基础教育公平的主张。

罗尔斯（John Rawls）著，何怀宏等译的《正义论》（*A Theory of Justice*，中国社会科学出版社 2001 年版）。该书共分 3 编 9 章。第一编"理论"讨论对正义的界定，正义的历史发展，正义的作用，正义的内涵以及原始状态等观点；第二编"体制"分析如何用第一编确定的正义原则来剖析社会政治制度、经济制度和公民生活，涉及人们社会生活的具体层面，这里较为详尽地反映出罗尔斯高度思辨的正义观的社会意义和实践意义；第三编"目的"探讨伦理和道德领域中的课题，涉及善、自尊、美德、正义感、道德感情、自律等一系列课题。罗尔斯关于正义的研究，尤其是正义的内涵和原则对于教育公平的研究意义重大。

鲍尔斯（Samuel Bowles）、金蒂斯（Herbert Gintis）著，王佩雄译的《美国：经济生活与教育改革》（*Schooling in Capitalist America：Education Reform and the Contradiction of Economic Life*，上海教育出版社 1990 年版）。该书阐述了阶级、学校和经济机会之间的关系，详细分析了学校机构在社会的各类人才选拔过程中的作用，以及学校机构对人在社会阶层中的分配的动态过程，并讨论了学校在这一过程中的功能，即传递给不同学生与其所处位置相适应的行为与态度。该书是新马克思主义教育理论的代表之作，具有强烈的批评精神，揭示出资本主义美国教育不平等的本质。

张人杰主编的《国外教育社会学基本文选》（修订版）（华东师范大学出版社 2009 年版）。该书入选篇目上溯西方社会学奠基者之一的涂尔干的经典名篇，扩及"新"教育社会学的标志性成果，时间跨度约为 80 年。其作者是在这一学科知名度较高的东西方 7 个国家的学者。涵盖的问题，既有宏观层面的又有微观层面的，其中第二大类就是教育平等问题，所选内容包括美国知名学者杜威、科尔曼和鲍尔斯等的有代表性的重要文献，为本书在教育社会学方面提供了理论支撑。

莫林·T. 哈里楠（Maureen T. Hallinan）主编的《教育社会学手册》（华东师范大学出版社 2004 年版）。该书共分六部分，各代表教育社会学的一个重要研究领域。每一部分又细分为不同章节，意在展现近年来各个不同流派理论上的建树及在经验上非常严格的对学校的社会学分析，辨明教育改革中主要问题和对策。第一部分介绍当代教育社会学在理论和方法论研究方面的进展，其中第四章介绍了平等与研究的教育理论；第二部分论述了在过去的一个世纪里全世界范围内教育的发展和扩张；第三部分集中探讨了受教育机会的公平问题；第四部分的内容代表了当代学校组织行为与学生学业成绩研究的成果，其中讨论了教室层面的教育公平。该研究建立在社会学的基本原则之上，呈现出教育社会学方面的理论深度，为本书研究教育公平及影响因素，提供了更为宽厚的理论基础。

英国牛津大学教授、著名美国历史研究学者波尔著，张聚国译的《美国平等的历程》（*The Pursuit of Equality in American History*，商务印书馆 2007 年版）。全书共分 14 章。从平等的角度对美国历史做了梳理，作者在该书中比较全面地概括了贯穿于美国平等发展的历程。全书论述了在美国历史上几个重要时期，具有多重含义的平等问题，以及不同发展时期持续不断的危机，概括出了若干个平等的线索或类型，包括政治平等、法律平等、机会平等、种族平等和性别平等等几大类型，并分析了在历史背景下，几种类型之间的相互冲突和相互作用，此书可谓是研究美国平等问题的上乘之作。

在有关教育公平理论的这类资料中，有国外学者的译著和国内学者的著作，其中一部分为国外教育家的专著，它集中体现了作者的教育公平思想，还有很大一部分是教育社会学的理论，其中包括主要源自社会学的关于公平的理论。

（二）关于美国基础教育公平政策或实践的著作

瞿葆奎主编的《教育学文集·美国教育改革》（人民教育出版社 1990
年版）。该书是一本美国教育改革文件汇编，收录了自 1918 年《中等教
育的基本原则》至 1987 年《全国性的教育报告：比较分析》的美国教育
改革著名文献。全书分为三个部分，全面地收集了美国这一阶段教育改革
的文件文本，勾勒出了美国教育改革的概貌，内容兼具理论与实践，涉及
初等教育、中等教育及师范教育等各级各类教育改革，其中也包括大量关
于教育公平问题的研究和文件法令，为本书研究 20 世纪初至 80 年代的美
国基础教育公平政策提供了政策文本。

吕达、周满生主编的《当代外国教育改革著名文献（美国卷）》（人
民教育出版社 2004 年版）。该丛书选编了 20 世纪 80 年代以来主要发达国
家教育改革的著名文献，美国卷收录了美国 1983 年至 2003 年著名的教育
改革文献 17 篇。其中包括《国家处在危急之中：教育改革势在必行》
《美国 2000 年教育战略》《2000 年目标：美国教育法》《不让一个孩子掉
队——美国教育改革立法动议》《我们的学校与我们的未来：我们仍然处
在危险之中吗?》等 20 年来具有标志性意义的教育改革文献。该书恰与
《教育学文集·美国教育改革》一书衔接，为本书研究 20 世纪美国基础
教育公平政策提供了完整的参考资料。

单中惠主编的《外国素质教育政策研究》（山东教育出版社 2004 年
版）。该书从国际比较的角度，选取了美、英、法、德、日、俄、印等九
个国家，从背景、内容和影响因素等方面对 20 世纪各国基础教育改革政
策的制定和实施进行了深刻的分析和探讨。其中，第一部分详细介绍了
20 世纪美国基础教育政策的演进、内容、实施结果及影响因素，在对美
国基础教育政策的历史演变的梳理中，特别关注了教育公平和教育效益的
问题，对于教育公平政策的研究为本书的写作提供了有价值的参考。

韦恩·J. 厄本（Wayne J. Urban）、杰宁斯·L. 瓦格纳（Jennings L.
Wagoner）著，周晟等译的《美国教育：一部历史档案》（*American Educa-
tion：A History*，中国人民大学出版社 2009 年版）。该书为我们呈现了美
国建国前殖民时期直到 21 世纪初的美国教育全史。它以时间为线索，对
美国教育发展中的每个重要时期都进行了综述，考察了美国教育经验中的
重要现象，将整体的观点与细节的分析相结合，并把讨论置于更加广阔的
国家和国际背景中。在叙述中，作者提供了针对美国教育传统、改革和理

论的正反两方面的观点，就 20 世纪 60 年代至 80 年代美国教育对平等的追求，以及 20 世纪 80 年代至 21 世纪初美国教育从追求平等到追求优异的过程进行了详细的论述。此外，本书立足于多民族间文化冲突这一美国社会背景，对少数民族教育和女性教育也作了大量的描述。

刘欣著的《基础教育政策与公平问题研究》（华中师范大学出版社2008 年版）。该书立足于我国教育公平发展的现实，通过对基础教育政策体系的考察分析，揭示出制约基础教育公平的政策因素，旨在构建我国基础教育政策的公平机制。该书选取基础教育领域为研究对象，运用教育政策学、教育经济学等学科的相关理论，对教育政策与教育公平问题进行了系统和深入的研究，阐明了教育政策与教育公平的关系，并分析了影响和制约教育公平的政策性因素。此外，该书还考察了我国基础教育政策中的教育公平问题，提出并初步构建了我国基础教育政策的公平机制，在理论上丰富了教育政策的研究。

张维平、马立武著的《美国教育法研究》（中国法制出版社 2004 年版）。该书主要研究了美国教育法的历史进程、近年来发展、重要教育法规及评价。内容涉及高等教育、特殊教育及学校管理的法律问题，同时，也对美国教育平等中的法律问题进行了梳理，其中收录了与教育公平相关的美国教育法案的原文文本，并对其具体法案进行了分析和评价。

届书杰著的《美国黑人教育发展研究》（河北大学出版社 2004 年版）。该书是以美国黑人教育为视角进行的专题研究，该书研究了从南北战争前直至 20 世纪中后期的美国黑人教育的历史，文中涉及二战后美国黑人学生与白人学生的差距，联邦政府对黑人学校的政策，以及 20 世纪中期关于黑人教育法案的制定和实施，为本书提供了宝贵的数据信息和文献资料。

国内对于美国基础教育政策的研究成果较为丰富，涉及的范围也很广泛，其内容主要包括对政策文本的翻译、对基础教育政策的分析和对基础教育政策中教育公平问题的研究等几个方面。对美国基础教育政策中的公平问题的研究，或关注美国教育发展的某一时期，或对教育政策某方面进行专题研究，或关注教育政策的理论方面。

（三）关于美国基础教育公平问题的综合研究

翁文艳著的《教育公平与学校选择制度》（北京师范大学出版社 2003年版）。该书从多学科的视角对教育公平问题进行了多角度的分析，主要研究了美国和日本的教育公平理念和学校选择制度，其中，对现代美国教育公平理念作出进一步阐释，也对实现教育公平的策略作出进一步探讨。该书重点探讨了美国20世纪中后期以来教育公平的含义演变以及教育公平理论的发展，着重介绍了20世纪六七十年代关于教育机会均等的几种代表性的观点，还探讨了教育机会均等运动的理论与实践，导致教育中不平等现象的原因机制，以及科尔曼对教育平等概念的重新分析认识和对教育公平新的理解，最后对实现教育公平的一种新的可能策略——学校选择制度进行了实证性的考察，并对我国目前实现教育公平的策略提出几点参考性建议。

华桦、蒋瑾著的《教育公平论》（天津教育出版社2006年版）。该书是一本综合性的著作，既分析了西方教育公平的理论发展，也涉及了西方教育公平的实践。本书围绕教育公平的两大主题"教育与社会公平"和"教育内部公平"，从教育制度入手对教育公平这一古老而热门的论题进行剖析，该书涉及美国、英国等多个国家，将西方教育公平理论进行了横向梳理和纵向的历史分析，将教育公平理论分为教育与社会公平、教育内部的公平、社会学的研究取向和教育公平的哲学视野四个维度进行分析，还将教育公平的发展分为前教育制度化时期、教育制度化时期、后教育制度化时期三个阶段，分析了教育公平的历史流变。此外，该著作论述了美国教育公平实践为民主平等的不断演进的发展历程，还对未来趋势进行了展望。

周洪宇著的《教育公平是和谐社会的基石》（安徽教育出版社2007年版）。该书论述了中国的教育公平探索与实践以及其他世界各国的教育公平理论与实践，着重分析了中国教育公平政策并提出了相应的教育改革建议。书中概括论述了美国教育公平的理论和多文化背景下的美国"教育机会均等"运动，对20世纪50年代至20世纪末的美国教育公平实践作了简要梳理，并提出21世纪美国教育公平面临的问题和发展趋向。

冯建军著的《教育公正——政治哲学的视角》（福建教育出版社2008年版）。该书辨析了正义与公平的内涵，探讨了教育公正的哲学基础和理论构建，分析了教育公正与政府、市场以及人性的关系，其中有的内容与教育公平的理念有交叉的部分，如教育公平的内涵、影响教育公平的因素、相关教育制度的制定以及教育自由与教育平等的问题。

苏君阳著的《公正与教育》（北京师范大学出版社2008年版）。该书从公正理论出发，探讨了教育公正的本质与基本原则、教育制度与教育公正、教育功能与教育公正、师生交往与教育公正等问题，提出了一种关于未来教育公正制度安排的基本构想。研究了教育领域中与公正有关的问题，包括教育外部问题和教育内部问题，外部问题的核心指向的是如何分配教育资源与受教育权利，内部问题的核心关涉的是如何分配受教育机会，在已有研究的基础上对教育及公正问题进行了深入而细致的理论分析，提出了诸多颇有见地的观点。

从以上资料可见，国内学者对美国基础教育公平较为关注，大部分研究主要集中在对理论的研究上，同时涉及了政策和制度等不同层面，并从不同的视角对这一问题进行了剖析。

（四）关于美国基础教育政策的博士学位论文

浙江大学薛二勇的博士学位论文《教育公平与公共政策——基于教育公平的美国公共政策研究》（2007），从教育的法律制度层面、财政政策层面和行政管理层面，对教育公平和公共政策问题进行了深入的探讨和分析，论文首先对中、美、俄、加等国家的教育公平状况进行了比较分析，而后又对美国教育公平的制度的演进、教育公平财政和教育公平行政进行了深入的分析和探讨，其中涉及美国教育补偿政策、特殊群体教育政策以及教育财政政策，对本书的写作有很大的启发。

华东师范大学李敏的博士学位论文《美国教育政策问题研究——以20世纪80年代以来基础教育政策为例》（2006），对美国20世纪80年代以来的基础教育政策问题进行了分析和研究，揭示了美国基础教育政策的基本价值理念以及在这一时期内所要解决的主要问题，并深入探析了教育政策和教育改革实践之间的互动作用。文中论述了美国20世纪80年代至21世纪初所颁布和实施的主要关于基础教育公平的政策，并分析了其对美国基础教育改革的重要意义。此外，文中关注了教育机会均等的问题，它对美国基础教育的理念进行了概括——"保障教育机会均等，提供教育质量"，反映出美国基础教育政策中的教育公平的理念，该论文还对20世纪80年代以来美国基础教育关注处境不利儿童的教育机会等进行了充分的论证。

东北师范大学朱永坤的博士学位论文《教育政策公平性研究——基于义务教育公平问题的分析》（2008），以义务教育政策和制度化教育政策为对象，对教育政策公平性问题进行了深入研究。全文分五个部分进行论述，主要讨论了教育政策的内涵、教育公平问题的政策根源和教育政策公平性的影响因素等问题，论证了教育公平问题与教育政策的渊源，及教育政策在实现教育公平过程中所起到的重要作用。

就目前搜集的资料来看，国内对美国基础教育公平这一问题的研究成果较为丰富，涉的范围和专题也较为广泛，但大部分还是从理论层面进行研究，针对不同专题、某一时期或问题的不同侧面，还没有以理念与政策为视角、以历史为视野对美国基础教育公平理念与政策的演进进行全面系统研究的论著。因此，本书试图在时间上从美国建国后一直到当今对美国基础教育公平的演进，包括基础教育公平理念和政策，并结合社会背景、政策的动因分析和美国每个历史时期的突出问题进行全面而系统的深入研究。

第三节　核心概念的界定

一　教育公平

关于"教育公平"，西方学者从未间断过对其内涵的界定，到 20 世纪六七十年代还出现过对此概念的论争，并形成了一些颇具代表性的观点，如美国教育家科尔曼的教育机会均等的观念和当代瑞典教育家胡森（Torsten Husen）的教育平等理论等。

科尔曼以"教育机会均等"这一概念来论述教育公平。他认为，"教育机会均等"这一概念可以归纳为四种含义："（一）在前工业社会中，家庭是生产单位，并承担着社会福利和教育的职责。教育面前机会均等，在当时并不是一个问题。（二）在工业社会中教育机会均等发展到面向人民群众子女的、基础的、义务的、公款帮助的教育。（三）欧洲的自由主义者和社会主义者着眼于能够建立为所有儿童提供同样机会的教育系统，也就是说，不论其社会出身，人人都能够不受限制地根据机会均等的原则受到教育。（四）在自由主义的理论中，教育机会均等被理解为受教育结果或学业成绩的均等。"①

胡森对教育平等作了比较全面的概括。他指出，"教育平等"在

---

① ［美］科尔曼：《教育机会均等的观念》，载张人杰主编《国外教育社会学基本文选》，华东师范大学出版社 2009 年版，第 146—149 页。

不同时期具有不同含义，它主要经历了三个历史时期，即起点平等、过程平等和结果平等三个时期，起点平等的教育主张在第一次世界大战以前的多数西方工业国占主导地位，强调教育权利平等，法律保证人人都有受教育的权利；过程平等是 20 世纪 50 年代至 60 年代在西欧和北欧的教育界占主导地位的教育主张，强调教育机会均等，每个人生来就具有天赋的能力，教育必须使每个人这种天赋的能力得到充分的发展，并将每个学生分配到与其能力相称的社会地位之上；结果平等论出现在 20 世纪 60 年代后期的美国，主张是教育结果均等，为每个学生提供使其天赋得以充分发展的机会，并向那些天赋较低和处于社会不利地位的儿童提供补偿教育，使所有的儿童得到同等的学业成功的机会。

就胡森的观点，"教育平等"有以下三个含义：（1）个体的起点平等，具体指每个人都有不受任何歧视地开始其学习生涯的机会。（2）中介性阶段的平等，主要指以各种不同但都以平等为基础的方式来对待每一个人——不论其人种和社会出身情况。（3）个体的最终目标的平等，是指促进学业成就上的平等。通过把教育平等作为制定和施行教育政策时的一项目标或一组指导原则，促进入学和学业成就上的机会更加平等，将有助于社会经济方面更大的平等。①

可见，"教育公平"的概念具有历史性和发展性。"教育公平"是个历史的概念，也是一个处在不断发展之中的概念，在不同时期具有不同的内涵和表现形式，其含义是随着历史的发展和社会的进步而不断变化，变化的特点便是实质内容的深化和外延的拓展，而且这种发展变化是与社会政治、经济、文化、伦理道德水平和人类认识的发展密切相关。"教育公平"一词在 20 世纪 80 年代以后，被越来越多的学者所使用，本书所研究的教育公平在内涵上具有较广的含义，它包括教育机会均等、教育平等的意义，以及追求教育结果平等这一更高水平的目标，此外，还包括在伦理学上教育公正的含义，是一种符合个性的教育和接受适当教育的意义上的平等，以及教育资源配置方面的平等原则、差异原则和补偿原则。对于"教育公平"概念，我们还将在以后的章节中结合教育公平发展的不同时

---

① ［瑞典］胡森：《平等——学校和社会政策的目标》，载张人杰主编《国外教育社会学基本文选》，华东师范大学出版社 2009 年版，第 160 页。

期加以详细的介绍。

二　基础教育

一般理解上的"基础教育",是指为人的全面发展和专业发展打基础的学校教育,教育内容的重点是基本的社会政治道德思想和科学文化基础知识。

顾明远教授主编的《教育大辞典》中的界定为:"基础教育"(Basic Education)亦称"国民基础教育",是对国民实施基本的普通文化知识的教育,也是提高公民的基本素质的教育或者指为继续升学或就业培训打好基础的教育,一般指小学教育,有的包括初中教育。[①]

1977 年,联合国教科文组织在肯尼亚首都内罗毕召开的高级教育计划官员讨论会上,对"基础教育"进行了广泛而深入的讨论,认为"基础教育是向每个人提供并为一切人所共有的最低限度的知识、观点、社会准则和经验"的教育。"它的目的是使每一个人能够发挥自己的潜力、创造性和批判精神,以实现自己的抱负和获得幸福,并成为一个有益的公民和生产者,对所属的社会发展贡献力量。"[②]

在美国,对"基础教育"的界定通常为:幼儿园到高中毕业的教育,包括学前班、小学、中学,其中小学六年,初中和高中各三年。也就是人们通常所说的 K–12 教育(K 为英文中幼儿园 kindergarten 的首字母),在美国 16 岁以下青少年必须接受 12 年的免费教育。[③]

国内学者对"基础教育"的看法主要有三种:一是把初等教育即小学阶段的教育视为基础教育。二是指初等教育和中等教育,即小学、初中阶段和高中教育。三是泛指中国现行学制,从学前教育到完成中等教育的整个过程。其间下端延伸至学前教育,即幼儿园教育和农村学前一年教育,也包括扫盲性质的教育。

结合国内外对"基础教育"的看法,本研究所涉及的基础教育概念主要采用了当前我国较为普遍的第二种看法,是指一个国家教育体制的主要组成部分,包括初等和中等阶段的教育,国民教育序列中从小学、初中

---

① 顾明远:《教育大辞典(增订合编本)》,上海教育出版社 1990 年版,第 71 页。

② 王莹:《基础教育服务均等化:基于度量的实证考察》,《华中师范大学学报(人文社会科学版)》2009 年第 1 期,第 113 页。

③ 杨慧敏:《美国基础教育》,广东教育出版社 2004 年版,第 117 页。

到普通高中阶段的教育。

三　教育政策

国内外学者对"教育政策"的定义多种多样，而且不同的政党和国家教育政策的表现形式也是不同的。国内比较有代表性的观点有三种：

第一种观点认为，"教育政策"是负有教育的法律或行政责任的组织及团体为了实现一定时期的教育目标和任务而规定的行为准则。①

第二种观点认为，"教育政策"是一种有目的、有组织的动态发展过程，是政党政府等政治实体在一定历史时期，为实现一定的教育目标和任务而协调教育的内外关系所规定的行动依据和准则。②

第三种观点认为，"教育政策"是由一个政党或国家为实现一定的历史时期的教育任务而制定的行为准则。（1）从政策状态的角度，教育政策分为动态教育政策和静态教育政策。动态教育政策是从教育政策的决策、执行过程来看待教育政策；静态教育政策是把教育政策当作一种行动准则的文本形式。（2）从政策包括范围的角度，教育政策分为广义的教育政策和狭义的教育政策。广义的教育政策包括教育方针和教育法规；狭义的教育政策指的是介于教育方针与教育法规之间的一种教育规范。③

以上几种观点，在政策状态方面，或从静态或从动态的角度来界定；在包括范围方面，或从广义或从狭义角度界定，但都指出了"教育政策"是关于教育领域的政治措施的现象形态，体现了教育政策作为教育任务的行动依据和准则的意义。本研究所涉及的"教育政策"从广义角度出发，政策制定主体包括国家、政党政府或行政责任组织及团体，从静态的角度出发，研究不同历史时期的教育政策文本，包括教育法律、规范性文件、教育发展战略、诉讼案件的判决等。本书所研究的"教育政策"主要是指美国联邦层面制定的教育政策，是指美国联邦政府或相关责任组织及团体，为实现某一特定历史时期的教育目标和任务而制定的行动依据和行为准则。

---

① 成有信：《教育政治学》，江苏教育出版社1993年版，第201页。
② 孙绵涛：《教育政策学》，武汉工业大学出版社1997年版，第10页。
③ 袁振国：《教育政策学》，江苏教育出版社2000年版，第220页。

第四节　研究内容与方法

在美国教育理念与教育政策的关系上，当代美国教育学者库克森（Peter W. Cookson）等人这样指出："对教育机会的要求一直是美国历史上的一个主要特点。从杰斐逊关于英才人物的信念，到贺拉斯·曼把学校教育看作为社会的'一个重要的平衡器'的观点，再到约翰·杜威把学校作为'社会进步的一个手段'的观念，美国改革家们指出学校能够解决不平等的问题。"正如劳伦斯·克雷明指出的："更重要的是，美国人希望他们的学校去解决社会、政治和经济的问题，把所有的希望放在学校之上。当这一点确实体现在我们的历史上时，这一观念在二战后已变成具体的政策，也有助于说明正在增长的政治和教育的冲突。"① 英国牛津大学教授、美国历史研究著名学者波尔在论述美国黑人教育平等政策问题时也指出："所有这些政策基本上体现了平等精神，因为它们建立在所有人都应平等地享有社会资源的信念的基础之上。"② 当代美国著名教育家古得莱得（John I. Goodlad）在《一个称作学校的地方》（*A Place Called School*）一书中更是明确指出：在美国，"平等和质量是学校教育的关键。这两个概念将决定今后许多年中学校教育对话、政策和实践的框架"③。

因此，本书旨在以理念与政策为视角，以历史为视野，以美国基础教育公平问题为研究对象，对美国建国后至今的基础教育公平演进的历史进行探讨和分析。从影响政策的社会和教育背景入手，在纵向上厘清美国基础教育公平发展的脉络，在横向上研究美国教育公平的理念与政策。在此基础上，讨论基础教育公平演进过程中理念和政策的突出问题，并试图分析教育公平理念和政策之间的相互关系。最后，概括出美国基础教育公平理念和政策发展新的特点和趋向。

---

① Peter W. Cookson, Jr., Alan R. Sadovnik and Susan F. Semel (ed.). *Internatioonal Handbook of Educational Reform* [M]. New York: Greenwood Press, 1992. 448.

② ［英］J. R. 波尔：《美国平等的历程》，商务印书馆 2007 年版，第 199 页。

③ ［美］约翰·I. 古得莱得：《一个称作学校的地方》，华东师范大学出版社 2006 年版，第 45 页。

一　研究内容

本书围绕基础教育中的公平问题这一核心，主体部分以历史为线索，以各个时期追求基础教育公平的目标为划分依据，除绪论和结论部分外，共分为 5 章。美国基础教育公平在其实践过程中，每个时期所追求的目标不同，当每个目标基本实现之后，就会迈向更高目标。所以，依据各个时期追求目标的更迭，本书作出以下的时间划分，分别为：建国后至 19 世纪 60 年代：普及初等教育时期；19 世纪 70 年代至 20 世纪中期：发展和普及中等教育时期，以上两个时期也就是追求教育机会均等的时期，但其中也包含了教育过程平等的内涵；20 世纪 60 年代至 70 年代：追求教育结果平等的时期；20 世纪 80 年代至 20 世纪末：突出教育的优质与公正的时期；21 世纪第一个十年：为每一个学生提供成功机会的时期。

绪论部分，主要阐释了本研究的选题缘由，对国内外该领域的研究成果进行梳理和评析，界定了本研究的核心概念，介绍了本书的研究内容和方法等。

第一章主要研究了建国后至 19 世纪 60 年代的基础教育公平发展，这一时期为普及初等教育时期，美国还未形成具体的教育公平理念，但已出现了教育公平理念的雏形主要阐述了以公立学校运动为背景，杰斐逊、贺拉斯·曼、巴纳德等人的基础教育公平理念，并分析了这一时期以普及初等义务教育为主的基础教育公平政策。

第二章主要探讨了 19 世纪 70 年代至 20 世纪中期的美国基础教育公平发展，这一时期为发展和普及中等教育时期，论述了在废除种族隔离的背景下，杜威、科南特等人的基础教育公平理念，以及这一时期的基础教育政策，以"卡拉马祖案"为开端，公立学校的范围开始由初等学校扩大至中等学校。

第三章主要论述了 20 世纪 60 年代至 70 年代的美国基础教育公平发展，这一时期为追求教育结果平等的时期。该时期是美国教育公平理念的繁荣时期，不同的教育家从不同的角度提出各自的理论和观点，包括科尔曼、詹克斯、罗尔斯、鲍尔斯和金蒂斯、古德曼等人的基础教育公平理念，这一时期美国联邦政府开始加强对教育的控制，基础教育公平政策着重关注弱势群体儿童的教育。

第四章主要研究了 20 世纪 80 年代至 20 世纪末的美国基础教育公平

的状况，这一时期为突出教育的优质与公正的时期。80 年代美国教育公平逐步走向平稳，开始居于世界教育理论的中心地位，引领世界基础教育公平的发展，其中主要论述了范迪尼、科恩、达林—哈蒙德等人的教育公平思想，以及让所有孩子享有高质量教育为取向的教育政策。

第五章主要探讨了 21 世纪初的美国基础教育公平的理念与政策。这一时期的基础教育公平目标是为每一个学生提供成功的机会，简要论述了对教育政策产生重要影响的两位美国总统的基础教育公平理念，以及吉鲁在新世纪美国基础教育公平发展方面的最新理念，并论述了基础教育公平政策的新发展，并总结了新世纪的第一个十年美国基础教育公平政策的特点。

结论部分，主要论述了美国基础教育公平理念和政策的演进过程中显现的一些值得思考的方面，如基础教育公平内涵的深化、少数民族学生的基础教育公平和补偿教育政策、平衡基础教育公平与质量之间的关系、以及联邦政府在推进基础教育公平中的作用的强化。

二　研究方法

本书主要采用历史文献法和比较研究法两种方法，对美国基础教育公平及相关问题进行分析与评鉴，力求史论结合，实事求是地进行研究。

（一）历史文献法

本书研究以历史文献法为主，收集了大量相关资料和前人的研究成果，其中包括美国不同时期的学者的教育公平理念，以及美国颁布的关于促进基础教育公平的法案、教育计划等。在此基础上，分析美国建国以来基础教育公平理念和政策的演进，及其发展的阶段特征和影响。

（二）比较研究法

在本书研究中，主要采用了纵向比较的方法，对美国基础教育公平发展的不同时期的状况、特点及目标等进行比较，在部分章节还采用了横向比较的方法，即比较美国南部的州与东北部的州之间的基础教育公平政策的推行状况，通过比较分析发现，各州在具体推行政策的过程中存在较大差异，美国基础教育公平发展具有不均衡性。

第 一 章

普及初等教育时期的基础
教育公平理念与政策

  美国自建国后至19世纪60年代，无论是教育理念方面还是教育政策方面都还算不上真正意义上教育公平，基础教育公平理念和政策都围绕着建立初等的公立学校，让每个人都有最基本的受教育机会，因此，我们将这一时期称为普及初等教育时期。建国初期，杰斐逊等共和国的缔造者们从政治的角度阐述，将教育作为每个公民应有的基本权利，19世纪上半期是公立教育的年代，被称为"美国公立教育之父"的贺拉斯·曼和巴纳德等思想家从建设共和国出发，主张建立免费和普及的公立教育制度。这一时期联邦政府对教育的干预较少，部分州通过了关于州政府资助教育的法案，联邦政府也颁布了《西北土地法》，通过赠地支持公立学校的发展，政府通过公平地分配公共教育资源，保护全体公民平等的受教育权利，公立教育成为促进教育公平和社会公平的手段。

第一节　社会和教育背景

  独立战争使美国推翻了英国的殖民统治，1776年北美殖民地联合通过了著名的《独立宣言》，正式宣告独立，1781年取得反抗英国斗争的胜利，摆脱了英国的殖民统治，原来的英属殖民地成为美利坚合众国最早的13个州，建立了独立自主的资产阶级共和国，为资本主义经济的发展开辟了道路。随之而来的是工业革命、西部开拓、都市兴起以及移民人口的激增。美国独立战争的胜利是现代文明的美国历史的开端，必然为美国教育带来变革。当代美国教育史学家克雷明（Lawrence A. Cremin）曾这样指出："美国革命在政治上是得到肯定的和有启蒙意义的，在教育上也同样如此。它极大地推动了至少形成一代人的教育普及，也为普及教育的发展注入了新的和重要的含义。它引起了教育理论和教育实践上的一些重要革新，而这些革新被看作是这个共和国生存和繁荣的关键。还有，它进一步引起了对教育事务的新的讨论，从而达成了广泛的共识，即共和政府培养全体公民的道德和知识是最高的公共职责。"①

一　资本主义经济的发展

19 世纪 20 年代，美国发生了科学技术革命，随即开始了工业化进程并且发展迅猛，机器大生产代替了手工劳动，产品大量增加，工业经济的比重增长迅速。棉纺工业迅速发展，以交通运输业的发展为先导，大规模的制造业和商业发展起来，汽船已被使用，伊利运河已完成，最初的国家公路已建成，最初的铁路已将波士顿与普罗维登斯、伍斯特连接起来。全国性的公路和铁路网，增进了货品流通，促进工商业的发展。由此，训练和培养大量的高素质劳动者和建立新型教育体系，成为工业发展的迫切要求。此外，新兴的美国是众多国家和民族的移民国家，国家建立之初，移民的数量猛增。19 世纪初期，大量移民越过阿巴拉契亚山，向西移动，有些开拓者移居到美国的边界，甚至深入属于墨西哥的领地，以及介于阿拉斯加与加利福尼亚的俄勒冈。欧洲各国的移民大规模地涌入美国，在一定程度上促进了美国工业的发展和西部的开发，同时带来了如何使来自不同种族的人形成统一的民族意识的问题。

科学技术革命使家庭的教育功能难以满足需要，而工厂主又需要受过普通教育的工人，因而科学技术革命促使大批人进入学校。随着美国工业化的进程加快，现代工厂制度逐步确立，美国的经济和社会都发生了很大的变化，这一时期，美国的工业化和西部开发以及移民人口的激增，对美国的公立学校教育提出了迫切的要求和巨大的动力。

二　宗教信仰与美国文化

由于美国是一个移民国家，民族的多样性导致了文化的多元性。这些移民分属不同的教派，天主教徒和新教徒彼此难容，虽然来自欧洲的移民

---

① Lawrence A. Cremin. *American Education*: *The National Experience*, 1783 – 1876 ［M］. New York: Harper & Row Publishers, 1980. Introduction, 11.

大多信奉新教，而新教之中也分为多种相互排斥的派别。因而，在美国存在众多信仰而难以融合。到了18世纪美国建国以后，出于国家统一的需要，美国走上了政教分离的道路，1791年联邦宪法规定了人民享有宗教信仰的自由，却并未设立国教，这就体现了政教分离的原则。此外，18世纪启蒙运动在法国兴起，欧洲启蒙思想家的思想精华传播到美洲大陆，以及自然科学的发展，牛顿（Isaac Newton）、培根（Francis Bacon）、富兰克林（Benjamin Franklin）等科学家的新学说，都使得人们的宗教观念发生转变。

殖民地时期的美国文化主要承袭欧洲的思想观念和文化传统，英国长期实施分而治之的策略，对各州之间的交流造成障碍，长期以来，当地未能形成独特的文化。建国后，美国社会充斥着无数的思想流派，存在着无数冲突的社会派别，随着英国统治的结束和人们思想认识的逐步提高，开始逐渐形成不同于欧洲的美国文化。新的民主精神在美国的社会中诞生，实行免费的公立学校教育，无疑是新的民主精神的一种表现，而这种民主精神反过来依靠免费的普及教育制度得以维持和进一步发展。当时的欧洲大陆在启蒙思想和工业革命的推动下，教育体系正在经历着由古典向近代的转型，知识的用途得以强化和开发，理性和自由成为教育的主题，国家主体性的教育观念萌发。可是，长期处于殖民统治下的美国，其教育变革的步伐是相当缓慢的，教育现实与快速变革的社会出现了明显的不适应。由于自中世纪以来，西方的教育一直依附于教会，随着各国教派陆续移植到新大陆，教会学校的数量也日益增多，教学内容和办学形式也更加多样化。为了凝聚各民族的力量，巩固新兴的民主国家，共和国面临着形成新的共同文化的挑战，而学校教育成为培养美利坚民族意识的主要工具。

三　落后的教育状况

殖民地时期，北美的教育基本是从欧洲移植而来，深受欧洲文化传统及教育体制的影响，其中，教育受到宗教传统的影响，学校主要由各宗教教派控制，具有浓厚的古典色彩和宗教色彩。八年的独立战争使美国教育受到严重的损毁，然而，"和宗主国开战以前的十余年，人们已不把精力放在学校工作之上，因为政治讨论和煽动垄断了人们的头脑"①。独立战

---

① Ellwood P. Cubberley. *Public Education in the United States* ［M］. Boston：Houghton Mifflin，1919. 82.

争爆发后，农村中的教会学校大部分关闭，而一些城镇中的私立学校和慈善学校几乎全部关闭，只有部分城镇的私立学校继续维持。

建国初期，学校教育设施落后，管理混乱，教育监管不善，教育体系长期处于分散与放任的状态，整个教育系统尚没有形成正规的教育制度，教育的核心内容仍是宗教的虔诚、礼仪的教养和知识的学习。教育被视为教会的事务，教育内容主要是宗教教育和古典知识，学校注重招收社会和经济地位高的贵族子弟，强调学校的自治。此时，美国初等学校类型依然庞杂，彼此之间的联系又不是非常紧密，教学水平也很低下。政府虽以法律的形式规定设立初等学校，但公立小学数量很少，私立学校仍为初等教育系统的主体，无法满足新兴国家和社会的需要。独立战争至建国初期，儿童的入学机会非常有限。

19世纪初，美国基础教育的入学机会很不平等，富裕的家长可以聘请家庭教师，贫困家庭的子女不但不能入学，而且要参加非常艰苦的劳动。此外，由于学生学习时间受到限制，大多数儿童只能不定期地入学。尽管华盛顿、杰斐逊等人曾提倡公共教育并为之努力，但是美国独立后的公共教育状况并不理想，公立学校很少得到公众的支持，且急需改善。当时大部分公立学校的状况是差的教师，差的教学，差的学生，差的建筑，差的设施，差的课本。教师大部分不称职，仅比他们的学生知道得略多一点点。学校建筑既矮小又破旧，有的没有地图、图表或黑板。为儿童编写的书籍很少，而且内容贫乏、粗劣。这一时期的教育实质上仍然是分轨教育，社会和经济的发展，以及人们民主意识的日益高涨，引发了人们对教育权利平等的追求和普及初等教育的要求，从而导致了公立学校运动的兴起。

四　公立学校运动的兴起

19世纪初至60年代，是美国社会改革的一个重要时期，社会改革推动了公共教育思想的产生与发展，公立学校改革成为整个社会改革的一部分。工业的发展促成了工人阶级的壮大和阶级意识的觉醒，民主、平等的观念深入人心，工人阶级开始意识到，要改善自己的生活和劳动条件，就要通过公立学校获得知识和技能。工人阶层对免费和普及教育的需要日益迫切，那么实施初等义务教育，争取受教育的机会，成为美国建国初期工人运动争取权益的重要内容。公共教育思想受到广大民众尤其是工人的欢迎。工人提出了普及教育和教育机会平等的要求，并希望通过公立学校获得必需的知识和技能。美国人民争取民主权利的斗争，也对公立学校教育提出了要求，尤其是大众对"平等待遇"的反复要求，推动了为所有人提供平等的教育机会的运动。

在这样的时代背景下，美国兴起了一场要求实现普及和免费的公共教育的运动，即公立学校运动。这场运动波及很多州，影响极为广泛，包括教育家和民众的社会人士要求建立一种对所有儿童开放的、依靠公共税收支持和实行公共管理的公立学校制度，而且这种学校不属于任何教派。公立学校运动导致了公立学校的大量增加，公立学校内开设公共课程，教育成为培养公民的国家事务。在内战前几十年，东北部的美国人第一次在"平民学校"的旗帜下紧紧地凝聚到一起，不论是民主党还是辉格党，不论是工人还是资本家，不论是乡村居民还是城市居民都给予平民学校足够的支持。对许多人而言，平民学校的兴起是美国民主发展史上不可或缺的一笔。① 公立学校运动带来了一系列的思想震荡，激发了新一轮教育平等的发展潮流，大大促进了基础教育公平的发展。

19 世纪的美国公立学校运动，使面向大众的公立学校得到很大的发展，为美国近代公共教育体制的建立打下了坚实的基础。学校教育必须是免费的；学校必须对所有人开放；学校必须培养道德，杜绝宗派纠缠；教师必须能够为来自不同社会背景的人服务；学校必须既能够为增进公共福利而服务，又能够让学生为未来的生活做好准备。所有这样或者那样的目标的实现无不依赖于一个统一的学校系统的建立。② 当代美国教育史学家克雷明指出："公立学校的兴起是与美国的进步紧密地联系在一起的……促进公共教育是教师和普通公民的共同责任，只有这样才能使美国把握自己的命运。现在，没有人会否定公立学校教育在 19 世纪和 20 世纪美国发展中的作用。"③ 在这一时期，美国涌现出一批关心美国公立教育的政治家和教育家，他们从不同的角度倡导和支持公立学校的发展，呼吁社会各界对公立学校投以足够的关注与支持。他们不仅推进和领导了普及教育活

---

① ［美］韦恩·厄本、［美］杰宁斯·瓦格纳：《美国教育：一部历史档案》，中国人民大学出版社 2008 年版，第 161 页。

② 同上书，第 162 页。

③ Lawrence A. Cremin. *American Education: The Colonial Experience*, 1607 – 1783 ［M］. New York: Harper & Row Publishers, 1970. Preface, x. .

动，而且也用自己的切身实践开创了美国的教育理论。

第二节　以提倡公立教育为主导的
基础教育公平理念

建国初期至 19 世纪 60 年代，政治家和教育家从资产阶级的政治需要出发，主张每个人都有受教育的机会，基础教育公平理念的中心是提倡免费的、普及的公立教育。这一时期的主要代表人物有杰斐逊、贺拉斯·曼和巴纳德。

一　杰斐逊：教育是公民的基本权利

美国政治活动家和教育家、美国第三任总统，民主共和党创始人和美国开国元勋之一的托马斯·杰斐逊（Thomas Jefferson，1743—1826），是美国自由思想传播的先驱，也是美国民主思想探索和实践的第一人，他一直呼吁发展公立教育事业，他提出的教育计划被认为是美国公立教育的第一个宪章。1800 年，杰斐逊在竞选中获胜，首次当选美国总统，1804 年连任总统。任职期间，杰斐逊倡导平等和民主观念，主张建立公共教育制度。晚年的杰斐逊积极探索美国新型公立大学制度。杰斐逊一生坚信民主与自由的信念，致力于美国公共教育事业。他的教育思想是民主政治理念在教育领域的体现，他从民主主义出发开创了美国公共教育思想，是美国公共教育思想的奠基者和公共教育实践的开拓者。正如当代美国教育史学家韦恩·厄本（Wayne J. Urban）和杰宁斯·瓦格纳（Jennings L. Wagoner, Jr.）指出的："在本质上，杰斐逊认为初等教育对公民的养成是非常必要的，它就好像是对自我管理好和人类幸福的一项公共投资——不论是对个人而言还是对社会而言都是如此。"[1]

（一）实现政治民主的公立教育

杰斐逊的民主思想是那个时代最为突出的，早在 1770 年他就公开说过：在自然法则下面，一切人生来都是平等的。[2] 1775 年 5 月，杰斐逊作

① ［美］韦恩·厄本、［美］杰宁斯·瓦格纳：《美国教育：一部历史档案》，中国人民大学出版社 2008 年版，第 100 页。

② Dumas Malone. *Jefferson and His Tim* ［M］. Vol. 1. Boston：Little，Brown and Company，1948. 175.

为弗吉尼亚代表参加在费城举行的第二届大陆会议。会议指定杰斐逊和富兰克林等五人组成委员会起草《独立宣言》，宣言是由杰斐逊执笔，富兰克林和塞缪尔·亚当斯（Samuel Adams）略加修订而成的。1776年，杰斐逊在他所执笔草拟的《独立宣言》原稿中提出："我们认为下面这个真理是神圣的和无法否认的，人人生下来就是平等的和独立的，因而他们都应该享有与生俱来的、不能转让的权利，其中包括生命、自由和追求幸福的权利。"①

杰斐逊公立教育思想与其政治理想相一致，他认为，教育是实现民主政治的根本途径，因而公立教育是民主国家的必然需要。"比一切更重要的是所有公民都受到教育，因为我相信最安全的保障人类自由的方法是使人民都有善良的思想。"② 公立初等教育就是要向公民提供职业所需的知识和技能，培养公民意识，维护民主政体。他认为，公立教育要使每一个公民都懂得自己的权利、利益和职责，公立教育的宗旨就是要"改进每个公民的道德和学识，使每个人都懂得他对邻居和国家应尽的责任；了解自己享有的权利，维护秩序和正义……学会按照自己的意愿选举自己信任的人进入代表机构；学会聪明又正直地观察自己身处其中的所有社会关系"③。

还有，普及教育可以防止政府变质腐化和出现暴政。杰斐逊认为，为了防止政府变质腐化和出现暴政，必须积极发展普及教育，在人民中间广泛传播知识和启发民智。他强调指出："人民本身是政府的唯一可靠的保护者，就必须在某种程度上增进他们的智慧。我们的宪法必须增加一项有关帮助学校教育的补充条款。"④

此外，杰斐逊认为，公立教育可促使国家繁荣和人民生活改善。他以马萨诸塞州为例，指出该州的影响之所以在联邦中那么大，究其原因就是它十分重视教育。杰斐逊强调说："除教育之外，任何东西都不能促进一

① Thomas Jefferson, *To James Madison*, Julian P. Boyd ed., *The Papers of Thomas Jefferson* [M]. Vol. 1. New Jersey: Princeton University Press, 1953. 423.
② Ellwood P. Cubberley. *Public Education in the United States* [M]. Boston: Houghton Mifflin, 1919. 89.
③ 张民选：《杰斐逊公立教育思想评述》，《上海师范大学学报》1992年第4期。
④ Roy J. Honeywell. *The Educational Work of Thomas Jeferson* [M]. New York: Russel & Russel, Inc. 1964. 13.

个国家的繁荣强大和幸福。"① 在他看来，国家应该尽可能用知识来照亮全体民众的思想，把那些有才能的人找出来并加以培养和使用，无论他们来自富裕家庭还是来自贫困家庭。他曾这样指出："我将致力于建立一个普通教育体系，使之适用于我们国家的每个公民，不论贫穷家庭子女还是富裕家庭子女。"② 杰斐逊的这个教育计划的最终目的之一是使所有的儿童都通过受教育而学会阅读、写字和计算。

（二）进行公立教育立法

在 18 世纪以前的英国，教育是由宗教机构来主办的，而杰斐逊认为，教育应是国家的事务，比起教会和教堂，基础教育由政府设置的机构来实施更为适宜，应以平等、免费为主要特征和基本要求。因为如果一个国家的公民愚昧，则政治自由是永远无法实现的，"就政府的职责而论，没有比服务于公民更安全而可靠的存款了，但如果公民缺乏知识，这种存款也就不安全、不可靠了"③。

因为教育应是国家的事务，所以杰斐逊主张进行公立教育立法。他多次呼吁修改宪法以支持公立教育，呼吁各州颁布关于公立教育的法案，其成果主要体现在《关于进一步普及知识的法案》（ *Bill for the More General Diffusion of Knowledge* ）、《建立公立小学制度的法案》（ *Bill for a System of Public Education* ）、《公共图书馆法案》（ *Bill for Free Public Library* ）等法案中。此外，早在 1779 年杰斐逊担任弗吉尼亚州议员时，他在《关于进一步普及知识的法案》中就呼吁教育事务应由州政府来管理，其中包括各地举办为期三年的初等教育；在《公共图书馆法案》中，杰斐逊建议州政府每年拨款 2000 磅用于书籍及地图的购置，该法案也是美国历史上第一个建议成立公共图书馆的法案。既然公立教育是免费的，对于公立教育的经费来源问题，杰斐逊提出三条有效途径："一是，建立教育税收制度；二是，从社会公共财产中拨出一部分，作为教育经费，建议各县和社区对教育经费进行立法，支持公立教育；三是，设立支持公立教育的专项

---

① Thomas Jefferson, Gordon C. Lee（ed.）. *Crusade Against Ignorace：Thomas Jefferson on Education* ［M］. New York：Bureau of Publications, 1926. 120.

② Roy J. Honeywell. *The Educational Work of Thomas Jeferson* ［M］. New York：Russel & Russel, Inc. 1964. 9 – 10.

③ Ellwood P. Cubberley. *Public Education in the United States* ［M］. Boston：Houghton Mifflin, 1919. 89.

基金。据此，1818 年弗吉尼亚州创立了'文教基金'，每年筹款 4500 美元，极大地促进了当地文教事业的发展。"[1]

杰斐逊作为美国建国初期杰出的教育思想家，他的公立教育思想是在他的民主、自由和其政治思想基础上形成的，是其民主思想的延伸。其中，给予每个人以均等的初等教育机会，特别是强调对于女子教育和黑人教育的问题，在那个时代可谓难能可贵，更加突出了教育公平的主题。杰斐逊的公立教育思想为美国公立教育制度的确立打下了坚实的基础。

（三）教育机会的均等

杰斐逊的自由民主思想是他公立教育思想的出发点，公民平等的受教育权是《独立宣言》所宣扬的"人生而平等"思想的延伸。杰斐逊的教育公平思想主要体现在公民享有平等的受教育权上，他主张自由社会需要才能和美德，公立教育的对象应为全体公民，不论贫富、性别、出身等因素，人人都应该得到受教育的权利，他在给友人的信中提到，他积极支持贫困家庭子女接受教育，主张实行免费的公立教育。也就是说，政府应当为建立统一的教育系统而立法，为所有人提供受教育的机会。

在《关于进一步普及知识的法案》的前言中，杰斐逊明确写道，国家有义务为大多数人（包括无力受教育的贫困家庭子女）提供三年免费教育，同时通过高水平的教育选拔出最优秀的人才。并在此基础上提出了均等与优异的原则，就是在均等地为所有儿童提供三年的免费教育之后，然后选拔优秀的学生继续接受公费资助的中等教育和高等教育。他指出，人的天赋才能虽各有差异，但这与家庭背景并无必然联系，因此，社会有责任使贫困家庭的有天赋的儿童也接受教育。

杰斐逊在《关于进一步普及知识的法案》中还强调公立教育中性别平等，不论男女都应该接受三年免费的义务教育。为了使我们的女孩能成为自食其力的公民，能在艰苦条件下承担起母亲的职责，她们都应接受基础教育，"杰斐逊还为女子教育设计了包括读写算、历史、地理等基础教育课程和家政、体操、舞蹈、绘画、音乐等科目的教育方案"[2]。尽管最

---

[1]　朱旭东：《杰斐逊教育思想的现代性阐释》，《高等师范教育研究》1999 年第 6 期。
[2]　张民选：《杰斐逊公立教育思想评述》，《上海师范大学学报》1992 年第 4 期。

终《关于进一步普及知识的法案》中所构想的免费初等教育体制未能确立，但它为美国各州建立合理可行的公立教育制度描绘了一幅完整而系统的蓝图。当代美国教育史学家克雷明指出："无论如何，杰斐逊的教育思想在 19 世纪和 20 世纪的影响是重大而深远的……成为了美国民众教育的真正的守护神。"①

此外，从废除黑人奴隶制的民主思想，杰斐逊延伸出为黑人提供教育和职业训练的教育思想。早在 1770 年杰斐逊就公开反对奴隶制度。1776 年，他所起草的《独立宣言》指出："奴隶制度就是向人性本身进行的残酷的战争，它侵犯了黑人的最神圣的生命和自由的权利。"② 1779 年，杰斐逊向弗吉尼亚州议会提出关于解放奴隶的法案，在法案中他设想，一切奴隶都应该得到解放，并且由政府出资为他们提供教育和职业技能训练。③ 这份关于教育的建议涉及范围广泛，但最终未能通过。

二　贺拉斯·曼：实行免费和普及的公立教育

19 世纪的美国公立学校运动，使得平民学校快速发展，为美国近代公共教育体制的建立打下了坚实的基础，其中涌现了一大批主张普及公立教育的教育家，美国杰出的教育家贺拉斯·曼（Horace Mann，1796—1859）就是一位卓越的代表。当代美国教育史学家韦恩·厄本和杰宁斯·瓦格纳指出：贺拉斯·曼"由于他同许多平民学校运动都有着某种程度的关联，美国各州的平民学校设计也或多或少地遵从了他的思路，因而，从本质上说来，贺拉斯·曼和他的学校改革活动可以被看做平民学校运动的精神所在"④。

（一）实行广泛的普及教育

贺拉斯·曼没有系统地写过关于教育理论的著作，他的教育思想主要体现在他所撰写的年度报告、演讲、文章等之中。他非常强调普及教育的

---

① Lawrence A. Cremin. *American Education*：*The National Experience*，1783 – 1876 ［M］. New York：Harper & Row Publishers，1980. 114.

② Thomas Jefferson，Adrienne Koch and William Peden （ed）. *The Life and Selected Writings of Thomas Jefferson* ［M］. New York：Random House Inc，1998. 25.

③ Dumas Malone. *Jefferson and His Tim* ［M］. Vol. 1. Boston：Little，Brown and Company，1948. 364 – 366.

④ ［美］韦恩·厄本、［美］杰宁斯·瓦格纳：《美国教育：一部历史档案》，中国人民大学出版社 2008 年版，第 137 页。

重要性，其普及教育思想主要是从政治意义上提出的。

贺拉斯·曼的普及教育思想主要体现在政治意义上，首先，他将普及教育与共和国的存亡和发展联系起来，将办好公立学校和普及教育看作共和国继续存在的必不可少的条件。在他看来，要建立强大的共和国，不能只有少数人是理想的公民，必须使更广泛的人成为共和国的公民。1848年贺拉斯·曼曾说："建立共和国易，培养拥护共和国的人难。"① 他曾说过，对于一个国家来说，不能长期处于愚昧无知的状态，知识应该尽可能广泛地在人民群众中传播。对一个共和国来说，它各方面的成就在很大程度上依赖于教育。假如我们不准备使儿童成为好的公民，不发展他们的能力，不用知识来丰富他们的头脑，使他们的心灵富于对真理和责任的热爱，那么，共和国就必定会趋于灭亡。他曾指出："没有知识的人民，不仅是而且肯定是贫困的人民……这样的国家是不能创造出自己的财富的。"② 所以，"必须坚持一个永恒的真理，在一个共和国里，愚昧无知是一种犯罪"③，一个共和国政府要把普及教育作为它能够依靠的牢固基础。可见，贺拉斯·曼主张运用公立学校作为消除无知、犯罪和苦难的主要工具，借此缓解社会的复杂问题。教育的宗旨是培育公民精神，培养忠于国家的合格公民，造就具有优良道德品质的国家公民。

贺拉斯·曼进一步指出，普及教育是促进社会平等，维护民主政治的重要手段。在他看来，受教育是人与生俱来的权利，因而必须广泛地实行普及教育，尤其是让穷人的子女也和富人的孩子一样进学校读书。在历史上，教育一度是少数人的特权，社会上的大部分人仍处于无知与贫穷之中，这必将导致社会阶级矛盾的激化和社会暴力与邪恶现象的增加。假使共和国建立在无知、自私和混乱的基础之上，共和国将受到极大的危害。受教育权的不平等是社会不平等的产物。贺拉斯·曼强调，在民主社会中，受教育权平等是民主的体现，只有普及教育，使得所有的人不论阶级、出身、贫富、种族、性别，都能接受同等的教育，才能使大众更好地

---

① Horace Mann. *Twelfth Annual Report*. In L. Cremin（Ed.），*The Republic and the School：Horace Mann on the Education of Free Men*［M］. New York：Teachers College Press，1957. 92.

② ［美］贺拉斯·曼：《第十一年度报告》，载赵祥麟《外国教育家评传》（第二卷），上海教育出版社 2002 年版，第 372 页。

③ ［美］贺拉斯·曼：《一个教育旅行的报告》，载赵祥麟《外国教育家评传》（第二卷），上海教育出版社 2002 年版，第 371 页。

支持民主政治，更深刻地理解作为公民的责任与义务，从而缓和矛盾，减少对立，维护社会的稳定。也就是说，只有普及教育，才能消除人为的社会鸿沟，贺拉斯·曼曾精辟地概括道："除了人类所创造的其他一切手段之外，教育是促进人类平等的伟大均衡阀，它是社会机器的平衡轮……而私有财产的庞大的阴影对于共和国公民的幸福是一种危险，只有普及教育作为社会机器的平衡轮来运转，才能扭转资本统治和劳动奴役的趋势。"①他宣称："教育是实现人类平等的伟大工具，它的作用比任何其他人类的发明都伟大得多。"② 因此，普及教育有利于维护民主政治和社会稳定，是实现国家民主理想和社会平等的重要手段。

此外，贺拉斯·曼还从美国的实际出发论证了普及教育的重要性。因为美国是移民众多且民族复杂的国家，各国移民都带有各自的传统观念与文化背景，所以不仅语言文字和生活习惯各不相同，他们的思想意识也差别很大，这就需要公立教育发挥熔炉的作用，培养真正的美利坚公民，以使美利坚共和国成为多元化民族的国家，既能和睦相处，又能同舟共济，而不陷入矛盾和混乱之局。总之，普及教育可以促进社会改革、促使人类平等、巩固共和国制度和培养国民精神。

因此，共和国政府必须重视普及教育。贺拉斯·曼认为，政府领导人和政治家必须重视教育公平，即重视普及教育，把它当作一件大事来抓。他强调说："在我们国家和我们的时代里，如果一位政治家在他的全部计划之中，没有包括所有人都应该享有教育机会的话，那他就配不上政治家这个崇高的称号。"③ 在贺拉斯·曼看来，一个国家政府必须注意教育公平和普及教育的发展，而不惜其人力和物力。它应该首先造成普遍的和强有力的社会舆论，使公立学校的知识之门对所有的儿童敞开，并使他们由此进入更加宏伟的场所。

（二）设立公立学校

19 世纪 30 年代，美国公立学校教育的状况十分恶劣，社会舆论和州政府对公立学校教育也极不重视。尽管早在 1642 年和 1647 年，马萨诸塞

---

① Horace Mann. *Twelfth Annual Report*. In L. Cremin（Ed.），*The Republic and the School：Horace Mann on the Education of Free Men*［M］. New York：Teachers College Press，1957. 85 – 87.

② ［美］布鲁巴克：《高等教育哲学》，浙江教育出版社 1987 年版，第 66 页。

③ Lawrence A. Cremin. *The Republic and the School：Horance Mann on the Education of Free Men*［M］. New York：Teachers College Press，Columbia University，1974. 20.

州就已通过法令，规定教育是强迫性的义务，但是它既没有提供学校或者教师，也没有使教育成为免费的。独立战争后，马萨诸塞州又于 1789 年通过了一个关于公立学校的法令，但一直到 1830 年左右，公立学校的处境仍然非常恶劣，普及教育的范围仍然很小。正如公立学校协会干事 1839 年所统计的："美国 4—16 岁之间的儿童总数是 350 万人，约有 60 万人没有享受到公立学校的好处。"① 当时美国的受教育机会非常不平等，富裕的家庭可以聘请家庭教师，而贫困家庭的孩子由于要参加繁重的劳动而得不到教育。由于很少得到公众的支持，公立学校里形成了这样一种状况：差的教师，差的教学，差的学生，差的建筑，差的设备（或者没有设备），以及差的课本。

贺拉斯·曼是较早主张在美国推广公立学校的人，他坚持把教育机会提供给每一位儿童，将普及公立教育视为实现教育机会均等的重要措施，奠定了公立学校教育的基础。在他看来，受教育是每个人的绝对权利，每个儿童都应受到教育，他认为，公立学校是实行广泛的普及教育的最好途径，没有公立学校，就不可能实现普及教育，特别是当时在美国社会生活中诞生的一种新的民主精神，只有依靠普及教育，才能维持和发展。正如他所强调的："时代起了变化，一个不同的美国需要一种不同的学校。"② 他所说的一种不同的学校，就是指为美国普及教育服务的公立学校。贺拉斯·曼认为，通过公立学校的教育，可以建立普遍的道德标准或伦理规范，更好地维持社会秩序和保障社会安定、谋求社会和谐。正如他所说的："开一所学校能关一所监狱。"公立学校教育的宗旨就是通过良好的知识和道德训练把全体儿童都培养成具有美国精神的合格公民。他说："公立学校是这样一种机构，它能在良好的知识和道德范围内招收和训练儿童。"③ 他率先在马萨诸塞州推广公立学校教育，教育不同宗教信仰、不同民族、不同语言和文化背景、不同经济基础的美国人。

贺拉斯·曼的思想中较为进步的方面是他强烈反对种族歧视。在他看来，在一个共和国里，教育对每一个儿童都应是免费的，而公立学校是实

①　赵祥麟：《外国教育家评传》（第二卷），上海教育出版社 2002 年版，第 384—385 页。

②　Lawrence A. Cremin. *The Republic and the School*：*Horance Mann on the Education of Free Men* [M]．New York：Teachers College Press, Columbia University, 1974. 27.

③　Mary Peabody *Mann. Life and Works of Horace Mann* [M]．Washington, D. C.：National Education Association of the United States, 1937. 142.

现免费教育的重要手段，应使每个人都能获得公立教育，不管他们的社会、宗教、种族和经济背景如何。他指出只有建立公立学校，教育才有可能得到普及，"没有公立的免费学校，就不可能实现普及教育和养成共和国公民的理想"①。他还特别强调，公立学校的知识之门应该对所有的儿童都敞开，既招收富裕家庭的儿童，也招收贫穷家庭的儿童。所有的儿童都有受教育的权利，这种教育必须对不同宗教信仰、不同种族、不同文化背景的儿童一视同仁，必须通过建立免费的公共教育制度，广泛地普及教育，让知识的大河流过整个大地，使穷人的子女与富人的子女一样沐浴知识的甘露。他主张从 4—16 岁的所有青年，每年接受 10 个月的教育。如果哪一个儿童不能入学受教育，那么，州政府就要劝导他的父母。

学校课程和学校改善方面，贺拉斯·曼认为，公立学校课程计划的目的对于所有的儿童来说应该是真正共同的。无论在城镇地区，还是在最偏僻的乡村地区，每一所公立学校不仅要有舒适的和合乎卫生要求的校舍，而且要有藏书丰富的图书馆。这样，"一个新的天空将覆盖在每个儿童的头上，一个新的地球将延伸在每个儿童的脚下"②。贺拉斯·曼还认为，为了体现教育公平，必须重视公立学校的改善和建设。没有好的校舍建筑，普及教育就不能取得更大的效果，进而就会影响教育的公平。早在《第一年度报告》中，贺拉斯·曼就论述了公立学校的校舍位置、教室面积、课桌椅种类、教室窗户和灯光、通风和取暖以及操场等问题。在他看来，好的校舍是公立学校的基本要求之一，也是一个必须重视的重要问题。贺拉斯·曼还认为，州的每一个学区都应该建立一所免费的流通图书馆。它对学区内所有儿童开放，离儿童的住宅约步行半小时的距离。他把这看成是普及教育工作的继续和补充。贺拉斯·曼一生倡导建立公立学校，以使每一个人都能进入公立学校接受教育。在答复参加美国师范学校第一次全国性大会的邀请时，贺拉斯·曼曾这样写道："公立学校曾是我的第一个爱好，也将是我的最后一个爱好。"③ 在他看来，受到公共税收支持的公立学校应对所有人开放，招收不同种族、信仰和家庭背景的儿

---

① 滕大春：《外国教育通史》（第三卷），山东教育出版社 1990 年版，第 397 页。

② C. Compayre. *Horance Mann and the Public School in the United States* ［M］. New York：Thomas Y. Crowell，1907. 63 - 64.

③ E. I. F. Williams. *Horance Mann：Educational Statesman* ［M］. New York：MaCmillan，1937. 291.

童。公立学校的教育，实际上为每位儿童提供了一条免费的、连续的、正确的和可靠的道路。贺拉斯·曼是美国公立学校运动的杰出组织者和领导者，被誉为"美国公立教育之父"。

贺拉斯·曼是 19 世纪美国杰出的教育改革家，他最突出的成就在于公立学校的创建和推广方面的贡献，他是美国公立教育制度的创立者之一。他与杰斐逊的教育思想一致，为培养国家公民应广设公立学校，使人人享有平等的受教育权利。他的教育思想中更为重要的是，主张实施免费的教育制度，通过征收教育税来维持公共教育的费用，为广大的贫苦儿童和青年提供入学机会。贺拉斯·曼将公立教育视为民主的重要途径，他的教育思想和教育活动为 19 世纪美国公立学校运动指明了方向、确立了基本原则，同时也促进了合理的、健全的教育政策的制定。

三　巴纳德：普及教育和基础教育公平

同样作为 19 世纪美国公立学校运动的领导人，巴纳德（Henry Barnard，1811—1900）在改善和发展公立学校的过程中，也积极倡导基础教育公平的理念。在担任康涅狄格州教育委员会秘书（1838—1842 年）、罗得岛州教育委员会秘书（1843—1849 年）以及美国联邦教育部第一任教育长官（1867—1870 年）期间，他始终强调普及教育和教育公平的重要性。

（一）教育机会平等体现教育公平

巴纳德认为，在一个共和国里，教育是一项神圣的事业，获得受教育的机会应该是每一个公民的天赋权利。因为知识对所有的人都是有用的，所以每一个儿童都应该获得受教育的机会，而建立公立学校的目的就是使所有的人都能受到教育。按照巴纳德的设想，在每一个地区都设立一所公立学校，免费提供给所有 4—14 岁（甚至 3—18 岁）的儿童和青少年。此外，社会和公民的进步与公共教育的发展是互相促进的，一个国家持久繁荣和发展的希望是建立在普及教育的基础上的。正因为如此，巴纳德指出："一个国家的财富是它的有才智的人……随着美国教育的发展，美国的文明才能得以进步。"[1]

---

① Vincent P. Lannie（ed.）. *Henry Barnard：American Educator* [M]. New York：Teacers College Press，Columbia University，1974. 100.

（二）教育公平需要改善和发展公立学校

为了教育的公平，巴纳德强调要努力改善和发展公立学校。他认为，作为一种适应美国教育需要的最好的机构，公立学校应该是由州建立的，是对所有的儿童开放的。在公立学校里，要建立藏书丰富的图书馆，以促进课堂的教学；要改善校舍的建筑，符合健康卫生的条件；要每半年发布一份详细的报告，总结学校工作的情况，提出改进学校工作的建议。因此，巴纳德在担任联邦教育部第一任教育长官时就明确指出："公立学校被看成是公立的，不再因为它是低廉的、下级的和仅仅由穷人和对他们孩子的教育不关心的那些人进入的，而因为是如同光线和空气是共同的一样，它赐福于所有人的，是所有人都能享受的。"① 与此同时，巴纳德拒绝私立学校教育。他认为："私立学校经常根据学生家长的财富、学识等外在条件把学生从公立学校分流出去，并施以不平等的教育，进而从根本上给人们划分了等级。"②

第三节　以促进公立学校发展为核心的
基础教育公平政策

"当美国人批准《独立宣言》的时候，通过这个行动他们表示赞同一种根植于不可让与和不可改变的权利的平等观念。尽管政策可以变化，但是这些权利却是不能破坏的，不能随着不同的社会或时期而改变……美国由于它自己所宣称的理想，成为平等问题一个动荡的但在某程度上幸运的检验场地。它公开宣布致力于平等赋予它一个引人注目和率先垂范的责任。"③ 在政策方面，美国建国初期的教育属于各州的事务，联邦政府很少干预各州的教育决策。这一时期虽未实现免费的公立教育，但各州纷纷制定法案为教育拨款，联邦政府也通过《西北土地法》为学校提供资助。

---

① Vincent P. Lannie（ed.）. *Henry Barnard*：*American Educator*［M］. New York：Teacers College Press，Columbia University，1974. 10.

② C. F. Kaestle. *Pillars of the Republic*：*Common Schools and American Society*，1780 – 1860 ［M］. Toronto，1983. 116.

③ ［英］J. R. 波尔：《美国平等的历程》，商务印书馆 2007 年版，第 434—435 页。

一　各州的教育政策

建国后，美国联邦宪法修正案第十条规定："凡本宪法所未授予联邦，也未禁止各州行使的权力，均由各州或人民保留。"联邦宪法对教育并未提及，因此，教育应由各州掌管，称为"保留权力"。因此，这一时期美国教育政策主要体现在州一级教育立法中。

在美国早期各州的宪法中，出于对民主国家建设和民主思想的传播的需要，也涉及关于普及的公共教育的相关条款，宾西法尼亚州、佛蒙特州、北卡罗来纳州的议会要求用公共财政资金在每一个县设立学校。1776年，马萨诸塞州制定的宪法揭开了以公共经费资助教育的序幕，其中第四十四节提及："各地区应由议会设置一所或数所学校；为方便教师进行教学工作，应由公款支付教师的工资。"① 同年，北卡罗来纳州首先效仿，其宪法第四十一条明确提出："为了便于教育青年一代，由立法机关负责创办一所以上的学校，由公众支付教师薪金，使他们在收取低微的学费时也能够教学。"随后，佛蒙特州和密苏里州的宪法中都开始仿行。1784年，新罕布什尔州宪法第八十三条提出："在全社会普及知识和教育是维护自由政府的必要条件。扩大本州各地区的受教育机会，创立良好的教育条件，将大大有助于达到这一目的。"② 1790年，宾夕法尼亚州制定的宪法要求对贫困儿童实施免费教育。1798年，佐治亚州和特拉华州制定的宪法中都作出了关于免费教育的规定。18世纪末之前的各州宪法肯定了政府在教育事业中的作用，并稍有提及为贫困儿童提供免费的教育，19世纪以后各州开始提出普及公立教育。

1816年，印第安那州宪法对于为了民主政府的建设而创建公共教育财政规定得更为明确，其中第一条就提出："在全社会普及知识和教育，是维护自由政府的要素。而扩大本州各地区的受教育机会和良好的教育条件，则大大有助于达到这一目的。州议会的职责就是依据法律改进地产的提供，或者今后可能的话，联邦政府将拨给本州地产以作学校所需的费用，并利用从这些地产或其它方面所筹集的资金，来实现他们所确定的或设想的重要目标。"其中第二条提出："州议会的职责是，只要条件许可，

① 滕大春：《美国教育史》，人民教育出版社2001年版，第139页。
② 张维平、马立武：《美国教育法研究》，中国法制出版社2004年版，第25页。

就要依据法律提供一种普遍的教育制度，以使学生能从城镇学校毕业逐级地升入州立大学，这些学校免收学费，并平等地向所有的人开放。"①1834年，宾夕法尼亚州通过了非强制性的免费学校法，这是第一个州级征收教育税的法案。法案规定，如果该学区的人民同意，地方学区可以自己征税以支持学校，还规定了州对公立学校的补助费、监督权及地方教育权。1837年，马萨诸塞州也通过了为公立学校征税的法案，其他的州也很快通过了相关的法案。

　　然而，各州虽然相继制定了关于发展公立教育的法案，但建国初期的连年战争，使得国家财力空虚，且教育设施损坏严重，以及相关教育法令不完备，各州对公立教育的相关规定都未能付诸实施。实际上，在内战以前，除了极个别州（纽约州、密执安州、马萨诸塞州、康涅狄格州）以外，大部分州并未切实担负起教育的责任。学校还是主要掌握在私人、教会和慈善机构手里，教育方面仍然保持"散权制"的特点，教育法仍由各地区自行颁布。即使有的乡镇开设学校，也只能招收少量的学生，且学生入学需交费，仍然有许多人不能接受教育，教育机会非常不平等。直至18世纪末，多数州的立法中关于实施对贫困儿童的免费教育的内容都流于形式。

二　联邦的教育政策

　　虽然这一时期联邦政府无意控制教育，也未制定专门的教育法案和教育政策，但这一时期所颁布的其他联邦教育法案对促进平等的公立教育产生了重要影响，如1791年的《权利法案》和1787年的《西北土地法》。

　　杰斐逊在任弗吉尼亚议员期间曾提出了3项关于教育发展的议案，其中一项就是宗教自由议案，在此基础上形成1791年的《权利法案》。该法案规定，国会不制定关于确立国教的法律，不制定禁止人民自由信仰宗教的法律，从而确立了美国政教分离的原则。自此，公立学校不再由教派控制，学校内禁止宗教教育和仪式，而且规定财政税收不能资助教会学校。政教分离原则对美国公立学校的发展产生了不可估量的影响，使教育摆脱了教会的控制，变得世俗化，这为公立学校的发展奠定了基础，也为义务教育打下了良好的基础。

《西北土地法》是鉴于当时教育税收的现状而颁布的。在 18 世纪 30 年代以前，虽有部分地区通过了一些法律允许地方征税用于教育，但由于实施不力，这些法律仅在个别地区得到实施。美国大多数州还没有为教育而征收的税款，仍然依靠捐款兴办学校，公立学校由捐赠、学校土地收入维持。这种状况不利于维护新建的共和国政体和保障人民的民主权利。针对这一现状，1787 年 7 月 13 日联邦议会通过了《西北土地法》。这项法令以 1784 年杰斐逊起草的《关于弗吉尼亚让出的西部土地组建方案》为基础，具体规定了处理俄亥俄河以北阿勒格尼山脉及密西西比河之间的公共土地的办法。该法令第三条规定："由于宗教道德和知识为良好的政体以及人类的幸福所必需，所以学校和教育手段将永远得到鼓励。"[①]《西北土地法》推行时，每一市镇按 1785 年《土地条例》（*Land Ordiance*）之规定划分为 36 块地区，每一市镇将第 16 块土地，即一平方英里的土地供教育事业使用，可出租或售卖，将租金和售价作为办理学校的经费。[②]

随后，各州相继依制而行，《西北土地法》颁布以后，各州都利用出售原有的土地和划拨的公共土地及其他收入建立了永久性的教育基金，并且将此列为最初的教育基金。肯塔基州和宾夕法尼亚州于 1821、1831 年先后设立了教育永久基金。1850 年后，由于西部地广人稀致使地价偏低，联邦政府根据具体情况增加拨给市镇学校的土地，"1850 年从加利福尼亚州建州开始，联邦又增加了一块 1 平方英里的土地，拨充市镇兴学的资源。到犹他州、阿利桑那州和新墨西哥州成立时，由联邦拨助四平方英里的土地，并且另外也把一些盐碱地、低洼地以及留作以后开发之用的土地拨助给市镇学校。从此，阿帕拉契山以西的州共获得了 14500 万英亩的土地，约合 226562 平方英里之广。若按时价每英亩 1.25 美元计算，共约 18125 万美元。由于西部各州多善于利用，兼因以后地价上涨，教育史学家估计这些拨助票面价值高达约 50 亿美元之巨"[③]。这个巨大的拨助奠定了西部教育资源的坚实的基础。

联邦政府所颁布的《西北土地法》提出，宗教、道德和知识对于良好的政治和人类幸福是必不可缺的，因而联邦政府应该永远促进学校和教

---

① 王嫣:《美国教育立法与美国教育发展》,《外国教育研究》1994 年第 3 期。
② 滕大春:《美国教育史》,人民教育出版社 2001 年版,第 151 页。
③ 同上书,第 152 页。

育的发展。该法令标志着联邦政府支持教育的开端，大大促进了公立教育的发展，因为它的颁布使 29 个接受赠地的州从联邦政府那里得到了大量的教育资金。联邦政府拨地兴学的举措为美国公立学校的发展提供了有利的客观条件，将这部分资金用于开办公立学校，无疑有利于公立教育的发展，为日后的免费的义务教育奠定了良好的基础。

尽管联邦政府已拨了大量土地作为教育永久基金，但随着移入西部的人口和学校耗资的不断增加，到了后期教育经费还是不够充足。此时一些有识之士便提出了"各州的财富要用于教育各州的儿童"的口号，每个学区的居民按照财产开始纳税，州政府对学区给予补助，最初从教育永久基金所得的收益中拨款补助，再从小量捐款以及各地方税款所得的收益中拨款进行补助。① 教育税的征收成为美国西部教育发展的经费来源和动力。

第四节　小结

独立战争到联邦政府建立初期是美国教育停滞和衰退的时期，美国生产力发展水平和学校规模都不足以实现平等的教育，国家也无力推行普及教育，这一时期受教育权只是针对特权阶层，而广大劳动人民根本无法真正享受受教育权。建国后的数十年间，私立学校一直是中层和上层社会家庭子女的首选。然而，随着资本主义经济的不断发展，以及民主平等观念的传播，教育民主化意识不断高涨，对受教育权的要求也与日俱增。因此，这一时期教育公平的内涵在于每个人都有受教育的权利和受教育机会，基础教育公平理念强调入学机会均等和普及的公立教育。因此，对公立学校的追求成为基础教育改革和实践的动力。基础教育公平政策以开设公立学校和普及小学教育为主导，其是基础教育公平的最低和最基本的要求。

美国公立学校的发展对于入学机会均等的实现是最有力的影响，它意味着每个美国人都有机会平等地受到教育。华盛顿（George Washington）、杰斐逊、富兰克林等共和国的缔造者们，作为一代政治家，从建设新兴的资产阶级共和国的角度提出教育是立国之本，学校具有培养拥护新兴共和

---

① 陆瑜：《美国西部教育的发展历程对我国的启示》，《世界教育信息》2007 年第 6 期。

国和民主政体的公民的任务，教育是保障美国人民已获得的自由的最重要手段。贺拉斯·曼和巴纳德等思想家的公立教育思想和建立公立学校教育制度的实践，为促进美国普及义务教育和基础教育公平，奠定了最初的也是最重要的思想基础。与建国初期的政治领袖的思想一致，将公立教育视为民主的重要途径和培养有知识的公民的手段。他们的思想推动了公立学校运动，使人们逐渐认识到教育对于民主国家的特殊作用。随着公共教育思想的广泛传播和影响深入，美国兴起了教育史上第一次教育改革运动——公立学校运动，该运动有助于美国近代公共教育制度的确立，推动了美国基础教育公平理念与实践的发展。建国后至19世纪中期的基础教育公平理念主张，开办足够的学校，让每一个儿童都能够免费地进入初等公立学校，民主平等是主要的教育目标。这种教育主张是政治性的和道德性的，目的是适应日益增长的资本社会和经济关系及保护公共财产。

建国初期，虽有部分州和地区通过了一些法律允许地方征税用于教育，但因法令不甚完备或执行不力，仅在个别州和地区得以实施。尽管早在1642年和1647年马萨诸塞州通过的法令规定教育是强迫性和义务的，但是它没提供学校或者教师，也没有规定教育是免费的。在独立战争后，马萨诸塞州于1789年又通过了一个关于公立学校的法令，但直到1830年左右，公立学校的处境仍然非常恶劣，普及教育的范围仍然是有限的。正如公立学校协会秘书1839年所估计的："美国4岁到16岁之间的儿童总数是350万人，约有60万人没有享受到公立学校的好处。"① 美国南部地区一直迟迟不愿推行公立学校制度，认为用一种机构来教育所有的学生是非常不合理的。南北战争前，美国南部大部分地区的教育主要还是通过家庭、社区和教会来实现，因为在南部地区，个人主义和地方主义盛行，人口分布又较为分散，这些因素制约了公立学校系统的建立。同南部一样，中西部地区也对公立学校制度表示不满。19世纪30年代开始，随着公立学校运动兴起和不断高涨，初等教育得到快速发展，于是，建立免费的初等学校和为贫困儿童提供良好的初等教育成为时代的需要，各州先后创立了教育领导体制，确立了征收教育税的方法。初等教育逐步得以普及，乡村儿童、美国南部地区的儿童以及少数民族儿童逐渐走进学校，获得受教育机会。到19世纪60年代，公立教育制度在全国范围内开展。

---

① 赵祥麟：《外国教育家评传》（第二卷），上海教育出版社2002年版，第385页。

　　随着社会各阶层对公立学校系统和为此提供经费的呼声越来越高，虽然这一时期联邦政府无意控制教育，也未制定专门的教育法案和教育政策，但这一时期所颁布的其他联邦教育法案对促进平等的公立教育产生了重要影响，例如，1791 年颁布的《权利法案》和 1787 年颁布《西北土地法》。自《西北土地法》颁布后，各州宪法先后承认政府应设立公立学校的责任，明确提出受教育权是公民天赋的和平等的权利，如 1816 年的印第安那州的宪法中就提到学校免收学费，平等地对待所有青少年，而不能以家庭背景或财富来拒绝任何人享受平等的教育权利。这一时期，美国主要致力于初等教育的机会均等和普及。19 世纪 70 年代后，随着美国经济的发展和人民民主觉悟的提高，美国教育开始了追求中等教育机会均等的历程。

第 二 章

发展和普及中等教育时期的
基础教育公平理念与政策

南北战争是美国发展的里程碑，给美国的政治、经济、社会和教育都带来了巨大的影响。这一时期的基础教育公平的目标开始由最初的普及义务的初等教育，逐渐演变为发展和普及中等教育，基础教育公平理念以强调教育机会均等为主导，基础教育公平政策以确保更大范围教育机会均等为核心。当代美国教育学者库克森等人指出："穷人和处境不利的人群，尤其是美国黑人在教育上的不平等，已成为这一时期全国所关注的争论焦点……在 20 世纪 40 年代后期和 50 年代，种族和教育之间的关系以及学校隔离问题处在政治、教育和道德冲突的中心。"①

第一节 社会和教育背景

南北战争是美国成为现代美国的起点，为美国资本主义的发展扫清了道路，使美国由农业国变为工业国。生产和资本的高度集中，实验科学和工业技术的最新成就，以及海外市场的开辟等，使美国的经济迅速由自由资本主义过渡到垄断资本主义。这一变化用杜威的话来说，就是"美国已经从早期拓荒者的个人主义进入到一个合作占统治地位的时代"②。美国的工业化开始步入成熟阶段。

---

① Peter W. Cookson, Jr., Alan R. Sadovnik and Susan F. Semel (ed.). *Internatioonal Handbook of Educational Reform* [M]. New York：Greenwood Press, 1992. 449.

② ［美］杜威：《新旧个人主义》，上海社会科学院出版社 1997 年版，第 64 页。

一　经济的高速发展

经历了 4 年的内战，美国经济遭到严重的破坏，战前的政治机构亦不复存在，南北战争后的十余年间，美国处于重建时期。期间，美国重新统一分裂的国家，建立新的州政权，恢复经济和发展各项建设，随后开始了又一个经济高速发展的时期。由于科学发展和生产技术的革新，以及新的机器设备的运用，美国在经济上发生了巨大的变化，19 世纪初就已开始的工业化进程（主要发生在美国东北部地区）在这段时间得以继续。南北战争解放的黑人奴隶，为美国工业化提供了大量的劳动力，加之欧洲的大量移民中大部分是熟练的工人。重工业的增长尤其明显，就煤炭而言，1860 年的采掘量是 1400 万吨，1884 年升为约 1 亿吨。就钢铁而言，1860 年的产量不足 100 万吨，1900 年升为 1370 余万吨；钢的产量在 1870 年远不及英国和法国，1890 年就超过英、法两国，1900 年钢铁工业已在美国工业领域中居于领先地位。就石油而言，1859 年在西宾夕法尼亚州发现油田，经采用新进技术，到 1895 年已年产一亿桶之多。美国的轻工业，如面粉业、棉织业、木材制造业、制鞋业等，都迅速发达起来。就南方来说，那里原是工业落后之地，但从 1880 年到 1900 年，生铁产量由 39.7 万吨上涨为 250 万吨，煤产量由 600 万吨上涨为 5000 万吨，纱纺由 66.7 万锭上涨为 500 万锭，农业制造品由 33900 万余美元上涨为 117300 余万美元。[①] 到 19 世纪末，美国工业已超过英、德、法等欧洲大国而跃居世界第一位，由原料输出国变成为工业制成品输出国。1890 年，美国工业产品总值已超过农业产品的总值，到 1900 年更增为农业产品的二倍。[②] 美国已从半农业、半工业国家，转变为高度工业化的国家，从 1890 到 1917 年的近 30 年被称为 "进步时期"。

美国的农村地区也被卷入工业化进程之中，受到工业化的影响，农业得到迅速发展。南北战争后，在南部的广大地区，由于利用先进的机器进行农业生产，形成资本主义化的农场，原有的种植园主逐渐转化为新式的农场主，农业逐步走上现代化的道路。西部新州由于宅地法的颁布，凡居民在那里耕种达到五年，即可领取免费的土地，此法导致了大

---

① 滕大春：《美国教育史》，人民教育出版社 2001 年版，第 323 页。
② 同上。

量移民迁入，随之而来的是农田大量增加。1850—1900 年的 50 年间，全国耕种面积由 29300 万英亩扩大为 83800 万英亩，农场由 144.9 万所上升为 573.7 万所。农产品约增加 3 倍，产值从 16 亿美元上升为 47.7 亿美元。①

与此同时，城市化进一步发展，由外国迁美的移民从 1860 年到 1900 年约计 1400 万人。从 1860 年到 20 世纪初，美国城市人口成倍增长，到 19 世纪末，美国的城市人口已达总人口的 50%，美国人口的城市化大部分是通过乡村居民移居城市而实现的，在当时农业的机械化有了飞速的发展，大量的剩余劳动力不得不流向城市，寻找新的机遇，城市化进程给传统的家庭结构带来了巨大影响，也直接影响到了美国的教育立法。

二 民权运动与种族平等

南北战争给美国社会带来了巨大变化，统一的国家政府再次建立，南方各州在政府规定的条件下重归联邦，联邦政府的作用不断得到强化，在美国社会生活中发挥着越来越重要的作用。随着 19 世纪末工业化的发展，美国社会的贫富分化现象也开始出现。19 世纪 70 年代的经济萧条给美国社会带来了大量的贫困人口。与贫困人口同时出现的还有工业大发展所造就的富裕阶层，他们在短期内就聚集了大量的财富，这段时间是美国社会发展的黄金时代。

在政治上，黑人和白人并未实现真正的教育平等。在这一时期，大量美国教育家呼吁人们关注教育机会在总体上分配不平等的问题。美国教育学者伦纳德·艾尔斯（Leonard P. Ayres）1909 年的报告就指出，在全国范围内，具有美国本土父母的土生土长的白人孩子中，文盲率为 44%，而这个数据在移民白人孩子中仅为 9%。当然，这种全国性的差异大部分源于南方白人的最低限度的学校教育，而在北方的大部分城市中，移民孩子的入学率与本土出生的孩子的入学率相当或者超过它。② 美国教育学者牛顿·爱德华兹（Newton Edwards）认为，公立学校事实上可以成为一种设计出来用以阻止那些不平等产生的手段。他在 1939 年甚至警告说："如

---

① 滕大春：《美国教育史》，人民教育出版社 2001 年版，第 324 页。

② Leonard P. Ayres. *Laggards in Our Schools：A Study of Retardation and Elimination in City School Systems* [M]. New York：Charities Publication Committee，1909. 523.

果正式的教育成就成为进入某些经济和社会领域的条件，以及如果关于教育进步的巨大机会只向某些群体开放且教育设施对于其他群体而言依然保持在贫乏的状态，那么，教育显然就会变成一种社会层级分化的工具和地区及种族不平等的工具。"① 因此，南方黑人的不平等和隔离的教育成为了 20 世纪 30 至 50 年代民权运动的一个焦点。

但是，应该看到，美国内战使黑人奴隶获得解放，使美国进一步走向民主和平等，人权观念也产生了变革。自 1866 年国会批准联邦宪法第十四条修正案，黑人的公民地位在法律上得到承认，黑人获得自由、平等的公民权利。1870 年，全美 29 个州议会还批准联邦宪法第十五条修正案，确定公民选举权不能因种族、肤色或曾为奴隶而予以否定或限制，并且要求通过强制来保证公民权利的行使。这条修正案针对黑人享有公民选举权而制定，两个修正案都是对 1789 年美国国会通过的《人权法案》的修正，使黑人在法律上摆脱了奴隶的地位，取得了平等的公民权利。南北战争后，统治者也开始重视少数民族的教育问题，黑人的受教育权问题也被提到议事日程上来，加之 20 世纪 50 年代末 60 年代初，美国民权运动高涨，1954 年发生了"布朗诉托皮卡教育委员会案"，最高法院裁决公立学校内种族隔离是违宪的。应该说，布朗判决案促使美国黑人发起了一系列为自己争取民权的运动。在教育上，他们要求学校不论种族、民族和性别应为所有人提供均等的教育机会，从而导致了学校内一系列的改革，例如，在学校内废除种族隔离和删除教科书中的种族和性别不平等的内容，合并课程中非白人和女性的内容，减少班级中的歧视等。1900—1915 年，南部沿海的几个州，伴随着白人学生受教育机会的显著增加，黑人儿童的受教育机会也出现明显增长。1950—1954 年，由于废除学校内的种族隔离运动的发展，弗吉尼亚州黑人学校资产的人均值与白人学校相比，从 62.2% 上升至 86.2%。从 1954 年布朗判决到 1955 年法案实施，这个比例几乎没有改变，但从 1955 年到 1957 年，这一比率下降到 78.1%。②

---

① Newton Edwards. *Equal Educational Opportunity for Youth* [M] . Washington, D. C. : Ameirican Council on Education, 1939. 152.

② William O. Stanley. *Chapter VII : Educational and Social Policy* [J] . Review of Education Research. 1961 (31) : 91.

三　公立小学的普及与公立中学的发展

南北战争后经济的腾飞，第二次工业革命的兴起，资本主义工商业的发展迫切需要掌握近现代科学知识的管理者和产业人才，这就对教育提出了新的要求，以升学为主的中学被指责不能反映现实生活和生产的需要，一些与工业生产相关的新式课程开始在一些学校出现，职业型课程得到前所未有的重视。在基础教育方面，初等教育基本得到普及。早在殖民地时期，马塞诸萨州先后于 1642 年和 1647 年颁布强迫义务教育法令，确立了一切儿童必须接受教育和一切市镇必须设立学校的原则，奠定了美国公立学校制度的基础。美国独立后，马塞诸萨州又分别颁布了《1827 年教育法》和《1852 年教育法》，实施免费义务教育。1874 年，纽约州立法机构通过了义务教育法，该项法案要求所有 8—14 岁的学生都必须每年接受14 周的学校教育，而且其中 8 周必须是连贯的。[①] 此后，其他各州纷纷仿效，19 世纪末美国掀起义务教育立法的热潮，各州相继通过了义务教育法，到 1890 年，有 27 个州通过了义务教育法，第一批通过该法案的州除了加利福尼亚外，都在北部和中西部地区。[②] 建国初期，基础教育公平实践的目标是使每一个儿童都能够免费地进入初等公立学校，这到 19 世纪末已基本实现，1890—1940 年间，初等教育的入学人数成倍地增长，到二战前，公立小学已经成为美国初等教育的主要组成部分。随着入学的规模持续扩大，需要巨额且不断增加的公共拨款，同时要求各级教育向所有美国人开放，如公立中学曾经是公立学校的一小部分，主要被少数人所享有，现在迅速发展成为大众化的公立教育体系中的重要部分。

南北战争后的重建时期，黑人的受教育权在法律上得到肯定，各州纷纷修改法律为黑人提供受教育机会。阿肯色州、路易斯安那州和马里兰州于 1864 年，密苏里州和佛罗里达州于 1865 年，德克萨斯州和佐治亚州于1866 年，先后由州议会对州法律作出相应的修改。阿肯色州长致函州议会，请求为全州适龄儿童建立学校，强迫入学，州议会于 1866—1867 年

---

① ［美］韦恩·厄本、［美］杰宁斯·瓦格纳：《美国教育：一部历史档案》，中国人民大学出版社 2008 年版，第 238 页。

② 同上。

采纳并通过州长的建议。阿拉巴马州于 1867 年颁布法律，规定 6—21 岁的青少年，不分肤色，都是教育对象。田纳西州议会成立学制委员会，提高教育税额，建议设立黑人学生和白人学生共同的学校。密西西比州于 1868 年制定新宪法，建立新的教育制度；有的种植园也为被解放的黑人设校教学。[①] 第一次世界大战期间，大量黑人从南方农村迁往南方城市或纽约、芝加哥、底特律和费城等北方工业城市，伴随着工业化进程的加快，黑人移民在城市得到较好的教育条件，但与白人相比依然存在严重的不足。20 世纪 20 年代，美国南部大部分地区没有为黑人提供中等教育，只有少数地区黑人可以接受中等教育，而这些地区也因种族歧视和经济困窘等原因，黑人的中等教育机会仍然有限。

早期文实学校是私立或半公立性质的学校，数量非常有限，主要倾向于为升学做准备，无法为快速发展的资本主义经济培养足够的人才。19 世纪 70 年代以后，由于文实中学的衰落和南北战争后国民精神的增长，以及资本主义工商业发展对大量专业人才的迫切需要，公立中学便以多种方式迅速成长起来。随着要求普及中等教育的呼声的增强，中等教育日益民主化和大众化，公立中学得以大规模发展，逐渐成为中等教育的主要形式，强迫性的义务教育在各州得到立法并大力推行。19 世纪末 20 世纪初，进步教育运动使教育机会得到进一步增加，小学八年和中学四年的学制被包括进来，而后又确立新的"六三三"学制，这个时期的美国基础教育进入辉煌发展期。到 20 世纪中期，中等教育基本得到普及。

19 世纪下半叶，工业的发展以及民主思想的传播使广大人民日益觉醒，美国新兴的市民阶级对"社会平等"的要求开始延伸到教育方面，谋求受教育权的平等。不仅工人阶级强烈要求更广泛的受教育权，广大的农民和商人也纷纷要求免费的和普及的中等教育。他们开始把获得更高水平的教育视为自身解放的手段和途径，因而把争取获得平等的中等教育的权利作为政治斗争的方向之一。19 世纪末，随着中学入学人数的增加，基础教育政策开始关注中学阶段，关注如何把异质群体的学生培养成为不同的劳动力。20 世纪初，学校课程和教育机会更强调能力分组、职业教育、能力测试和综合中学。现代科学技术的发展日益显示出它在产业、经

---

① 滕大春：《美国教育史》，人民教育出版社 2001 年版，第 617 页。

济领域的威力，掌握现代科学技术的要求使中等教育阶段的学科设置与教育内容不断地发生革命性变化。

20世纪初期，社会上对"平等待遇"的反复要求，推动了要求平等的教育机会的运动，改革者们也尝试运用各种平等机制，包括降低学术标准，增加非学术的课程选择，综合中学制度化等，以求促进教育机会平等，尤其是"中等教育改组委员会"发表的《中等教育的基本原则》报告，把中等教育与社会经济、文化发展的需要以及教育对象的身心发展结合起来，提出七大目标，突出大众性、综合性和实用性，并由此产生了独特的中学模式——综合中学。

美国南北战争后至20世纪中期，美国社会生活发生了巨大的变化，对教育体制结构的各方面都带来深刻的影响，随着中等教育的服务对象不断扩大，公立中学获得大规模发展，成为面向所有青年的免费的教育机构。这是教育民主化的体现，为美国民主发展提供了动力，也是美国基础教育公平方面的重要进展。

第二节　以强调教育机会均等为主导的基础教育公平理念

美国社会各方面的变化都给美国的学校教育带来了直接影响。与此同时，教育家和政治家们也开始相信：学校可以作为一项重要的政策工具，用以解决美国社会的许多问题，学校事务开始走向社会的中心。随着学校发展规划得愈加全面和细致，每个学校也开始同学区系统和州系统有了更为紧密的联系，教育机构也开始变得更为法制化和组织化。

一　杜威：民主社会与教育平等

作为美国实用主义教育家，杜威（John Dewey，1859—1952）的教育理念起到了承上启下的作用。他从民主社会和教育民主的角度出发，在《明日之学校》（*School of Tomorrow*）、《民主主义与教育》（*Democracy and Education*）、《人的问题》（*Problems of Men*）等著作中论述了民主社会的教育平等问题。他从政治角度提出了民主教育的主张，认为民主社会的制度和法律应该使一切人获得平等和维护平等。杜威在《明日之学校》中说："广泛认识民主和教育的关系，可算是现今教育趋势中最有趣味、最有意义的一点。"① 在 1916 年出版的《民主主义与教育》中，杜威首次深入地探讨了民主与教育问题，讨论了民主质量与教育政策的关系。在此基础上，进一步提出教育机会与教育结果的平等的理念。当代美国教育家、密执安州立大学教授约瑟夫·费瑟斯通（Joseph Featherstone）认为：杜威"是一个典型的进步教育的改革家，期望学校能够解决公正和平等的基本问题"②。

（一）教育是促进社会平等的重要手段

20 世纪初，杜威就曾说，民主的价值在于社会公正，"民主不仅仅是政府形式，它首先是一种联合生活的方式，是一种共同交流经验的方式"③。民主更是一种可延伸的超出政府机构参与的生活方式，民主是一种过程，是市民间相互作用的模式。杜威所主张的平等是道德意义上的平等，道德意义上的平等就意味着每个人具有一定的独特性。因此，民主意味着对特殊性的、差异性的尊重，意味着尊重个性的充分发展，每个人都是平等的。在杜威看来，"民主作为一种道德理想呼唤人们建立起各种共同体，它们为每个成员都提供了充分的机会与资源使人们通过参与其中的政治、社会与文化的生活而完全实现其特别的能力"④。杜威的民主教育理想是一个人无论性别、种族、阶级和地域，都不再有入学的限制。

教育作为民主的工具，应该为维护和促进民主主义这个社会理想服务，而不只为精英专有，它属于每一个参与民主的人。同时，杜威承认人的天赋是有差异的，他并不认为人天生在生理上和心理上是完全相同的。杜威非常欣赏古代希腊哲学家柏拉图的教育蓝图，让孩子接受适合他们各自才能和情趣的教育。他认为柏拉图最准确地描述了一个事实，"当每个个体按照天生的资质做事，以这种方式社会得以稳定，对其他人也是有用的，教育的任务就是发现每个儿童的天赋并进行有效地训练为社会所用"⑤。杜威主张，公平和公正需要对不同的学生采取不同的方法，而不是对所有的学生运用同样的课程和教法。"给每一个孩子不同的教育，以

① ［美］杜威：《明日之学校》，商务印书馆 1993 年版，第 137 页。

② ［美］约瑟夫·费瑟斯通：《见证民主教育的希望与失败》，华东师范大学出版社 2005 年版，第 82 页。

③ John Dewey. *Democracy and Education*［M］. New York：Macmillan, 1916. 87.

④ John Dewey. *Democracy and Educational Administration*［J］. School and Society, 1937（6）：457.

⑤ John Dewey. *Democracy and Education*［M］. New York：Free Press, 1966. 88.

适合每一个孩子的不同需要、能力和兴趣"①。而一种需要不会比另一种需要更重要，因此，所有孩子的需要和才能都应该在教育计划里有所反映，给每一个儿童以相同教育并非意味着给所有孩子同样的教育。杜威曾作过深刻的剖析，认为教育可以起到三种作用：一是将所有的青年人"整合"到社会及各种成人角色中去的"社会化"作用；二是促进所有个体心理和道德生长的"发展"作用；三是给所有人提供公平竞争、向上流动的机会，帮助弱势者摆脱他们出身的群体局限性，进而促使其改善生存状态，减少社会不公平的作用。②

杜威指出，教育具有促进社会平等的社会功能，即通过免费的公立教育能够促进人的身心发展和自我完善，改善处于不利地位人群的状态。因为，在社会存在巨大的不平等的情况下，教育给人提供公平竞争的机会，促进社会阶层间的流动，帮助弱势者摆脱其所在群体的局限，能够显著地改善人的生存状态，减少社会性的不公平。在现代社会中，教育是实现社会平等的有效工具。

（二）教育平等是民主政治的需要

杜威还认为，教育平等是民主政治的需要，这是一种民主的理想。在《民主主义与教育》中，他明确写道："一个民主的政府，除非选举人和受统治的人都受过教育，否则这种政府就是不成功的。"③ 在杜威看来，民主政治不仅要求教育不被一个阶级用作更加容易地剥削另一个阶级的工具，而且要求教育能减轻经济不平等对一个阶级的影响。如果民主政治不通过普及教育去训练人民使他们能自己观察、自己思考和自己判断，那么就会如同水和油羼在一起一样，永远是不能溶和的。所以，相信平等是民主信条中的一个因素。要实行民主政治，就必须有教育的民主，保证教育的公平。正如当代美国教育史学家克雷明所指出的："在学校普及教育方面，杜威看到了在更广泛的民主化过程中具有决定性意义的第一步……杜威最终认为，只有在扮演适当角色的学校得到普及的时候，民主主义才会实现。"④

---

① ［美］马克斯·范梅南：《教学机智——教育智慧的意蕴》，教育科学出版社 2001 年版，第 60 页。

② ［美］S. 鲍尔斯、H. 金蒂斯：《美国：经济生活与教育改革》，上海教育出版社 1990 年版，第 28 页。

③ ［美］杜威：《民主主义与教育》，人民教育出版社 1990 年版，第 92 页。

④ Larence A. Cremin. *The Transformation of the School: Progressivism in Amerian Education* 1876 –1957 ［M］. New York: A. Vintage Book, 1961. 126.

　　杜威认为，民主社会的制度和法律应该使一切人获得平等和维护平等。杜威在对民主的定义中提到："倘有一个社会，它的全体成员都能以同等条件，共同享受社会的利益并通过各种形式的联合生活的相互影响，使社会各种制度得到灵活机动的重新调整，在这个范围内，这个社会就是民主主义社会。"① 那么，教育就是社会利益的一部分，应由全体社会成员共同分享，以机会均等为其理想的民主社会需要一种教育公平制度，实现教育机会的均等。他在《明日之学校》中强调指出："随着民主观念的传播和伴随而来的对社会问题的觉醒，人们开始认识到，每个人，无论他们恰好属于哪个阶层，都有一种权利，要求一种能满足他自己所需要的教育，并且国家为了自身的缘故，必须满足这种要求。"② 在杜威看来，民主社会的教育不能只满足一个阶层的人的需要，而要满足数量最多的和整个社会依靠他们提供必需品的阶层的人的需要。也就是说，一切人的教育是民主社会所必需的，教育不仅是上层阶级的特权，也是平民大众阶级的需要和权利。只有这样，民主社会一切成员的能力才能通过教育而得到发展，每个人才能作为社会的公民更理智地参与民主生活的过程。总之，教育公平可以扫除社会分层的障碍。因此，美国教育学者达根（Stephen Duggan）指出："杜威从来没有对一个坐在板凳上、可能拥有林肯的才能、衣衫褴褛的小顽童失去信心。因此，机会平等作为教育民主体制的先决条件是十分重要的。"③

　　（三）公共教育制度有利于教育公平

　　为了实现教育公平，杜威强调建立一种广泛的和有稳固基础的公共教育制度。美国哲学家和教育家胡克（S. Hook）指出："这是杜威的教育理想。"④ 杜威不仅肯定了18世纪欧洲国民教育制度建立的重要影响，而且高度评价了19世纪美国公共教育运动的意义。在此基础上，他强调指出："我们的公立学校制度是在人人机会均等的名义下创立的，不问出身、经济地位、种族、信仰或肤色。"⑤ 在他看来，公共教育实质上是属于公众

---

　　①　［美］杜威：《民主主义与教育》，人民教育出版社1990年版，第105页。

　　②　［美］杜威：《学校与社会·明日之学校》，人民教育出版社1994年版，第388页。

　　③　Harry W. Laidley. *John Dewey at Ninety* ［M］. New York：League for Industrain Democracy，1950.

　　④　［美］杜威：《民主主义与教育》，人民教育出版社1990年版，第385页。

　　⑤　［美］杜威：《教育和社会变动》，载赵祥麟、王承绪编译《杜威教育名篇》，教育科学出版社2006年版，第244页。

的教育，公民所需要的教育只能通过普及免费教育制度来实现。为公共税收所支持的公立学校应该是对一切人开放的。因此，对于一个共和国来说，实施普及免费教育的公共教育制度是最重要的事情。因为这种公共教育制度对社会的影响极大，除了使国家易于统一和易于培养真正守法的国民外，公共学校还可以教育不同能力的学生，有助于废除学校中的种族隔离。其作用一是有助于打破阶层区分，二是使每个人有充分发展其能力的平等机会，三是消除社会存在的不公平状况。在公共教育制度如何实现教育公平上，杜威特别提到三点：一是注意小学教育和平民教育，二是注意男女须受同等的教育，三是注意穷乡僻壤地区的教育。

杜威以"个人自由"为核心的民主教育思想更接近于现代意义上的教育平等思想，对 20 世纪甚至更长时期的美国教育产生了深远影响，推动了 20 世纪美国的教育机会均等立法，使得"强迫入学"扩展到小学之后两年或更长的时间。

二　科南特：教育机会的均等

美国著名的科学家、教育家科南特（James Bryant Conant，1893—1978）是要素主义教育思想的主要代表人物和美国 20 世纪中期最有影响的美国教育家之一，他的教育机会均等思想对美国 20 世纪 50 年代的中等教育改革产生了很大的影响。科南特在教育方面的著述甚丰，其中《今日美国中学》（*The American High School Today*，1959）和《贫民区与市郊：评大都市的学校》（*Slums and Suburbs：A Commentary on Schools in Metropolitan Areas*，1961）两部著作影响最大，集中体现了他教育机会均等的教育思想。科南特在对美国中等教育的考察过程中，逐步形成了独具特色的中等教育思想，并为当时的基础教育改革提供了行动指南。

（一）促进教育民主

受杰斐逊平等思想的影响，科南特非常强调教育机会均等对增强美国民主信念和维护民主社会的巨大作用，并将杰斐逊在政治领域的平等思想发展成为包括教育机会均等在内的平等思想，他在《今日美国中学》中提到，"对众多美国新一代人来说，均等不仅意味着政治均等，而且意味着机会均等"①。因此，根据机会均等原则，美国的所有青年，不论地域，不分种族、性别，都应受到公平的教育。科南特认为："信仰人人平等就是信仰所有公民在为美好生活做准备的教育中享有平等的权利。"② 在他看来，普通教育是全体未来公民的基础教育。通过普通教育可以使所有的学生接受一种文化，追求一种社会理想与目标，可以提高整个民族的素质。普通教育是针对全体公民的。在《分裂世界中的教育》（Education in a Adivided World）一书中，科南特提出："免费的、税收支持的学校是我们社会的动力源泉，是独特理想的产物，也是美国民主得以传承给未来公民的工具，共和国的力量最终与公立学校体制的盛衰息息相关。"③

据此，科南特主张，通过教育的途径来消除社会经济地位不平等的人为障碍，达到社会的稳定流动。科南特非常强调教育机会均等的社会效果，将其视为保证美国社会民主与促进社会流动的最有效的工具。他认为，应该允许有才能的学生从普通家庭获得自然上升。社会底层或普通家庭中有才能的人们，可以通过平等的教育机会获得自然上升，进入上层社会，进而促进社会平等。在科南特看来，教育机会均等对美国民主社会具有重要的意义，早在1940年，科南特就在发表于《大西洋月刊》的一篇文章中提出了"无阶级社会的教育"的观点，他指出结构愈复杂，群体差异越不明显，社会结构内的流动性越大，越接近于无阶级社会（classless society），鲜明地体现了教育机会均等的思想。教育机会均等是美国教育民主的目标，他认为"真正民主的教育必须消除一切障碍来促进机会均等"④。

（二）建立综合中学

科南特的教育机会均等思想主要体现在他对机会均等的具体论述和对综合中学的改革建议中。在对美国多所中学进行实地调查的基础上，科南特发表了其研究成果《今日美国中学》，其副标题为"给热心公民的第一

---

① James Bryant Conant. *The American High School Today* ［M］. New York：McGraw-Hill Book Company Inc，1959. 5.

② James Bryant Conant. *General Education in a Free Society* ［R］. Massachusetts：Harvard University Press Cambridge，1946. 153.

③ James Bryant Conant. *Education in a Adivided World：the Function of the Public Schools in Our Unique Society* ［M］. Westport：Greenwood Press，1948. 1.

④ James Bryant Conant. *General Education in a Free Society* ［R］. Massachusetts：Harvard University Press Cambridge，1946. 10.

个报告"（A First Report to Interested Citizens）。在《今日美国中学》中，科南特对教育机会均等思想和综合中学进行了充分的肯定，并对公立学校中的统一课程进行质疑。在他看来，统一而严格的学术标准并不符合教育机会均等的传统，也不利于多种人才的培养。而综合中学更有利于满足所有青年受教育的需要，既开设学术课程、公民课程，也开设职业课程，这充分体现了教育机会均等的理念。

科南特的关于综合中学的思想主要体现在《今日美国中学》一书中。书中提出了改革公立中学的建议，在全国引起极大反响。他赞同综合中学的教育模式，并建议根据综合中学的模式合并学区以进行改革。科南特还在其教育著作《教育与自由》（Education and Freedom）中，用更多的篇幅谈到了综合中学的思想。他在自传中这样写道："的确，本书的最后几页可以代之以这样的题目：为美国综合中学辩护。"①

在当时美国中等教育迫切需要改革的情况下，科南特明确指出，最适合美国中等教育的学校类型就是综合中学，因为它适应了美国的社会特点，它的产生是美国的经济发展的结果，也是美国人民追求教育机会均等的民主思想的体现。他还特别强调指出：综合中学是一种独具特色的学校，是按社区内所有青年受教育的需要而开设课程的中学，它不同于实施职业教育的中学，或在选拔基础上招生和只设文理课程的中学。科南特认为，综合中学应尽力为所有未来公民提供普通教育，并试图在学术课程之外提供卓越的选修课程以及一流的职业教育。他在《今日美国中学》中提出，综合中学要完成三大目标，一是为所有学生提供良好的普通教育，开设所有学生必修的共同核心课程；二是为那些毕业后需要技能的学生开设选修课程，为他们毕业后就业作好准备；三是为那些天赋高的学生开设高深的文理课程，为他们毕业后升入学院或大学深造作好准备。② 单从综合中学的培养目标来看，升学取向和职业取向的学生都能得到合理的分配，从而达到内部平衡的状态。

在科南特看来，综合中学就是为能力、兴趣、职业志向各不相同的全体适龄青年服务。为此，它主要运用"能力分组"的方法，可以花费更

---

① James B. Conant. *My Several Lives：Memoirs of a Social Inventor* ［M］. New York：Harper & Row, Publishers, 1970. 614.

② ［美］科南特：《今日美国中学》，载陈友松主译《科南特教育论著选》，人民教育出版社 1988 年版，第 41 页。

少的人力物力，来获得最佳的效果。能力分组并非绝对意义上的数量或者资源均等，而是一种纵向的特殊的平等，以期达到教育的公平与社会的公正。在综合中学里，无论是必修课还是选修课，都应该按照每个学生的能力进行分组，以实行适合其个性的课程计划。同时，学校也为学生发展才能提供各种机会，使其能作出适合自己能力与兴趣的选择。与此相联系的是，科南特建议建立学生指导制度，每250—300名中学生应设专职辅导员1名。辅导员不仅应具有当教师的经历，而且要熟悉学生能力倾向测验、学生测验以及其他测量方法，还需与学生和家长有密切的联系。

由此以来，综合中学不但可以确保入学机会的均等，而且在教育环境、资源分配、教育过程中，通过学习过程中的能力分组、公平竞争、教师辅导，按学生的学习能力与兴趣自由流动，给每个学生最适合的教育，可以确保学习过程的机会均等，而严格能力测试与考评等措施保证了教育结果的机会均等。

（三）改善贫民窟儿童的教育

19世纪中期，由于美国在城市化的过程中种族居住方式的变化，少数民族和穷人主要聚居在大城市的中心位置，而富有的白人则迁居至郊区，逐渐远离城市中心，市郊地带逐步形成了条件优越的白人社区，因此，市郊地区的公立学校，在教学条件和教育资源方面都远远超过城市中心的公立学校。

基于对其促进社会民主功能的重视，科南特全身心地投入对黑人教育和城市贫民窟学校的研究之中。他非常重视贫民区学校的改善，认为忽视"贫困青年"的教育和就业问题相当于制造"社会炸药"，会危害社会的民主和稳定。科南特指出，所有学生无论是社会的上层还是底层，无论家境富裕还是贫穷，只要有能力，就一样可以获得高质量的教育。在对美国中学大规模调查的基础上，科南特针对人口稠密的城市地区进行考察，将市郊学校和城市中心贫民窟学校进行比较，指出了在市中心的贫民窟内惊人的贫穷、种族歧视、地方暴乱、社会分裂和失望问题，"正是贫民窟的社会背景和家庭背景，使黑人的能力和成就抱负受到压抑，使黑人在教育、经济和社会方面均处于不利地位"[①]。科南特尤其关注黑人教育问题，指出了黑人教育中存在的严重不平等现象："毋庸质疑，目前所有为中小

---

① 赵祥麟：《外国教育家评传》（第三卷），上海教育出版社1992年版，第161页。

学制定教育政策的考虑，都忽视了黑人教育的问题或完全接受了隔离学校存在的合理性……我们谈论公立学校制度，谈论它如何适应协调与各种人群及社会阶级的需求，唯独不包括黑人。"①

科南特通过实际调查得出结论，大都市地区贫民窟与郊区的公立学校之间，在教育资源和教育效果方面都存在较大差异，而且在市中心学区，几乎没有真正意义上的综合中学。学生只有进入专门技术中学或职业中学，才能获得有效的职业教育。在这些调查和研究的基础上，科南特提出了改进大城市和郊区两大区域学校的建议。他主张通过联邦与州加大教育投入，扩大教育机会，促进机会均等，以改善市中心区的黑人教育与贫民窟居民的教育状况。

依照科南特的民主教育理念，贫民窟与市郊学校之间的巨大差距和强烈的对比损害了教育机会均等的原则，他主张联邦政府制定教育政策改善贫民区儿童的教育，使其中有天赋和才能的儿童也能获得良好教育。他主张，应该合理地讨论各州的不同，将黑人聚居的学区和其他学校合并，为黑人创造更多的受教育机会，否则就会产生严重的政治问题。他还建议，在合并学区上，采取混合教师、加大投入等手段，各州要发挥主动性。针对这些问题，科南特还建议给市中心学区和贫民窟学校投入更多的资金，改善南部地区大城市的黑人教育，提高贫民窟黑人学校的教学质量，为贫民窟学校的教师提供特殊培训，以便他们可以为那些学生提供更好的教学。

科南特的教育机会均等思想对美国基础教育改革产生了深刻影响，是20世纪美国教育史上重要的基础教育公平理念。他在对美国公立中等教育的广泛调查与研究的基础上，提出的教育机会均等理念以及对综合中学改革的建议，为当时的中等教育改革指出了新的方向。科南特所提出的教育改革建议，对于提高教育质量和促进机会均等均有实际的意义。尤其他关于美国中等教育的专著《今日美国中学》，是20世纪五六十年代对美国中等教育改革最具影响的一份研究报告，其中对美国中学提出批评和改进建议，对美国中等教育改革产生了重要的影响，成为了当时指导教育改革的重要文献。

---

① James Bryant Conant. *The Child*, *the Parent and the State* [M]. New York: McGraw-Hill, 1965. 38 – 39.

第三节　以确保更大范围教育机会均等
为核心的基础教育公平政策

　　到 1918 年，美国的所有州（当时共 48 个州）都已颁布义务教育法令，通过公立学校制度实现了普及义务教育，凸现了美国基础教育公平政策。正如当代美国教育史学家克雷明所指出的："义务学校教育标志了美国教育史上的一个新时代。下层社会儿童以至身心有缺陷的儿童都能进入学校。"① 随之而来的是教育机会均等的范围不断扩大，中等教育也逐渐包括进来。

一　"卡拉马祖诉讼案"的判决

　　"卡拉马祖诉讼案"（Kalamazoo Case）的宣判意义在于认定了运用公共税收来开办中等学校是合法的，帮助更多的青年进入公立中学，改变了中学仅为少数有升学愿望的学生享有的状况，使中等教育面向所有的青年，扩大了中等教育的受教育机会。

　　南北战争前，美国公共教育财政主要面向初等教育，在部分州，公立中学的财政来源主要依靠公共学校基金，还有一部分州的财政来源依靠收取学费来维持。当时中学的主要功能是培养学生为升入大学做准备，教育只是针对部分有升学愿望的学生，并不是面向全体学生。因此，有人认为州无权为中等教育向公众征收教育税，但以加利福尼亚州州长斯拉·卡尔（Ezra Carr）为代表的人士则认为，中学是公共基础教育体系的一个重要组成部分，应通过征税开办公立中学。事实上，除新英格兰地区外，其他州在制定关于增加税收以设立公立中学的法案时都遇到很大阻力。在部分市镇和乡村，人们满足于公立小学，不愿以公共财政开办公立中学，他们认为，中学所设置的高深课程没有实际价值；对于家长来说，公立中学干涉了他们管理子女教育的民主权利；一些人认为公立中学开支过大，并且只有部分青年可以享有这部分公共资源，因此，通过征税来开办公立中学极不合理，也不符合民主的原则。在面对这些法案和州政府增加税收的情况下，出现很多相关的诉讼案件，其中最著名的案件是发生在密执安州的

---

① ［美］劳伦斯·阿瑟·克雷明：《学校的变革》，山东教育出版社 2009 年版，第 114 页。

"卡拉马祖诉讼案"。

　　1872 年，卡拉马祖市校董会投票决定，通过增加税收开办一所公立中学，并聘请一位学校视导长。随后，一位市民查理斯·E·斯图亚特（Charles E. Stuart）向法院提出控诉，要求密执安州最高法院制止校董会增加税款，他认为，法律只将基本教育定为公民所需，而设立免费的中学则超出了法律要求的限度，因为中学的内容只是满足部分人的利益，对广大人民而言没有实际价值，因而不属于基本教育范畴，那么就应该由那些获得利益的人来付钱，而不应由普遍的税收来承担，因而，州政府没有权利为设立免费的中学而征税。

　　案件交由密执安州最高法院审理，对原告的控诉法院也极为震惊，随即州高级法院对此作出了历史性的裁决。1874 年密执安州最高法院判决：驳回原告的控诉，支持学校董事会的决定，卡拉马祖市征税开办公立中学是合乎宪法的。州最高法院在判决书中指出："把不仅只包括初等教育而且包括更广泛意义上的教育看作是富人和穷人同样可以选择的为他们提供重大实际利益的事情，而不仅仅看作是与交得起学费的富人们培养文化和造就有关的事情，我们原以为这已经为本州人民所理解。"[①] 判决书中回顾了从 1787 年州宪法至 1850 年新的州宪法期间本州的教育发展史，对"完全的教育制度"进行了总结说明，由此认为，法律从没规定基本教育的极限，在公民和议会的同意下，中学可以属于基本教育范畴。判决书这样写道："我们有一切理由相信，人民期望能得到完备的教育……人民期望在小学学区建立中学的趋势继续发展，直到为每一个能够资助一所中学的地方都提供一所中学，这个论断似乎是无可抗辩的。"[②] 最后，针对为中学征税的合法性，判决书提出："从 1817 年开始一直继续到现行宪法通过时为止，在免费学校方面本州总的方针就是，可以尽一切力量为本州的全体儿童提供教育，如果他们愿意的话，还可以提供初步古典教育……我们只要说明一点就够了，无论是在本州的政策还是在本州的宪法中，都没有限定初等学校学区只能教授他们的官员所要教的学科或限定只能办某一

---

　　① ［美］E. P. 克伯雷：《外国教育史料》，华中师范大学出版社 1991 年版，第 657 页。

　　② John D. Pullian and James Van Patten. *History of Education in Amerian*［M］. Prentice-Hall, Inc. 1995. 90.

等级的学校,只要该学区的投票人正式同意负责费用并为此目的而征税。"①

　　类似的诉讼在美国其他州都出现过,伊利诺斯州曾同时受理 7 件之多,结果均和此案的判决结果一致,但"卡拉马祖诉讼案"的判决最有代表性。根据美国判例法的特点,该判决成为其他很多州为公立中学征税的范例,伊利诺斯州、马里兰州、密苏里州、堪萨斯州以及南方的密西西比州等地,均援引此案的判决来处理此类案件。其他各州在法律上也逐渐地建立起包括公立中学的基础教育税征收制度,公立中学因此得到迅速发展,由 1860 年的 300 多所发展到 1890 年的 2526 所。② 19 世纪末 20 世纪初,美国初步形成了面向所有青少年、课程内容丰富、教学方法灵活多样的公立中等教育系统,到 1903 年,即便最小的美国城市也都能够为青少年提供公费的中等教育。进入 20 世纪以后,美国中学在校生人数不断增加,中等教育普及率不断提高:全国 1912 年公立中学在校生达 110.5 万人,为 1870 年的 12.5 倍;适龄青年的中学入学率 1905 年为 10%,1910 年和 1915 年分别为 15% 和 20%,平均每年递增 1 个百分点。随后的二三十年间,美国中等教育经历了一个"直线上升的大时代",数量增长惊人。③ 20 世纪 30 年代到 40 年代,大多数州把义务教育普及到了初中阶段,东部个别州开始提出要普及包括高中在内的 12 年教育。1920 年,近30% 的适龄青年进入中学学习;30 年代末,中学生入学率达到了适龄青年的 74%。④ 到第二次世界大战结束时,包括高中学段的"普及中学教育在美国已成为了现实"⑤。到 1950 年,美国大致相当于高中学段(九年级及其以上,包括二年制和部分时间制中等教育)学生数达到了 870 多万。50 年代以后,美国高中教育发展速度进一步加快,1960 年大致相当于高中学段的在校学生人数达 1300 多万,1970 年更是翻番到 2700 多万,2000 年大概突破了 3000 万。⑥

　　"卡拉马祖诉讼案"的判决成为美国教育史上具有划时代意义的教育

---

　　① John D. Pullian and James Van Patten. *History of Education in Amerian* [M]. Prentice-Hall, Inc. 1995. 90.
　　② 吴式颖:《外国教育史教程》,人民教育出版社 2005 年版,第 393 页。
　　③ 江绍伦:《美国高等和中等教育发展过程》,三联书店 1980 年版,第 23 页。
　　④ 同上书,第 29 页。
　　⑤ 杨慧敏:《美国基础教育》,广东教育出版社 2004 年版,第 4 页。
　　⑥ 吴文侃、杨汉青:《比较教育学》,人民教育出版社 1999 年版,第 678 页。

裁决，确立了公立中学在公立学校系统中的地位，推动了中等教育大众化的发展，为之后普及教育的年限延长奠定了基础，也促进了中学向综合化方向发展。该案件的判决从法律上加强和扩大了政府对公共教育管理权限和范围，使通过税收来开办公立中学的观念深入人心，确立了以公共税收为中学提供财政支持的基本原则。该案件的判决还认定了以公共税收支持公立中学并没有违反宪法，使得通过征税办公立中学有了合法的根据，担任此判决书执笔人的法官托马斯·M.库利（Thomas M. Cooley）认为："中学属于公共教育，是连接初等学校与州立大学的重要环节。他指出，公立中学的缺乏将对富人极为有利，人为地阻止了其他阶层的子女进入大学。"① 该判决使社会底层的青年也有机会进入中学，而且维护了基础教育公平的原则，使公立中学也被纳入公共教育体系中，从此美国走上普及中等教育的道路。

二　《中等教育的基本原则》

《中等教育的基本原则》（*Cardinal Principles of Secondary Education*）强调中等教育的民主性和普及性，主张中等教育应满足所有青年的需要，为每个人提供发展的机会。并且，还提出了"综合中学"的模式，课程的分化也在一定程度上体现了追求教育过程平等的取向。

20世纪前期美国工业化的快速发展迫切需要大批熟练的技术工人，同时人们对中等教育的需求也高涨起来，美国教育界也掀起了求实求新的改革浪潮。美国不同于欧洲的许多国家，如德、法等国学校的目的和任务由政府决定，在美国则由教育专业组织以研究和协商的方式来解决。为了根据社会的需要对中学的教育目的、职能和内容进行调整，1913年，全国教育协会（National Education Association）成立了"中等教育改组委员会"（The Commission on the Reorganization of Secondary Education），研究中等教育的职能和目的问题，并于1918年提出了《中等教育的基本原则》的报告。

正如《中等教育的基本原则》中阐述的，在过去的几十年中，美国生活发生了种种深刻地影响个人活动的变化。作为一个公民，任何人必须

① John D. Pulliam, James Van Patten. *History of Education in* . Englewod Cliffs: Prentice-Hall, Inc. 1995. 90.

在更大程度上和以更直接的方式对付社区生活的问题，州和联邦政府的问题以及国际关系的问题。作为一名工人，必须使他自己适应更为复杂的秩序。作为一个相对独立的个人，任何人都需要有更多的闲暇。产生于生活这三个主要方面的种种问题是密切关联着的，并要求每个公民有一定程度的智力和效率，这种智力和效率仅仅通过初等教育，甚至通过中等教育，是不能得到的，除非扩大这两种教育的范围。①

（一）强调中等教育的民主性

从对民主制度的教育目的、教育对个人发展的重要作用出发，《中等教育的基本原则》论证了实现中等教育机会均等的必要性，并提出了美国中等教育的七个主要目标：促进身体健康、掌握基础知识、健全的家庭成员、发展职业技能、胜任公民职责、善于利用闲暇、养成道德品格。

《中等教育的基本原则》强调教育目的民主性，即民主制度中的教育应满足所有人的需要，发展每个人的能力，使每个人获得发展的机会，使每个成员通过为他人和为社会服务的活动来发展他的个性。它指出："美国的教育应由一种清晰的、关于民主制度意义的概念来指导……民主制度既不允许社会剥削个人，也不允许个人无视社会的利益。更明确地说——民主制度的目的就在于组织这样一种社会，使每一个社会成员可以通过为其同胞的幸福和整个社会的安宁而设计的种种活动，来发展自己的个性。""民主制度里的教育，无论校内还是校外的，都应发展每个人的知识、兴趣、理想、习惯和能力，凭借这些他将找到自己的位置并利用这些位置使自己和社会向着更崇高的目的发展。"② 对于美国中等教育来说，它必须完全以所有青少年的完满而有价值的生活为目的。每个人都有权利得到发展他身上最好的东西的机会，教育的任务就是发挥这种潜在的价值。

针对过去中等教育仅仅满足少数群体的需要，《中等教育的基本原则》要求将教育机会平等扩大至中等教育，使更多的学生可以平等地接受中等教育。它明确指出："只有通过注意由能力倾向、能力和抱负所表明的个人的群体的不同需要，中等学校方能取得每个学生最大的努力。学

---

① 瞿葆奎：《教育学文集·美国教育改革》，人民教育出版社 1990 年版，第 22 页。

② 同上书，第 24 页。

校必须利用这时候每个男女学生作艰难而有效的课业的一种最可靠的方法。"① 为了让所有人有接受教育的机会和让更多的人完成中等教育阶段的学业，公立学校的范围不能只限定在初等教育，必须建立一个中等教育与初等教育相衔接的学校系统。其中，初等教育和中等教育各为 6 年，中等教育分为初级和高级各 3 年的两个阶段。这便是后来美国中等教育普遍运用的"六三三"学制。

（二）首倡建立综合中学

现代心理学的研究成果逐渐证明，个人的发展是一个连续的过程，初等学校和中等学校之间的连贯的学习过程被生硬的中断是不可取的。所以，公立学校的范围不能只限定在初等教育阶段，应该改组学制，建立一个中等教育与初等教育相衔接的基础教育系统。为了让更多的学生有机会接受中等教育和完成中学的学业，《中等教育的基本原则》要求对中等教育进行调整，并第一次提出了"综合中学"（comprehesive high school）的概念，认为："将所有课程包容在一个统一的组织之中的综合中学，仍应是美国中等学校的标准类型。"②

《中等教育的基本原则》建议使综合中学成为美国中学的标准模式，以便使中等教育面向所有适龄青少年。它的所有课程都由统一的组织设计，使所有的学生平等地参加中等学校的课程。因此，综合中学是面向所有学生的，每个学生都可以根据自身的特点和爱好来选择适合的专业，综合中学模式体现了美国教育民主和教育公平的原则。《中等教育的基本原则》指出："综合学校是民主制度的原型，其中不同的群体必须有作为群体的一定程度的自我意识，并通过对共同利益和理想的认识联合成一个更大的整体，这样的学校中的生活是对民族制度中的生活之自然的和有价值的准备。"③ 在综合学校中，当学生发现更适合的课程时，可以及时作出调整，还可以得到教师的专业意见，因此，各种有碍于学生对课程作明智选择的影响，可以被缩减到最小程度。

《中等教育的基本原则》还提出了中学里男女学生的课程问题。它指出："所有课程中的女生应在有效率的指导员指导下，用适当的设备，在

---

① 瞿葆奎：《教育学文集·美国教育改革》，人民教育出版社 1990 年版，第 30 页。
② 同上书，第 33 页。
③ 同上书，第 34—35 页。

家事技艺课业上受到益处。在有很强的家事技艺部的综合学校里，最容易提供这样的条件。"① "美国的中等教育必须完全以所有青年的完满而有价值的生活为目的，因此本报告书所描述的目标必须在每个男孩和女孩的教育中占有位置，这是本委员会坚定不移的信念。"②

被称为美国中等教育史上里程碑的《中等教育的基本原则》，对美国的中等教育的发展产生了深刻的影响，在肯定"六三三"学制和强调综合中学地位的同时，确立了中学是面向所有学生并为社会服务的思想，为中等教育发展提出新的任务和方向，其中设定的七项教育目标沿用至今，为美国中等教育发展指明了方向。尤其是提出了当时中学所提供的为大学而准备的课程，只为少数人服务而不能满足多数人的要求，统一的古典课程对于当时占大多数的、不想升入大学的学生来说是不公平的。学校应促进学生在知识、兴趣、理想、习惯和能力等方面的发展，并可以获得适当的工作。自此，美国中学摒弃了为升学而准备的目标，中学既教授科学文化知识，也培养职业技能。它通过突出中等学校的职业训练职责和功能，推动了美国中等学校由传统中学向现代综合中学的转变。据此，美国中学可以提供学术课程、普通课程、职业课程等不同课程，这就意味着任何背景的学生都可以进入中学，选择适合的课程，所有青年都可以获得接受中等教育的机会。它体现出基础教育过程中的平等，因而成为 20 世纪前半期美国基础教育公平政策的核心，进一步促进了基础教育公平的发展。

三　《关于满足青年的需要》和《为了所有美国青年的教育》

20 世纪 40 年代，《关于满足青年的需要》和《为了所有美国青年的教育》这两个报告，再次强调了美国中等教育是针对所有青年的教育，通过对中学课程的建议和规划等，提出了平等地对待每一个学生的原则，体现了中等教育民主化的要求。

在 20 世纪前半期，全国教育协会政策委员会曾对美国基础教育的发展产生过很大的影响。在它的声明和文件中也清楚地体现了基础教育公平原则。1944 年春，全国教育协会政策委员会发表了一份题为《关于满足青年的需要》(On Meeting the Needs of Youth) 的声明，涉及所有的青年都

① 瞿葆奎：《教育学文集·美国教育改革》，人民教育出版社 1990 年版，第 35 页。
② 同上书，第 37 页。

必须的教育需要，包括职业技能和态度、健康和体魄、公民权利和义务、理解家庭生活、了解和理解商业行会、科学和科学方法、鉴赏能力、利用和安排空余时间、尊重他人和共同生活、理性思考能力等十个方面。正是这个声明所阐述的思想，成为了这一时期美国中学大多数课程计划的基础。

同年，全国教育协会政策委员会又发表了题为《为了所有美国青年的教育》（*Education for All American Youth*）的报告，重申把所有青年绝对必要的教育需要作为规划中等教育公共课程的基础，还提出了如何组织中等教育课程的建议。它指出："最重要的是，在所规划的课程中，每一位老师很少有差异很大的学生，而在更加多样的环境中有更多的时间同每一个学生一起工作并对他进行观察。"①

四　"布朗诉托皮卡教育委员会案"的判决

"布朗诉托皮卡教育委员会案"（Brown v. Board of Education of Tope-ka）的宣判意义在于认定了在公立学校中实行"隔离但平等"的原则是违宪的，允许黑人学生进入质量较好的白人公立学校，扩大了黑人的受教育机会，使得黑人学生和白人学生平等地拥有接受良好教育的权利。

美国南北战争后，虽然在法律上承认了黑人的公民身份，实际上并未立即付诸实际。美国宪法第十三修正案废除了奴隶制，直到其制定 3 年后，宪法第十四修正案的出台才保证了所有在美国出生，具有美国国籍的人的公民权，包括平等地受法律保护的权利。这两个修正案和第十五修正案保障了公民的选举权，试图消除残余的奴隶制，保护黑人的公民权。1875 年，国会通过第一个《民权法案》（Civil Rights Act），创立了"法律面前人人平等"的原则，并惩处在公共场所的种族歧视行为。然而，美国联邦最高法院却认为，这一法案超出了第十三和第十四宪法修正案的范围，因为修正案主要集中在政府行为，而非公民个人。在这一判定之下，美国联邦最高法院缩小了该法案适用的范围，民权运动的发展因而受到很大阻碍，黑人的受教育权利仍然被忽视。

实际上，到 19 世纪末，种族隔离立法在美国南部仍然非常普遍，在

---

① Sol Cohen（ed）. *Education in the United States：A Documentary History*［M］，Vol. 4. New York：Random House，1974. 2625.

实际操作中，之前的立法和修订都被忽略了。餐厅、洗手间、公共交通等公共场所，甚至选举和政府任职都实行种族隔离，当然也包括学校。教育中的种族隔离非常严重，"布朗诉托皮卡教育委员会案"就是由于黑人与白人在教育资源和设施上的不平等而引发的。依据美国判例法的特点，该案在教育立法中具有重要的地位，从法官的判决中推引出法律的原则，成为"活动的宪法"，它也是美国教育政策的重要组成部分。此案件原告认为，依据 1868 年宪法第十四修正案中关于法律平等保护的原则，"隔离的公立学校是不平等的，也不可能达到平等，据此布朗被剥夺了法律赋予的同等权利"。但 1896 年最高法院对"普莱西对佛格森案"（Plessy VS. Ferguson）中宣判的"隔离但平等"原则，只有各种族享有基本同等的设施待遇，即使这些设施是隔离的，也应该认为是受到平等的对待。① 根据这一原则，自 1896 年开始，南方 17 个州和非南方的 4 个州确定了种族隔离的教育法，就连首都所在的哥伦比亚特区也不例外。另外 11 个州模棱两可，实际上默许其存在。② 因此，法院判定托皮卡教育委员会未违反宪法。

（一）"布朗诉托皮卡教育委员会案"判决的主要内容

美国联邦最高法院判决"布朗诉托皮卡教育委员会案"，认为公共教育是一种宪法所保障的权利，因为教育是州政府与地方政府最重要的功能，相同的教育机会必须平等地提供给所有人。在处理这一问题时，必须考虑公立教育在美国社会中的地位以及公立教育的整体发展，公立学校儿童的种族隔离剥夺了少数民族群体儿童同等的教育机会。

"布朗诉托皮卡教育委员会案"实际上是由一系列案件组成的，它源于 1896 年的普莱西诉弗格森案，案件主要是路易斯安那州的黑人男子普莱西反对在列车上实行种族隔离，先是在州法院审理，后上诉到美国联邦最高法院。最高法院支持下级法院的判决，认为在隔离的情况下提供平等的服务，没有违反第十四修正案的平等保护的内容。法庭上的反对者，哈伦（John Marshall Harlan）大法官曾准确地预言该判决的不利影响将不亚于 1857 年臭名昭著的"德雷德·斯科特裁决"（Dred Scott Decision）。

20 世纪 50 年代，具有里程碑意义的"布朗诉托皮卡教育委员会案"

---

① 张维平、马立武：《美国教育法研究》，中国法制出版社 2004 年版，第 175 页。
② 滕大春：《外国教育史和外国教育》，河北大学出版社 1998 年版，第 472 页。

由 6 个独立的种族隔离案件组成，最初这一系列案件由律师上诉于 1952 年，主要反对在小学阶段的种族隔离。以布朗（Oliver Brown）的名字来命名，因为下级法院在众多原告中将布朗列于第一位，于是所有 6 个案件统合于"布朗诉托皮卡教育委员会案"的名下。① 虽然每个案件都有其各自的诱因，但所有的案件都代表小学儿童，并涉及比白人学校的质量低劣的黑人学校。最重要的是每个案件都主张，"隔离但平等"的原则违反了第十四修正案的平等保护的内容。依照先前普莱西诉弗格森的案例，下级法院否决了这些案件的原告的主张，地区法院甚至赞扬种族隔离对黑人儿童的影响，并支持"隔离但平等"没有违反宪法。最后，所有废除公立学校中的种族隔离案件上诉到联邦最高法院。

第一个案件是 1950 年秋发生在南卡罗来纳州的克拉伦登县（Clarendon County）的布里格斯诉埃利奥特案（Briggs v. Elliott）。布里格斯是这个案件中 20 位教师中的一位，他指控克拉伦登县教育委员会的主席埃利奥特（R. W. Elliott）支持县公立小学中的种族隔离，违反了宪法第十四修正案中的平等保护的权利。布里格斯代表原告出示了许多国家著名的儿童心理学家的研究，他的研究包括种族隔离对于非裔美国儿童的自尊和心理的消极影响。在美国历史上，这些证据只有一个案件的原告试图使用过。第二个案件是发生在弗吉尼亚州的戴维斯诉爱德华王子郡教育委员会案（Davis v. County School Board of Prince Edward County）。戴维斯案件起诉弗吉尼亚州的学校中的种族隔离的规定，违反宪法第十四修正案中关于平等保护的内容，如布里格斯案的结果一样，弗吉尼亚州法院驳回了原告 117 名学生的上诉。第三个案件就是布朗诉托皮卡教育委员会案（Brown v. Board of Education of Topeka）。此案源于 1951 年 2 月三名托皮卡地区的律师，在全国有色人种进步协会（National Association for the Advancement of

---

① 另一种说法是："布朗诉教育委员会案"是由分别在五个地区（Kansas, South Carolina, Virginia, the District of Columbia, and Delaware）的五个案件组成，（Oliver Brown et al. v. Board of Education of Topeka, Shawnee County, Kansas, et al.; Harry Briggs, Jr., et al. v. R. W. Elliott, et al.; Dorothy E. Davis et al. v. County School Board of Prince Edward County, Virginia, et al.; Spottswood Thomas Bolling et al. v. C. Melvin Sharpe et al.; Francis B. Gebhart et al. v. Ethel Louise Belton et al）

Colored People，NAACP）的帮助下，代表原告出示了社会学家的研究成果作为证据，学校中的种族隔离对非裔美国学生的心理造成了有害的影响。然而，这些证据没能阻止托皮卡法官判原告败诉，因为华盛顿哥伦比亚特区是有国会管理的联邦直辖区而不是州。第四个案件是博林诉夏普案（Bolling v. Sharpe），被认为是违反了宪法第十五修正案的法定诉讼程序，因第十四修正案仅涉及州，因此该案件不能像其他案件那样判定违反了"平等保护"的规定。该案件的起因是在哥伦比亚特区 11 名非裔美国学生无法进入新建的白人高中，因此，他们的家长联合起诉哥伦比亚特区教育局主席（C. Melvin Sharpe）。被列在最后的两个案件分别是贝尔顿诉格布哈特案（Belton v. Gebhart）和布拉诉格布哈特案（Bulah v. Gebhart），实际上它们是两个几乎相同的案件，两个案件都是 1952 年发生在特拉华州。原告之一贝尔顿在克莱蒙特（Claymont）提起诉讼。另一名原告布拉，在霍克森市（Hockessin）提起诉讼，原告提起诉讼主要因为他们的孩子是非裔美国儿童而不得不参加质量低劣的学校，布拉的情况很特殊，她是一名白人妇女收养了一个黑人儿童，而黑人儿童仍然要依照种族隔离的州法律接受教育。①

1952 年，联邦最高法院同意受理这六个案件，这代表学校中的种族隔离问题成为国家问题，而不仅是南方的问题。原告律师和其同伴提供了一份证据，即 30 位社会学家证明种族隔离对非裔美国学生的不利影响。基于判决的重要性，1953 年 6 月，联邦最高法院决定重新审理这些案件，1953 年 9 月，艾森豪威尔（Dwight D. Eisenhower）总统任命沃伦（Earl Warren）为新的最高法院首席大法官，他相信沃伦大法官会采取适当程序审理废止种族隔离的案件。庭审过程中，原告主张"隔离但平等"原则是错误的，要求立即废除宪法第十四修正案，主张联邦政府禁止任何基于种族隔离的州行动，包括在公立学校中的种族隔离。被告方辩护称，许多州当时都认可宪法第十四修正案而保护种族隔离，因此这些州相信宪法第十四修正案适用于种族隔离原则，各州也不会废除这一原则。美国司法部

① *Order of Argument in the Case*，Brown v. Board of Education ［DB/OL］. http：//www. archives. gov/education/lessons/brown-case-order/

也发表了一份简报，支持逐步废除种族隔离。

（二）实施过程中的问题和判决的意义

庭审从 1953 年 12 月 7 日一直持续到 9 日。审理过程中，原告律师指出："法庭判决能够反对原告的立场的唯一方法，就是找到证据证明黑人低于其他人种。"① 在"布朗诉托皮卡教育委员会案"中，原告所提供的证据被 1954 年 5 月被沃伦大法官所采纳，法院的判决如下："因为种族的原因，将公立学校中的部分学生与相似的年龄的其他学生隔离，会导致这些学生对其在社会中的社区有自卑感，这会对学生的心理造成不可磨灭的影响。"②

又经过 5 个月零 8 天的等待，最终法庭达成一致意见："在公立教育领域，'隔离但平等'的原则无效。"③ 1954 年 5 月 17 日，首席大法官沃伦宣读了此意见。1955 年 5 月 3 日，美国联邦最高法院进行了第二次宣判，美国联邦最高法院沃伦大法官对"布朗诉托皮卡教育委员会案"进行判决，判定学校中种族隔离的规定是违宪的，要求各州以审慎的速度开始废除种族隔离计划。当时这一判决遭到了强烈的反对，其中一些宪法学者认为，这个判决违反立法传统，因为判决过分依赖社会学家所提供的数据，而不是依据先前的判例或已制定的法律；司法方面的支持者也认为，法院通过制定新的法律的行为，超出宪法权利的范围。然而，民权运动中的少数民族群体和成员对于布朗案的判决，并没有明确的实施目标，激进的支持者也认为，联邦最高法院适当地利用其地位改动了宪法的基础，这一判决在新时代又引起了新的问题。在接下来的 15 年里，布朗判决产生了重要的影响，不仅体现在种族关系，而且体现在刑事司法管理、政治进程和教会与国家分离方面。

最初布朗案宣判虽然要求所有州的公立学校必须实行各种族学生合校，但没有规定完成合校的时间和方式。1955 年第二次宣判合校应以最快的速度进行，并宣布明确的合校期限和办法，但有一些州还是延迟了合校的进程，例如，弗吉尼亚州爆发大规模的抵抗运动，延迟了合校的进

---

① Robert J. Cottrol, Raymond T. Diamond, Leland B. Ware. *Brown v. Board of Education: Case, Culture, and the Constitution* [M]. Lawrence KS.: University Press of Kansas, 2003.

② *Brown v. Board of Education*, 347 U. S. 483 (1954). Record Group 21, Records of the U. S. District Court of Kansas, National Archives-Central Plains Region, Kansas City, MO.

③ Ibid.

程，直到 20 世纪 60 年代后半期，美国各州才逐步完成各种族合校接受教育。即便如此，联邦政府强制合并地方学校仍受到很大的争议，尤其是 20 世纪 60 年代末，法庭采取了更强制的方式制定了合校的时刻表。①

尽管如此，1954 年"布朗诉托皮卡教育委员会案"在美国教育公平的进程中是具有里程碑意义的案件，极大地推动了教育平等的发展。最高联邦法院的判决在法律上结束了几十年来公立学校的种族隔离状况，布朗案的判决成为美国法制史和民权史上的分水岭，使教育超越种族、阶层和家庭背景的限制。它颠覆了"隔离但平等"的原则，结束了美国长达 58 年的法定的种族隔离实践，为美国公立学校体系的整合铺平了道路。法庭对布朗案有利的宣判对于教育机会平等非常重要，推翻了"普莱西对佛格森案"的"隔离但平等"的原则，保障了不同种族儿童教育机会的平等。布朗案的判决在美国历史上第一次由联邦政府直接地、有利地创造了一种公平的教育体系，被认为是美国 20 世纪最重要的判决之一，奠定了美国公立学校反对种族隔离的法律基础，法院的判决直接影响了学校的管理体制和机制。

在影响最终判决的诸多因素中，特别重要的是有色人种协进会（NAACP）的努力，众多社会科学工作者及他们的研究成果，以及沃伦等这样对政治问题敏感及对美国社会前途关切的大法官所起到的独特作用。② 布朗案是黑人受教育权公平的一个转折点，这一案件成为少数民族迈向教育公平的第一步，提升了教育作为自由公民而天生具有的权利的公共意识，因而，它也是民权运动一系列事件的开端，南方白人对布朗案判决的抵制是激起黑人起来斗争的一个重要因素，而民权运动的高涨直接导致了 1964 年《民权法案》，又大大增加了少数民族的受教育机会。美国学者戴维·B. 秦亚克（David B. Tyack）指出："1954 年美国最高法院对于布朗种族隔离案的判决给全国的黑人带来了希望；他们对于教育公正的寻求至少得到了法律的裁定……当然，种族隔离否定了那种虚伪的公立学校意识形态——它在理论上寻求将所有的孩子混合在一起，统一在公立学校的屋檐下。因此，与其说最高法院是在表述一种新原则，不如说是在纠

① Patrick J. McGuinn. *No Child Left Behind and the Transformation of Federal Education Policy* [M], 1965 – 2005. Kansas: University Press of Kansas, 2006. 27.

② 张维平、马立武：《美国教育法研究》，中国法制出版社 2004 年版，第 176 页。

正一个旧原则。"① 当代美国教育史学家韦恩·厄本和杰宁斯·瓦格纳也指出："1954—1955 年，'布朗诉教育委员会案'的判决影响十分深远。布朗案涉及一个学校内外都受其影响的教育政策，因此成为一个最不寻常的案件。一项教育政策引发社会关系大变动和学校之外的政策大变动，这类事件在美国的历史并不多见，布朗案却是其中之一。在学校之外，布朗案引发了一场公民权利运动，使许多美国黑人都行动起来加入到有组织的政治和社会运动中去，为自己的权利抗争。"②

五　《国防教育法》

《国防教育法》（*National Defense Education Act*）主要是通过增加联邦拨款，资助低收入家庭等学生群体，使联邦拨款成为基础教育财政的重要来源之一，为更多的青年提供受教育机会，该法案表明第二次世界大战后联邦政府对教育干预的加强。

第二次世界大战即将结束时，美国参议院的教育和劳工委员会就"联邦援助教育"的提议召集了听证会，坚决主张联邦援助的大多数应该是贫困学区，以解决社会财产税不能给公立学校提供足够经费的学区的教育财政困难。二战后所形成的美苏冷战格局，也促使美国在军事、经济、科学技术各条战线上与苏联展开了激烈的竞争，国家的安全、战略地位越来越取决于科学技术的进步与应用，取决于人的智力资源的开发，这些都离不开教育的功能和作用。美国政府把改革和发展教育作为冷战中的战略之一。尤其是 1957 年 10 月 4 日苏联成功发射世界上第一颗人造地球卫星，导致美国各界人士猛烈抨击美国教育现状，纷纷指责美国学校教育水平的落后，认为必须大力改革教育，联邦政府和各级政府必须对教育承担更多的责任，大力改革和发展教育。正是在这种背景下，美国国会于1958 年 8 月通过了《国防教育法》。

以加强国防并鼓励和援助教育方案的扩充和改进为目的，《国防教育法》明确提出，除州和地方社区加强对公共教育的财政支持外，联邦政府对于事关国家安全的教育方案要予以财政资助。在该法案的各章中，分

---

① ［美］戴维·B. 秦亚克：《一种最佳体制：美国城市教育史》，上海人民出版社 2010 年版，第 296—297 页。

② ［美］韦恩·厄本、［美］杰宁斯·瓦格纳：《美国教育：一部历史档案》，中国人民大学出版社 2008 年版，第 394—395 页。

别规定了联邦政府对教育事业发展拨款资助的有关事项和具体办法。该法
以国防需要和国家安全为出发点，扩大教育机会。法案第101条第1款指
出："国家安全需要最充分地开发全国男女青年的脑力资源和技术技能。
目前的紧急状况是要提供更多的且适当的教育机会。"① "州和地方社区要
控制并必须控制公立教育，并对其负有主要职责。"② 根据该教育法案的
规定，学龄儿童指5—17岁的人口。其中还规定，为加强自然科学、数
学、现代外语和其他重要科目的教学而提供援助，"要求尽快改变只有少
数人学习自然科学、数学和现代外语的状况，以及技术训练发展不平衡的
状况"③。联邦政府还从法律条款上明确了资助基础教育的方法，该法案
第303条（a）款第1项指出："付款将用于购置设备和材料，用于旨在
满足低收入家庭儿童高度集中的就学地区中教育机关已为提供特殊的教育
服务和安排作好准备，以使该类儿童能够享受根据本章所提供的设备和材
料的利益。"④

作为二战后美国第一个重要的教育法令，《国防教育法》适应了社会
发展的需要，涉及整个教育领域，以此为契机，联邦政府对教育的干预达
到新高潮，强化了对义务教育的投入。它第一次以法律的形式规定了联邦
政府对义务教育的责任，即在实现国家安全的目的下，对扩大教育机会和
推进教育公平在财政经费上提供援助，扫清了联邦发展教育的宪法性障
碍，对学生进行了大范围、高强度、多方位的资助，联邦拨款成为义务教
育财政的一个重要来源。该法案规定，1959—1962年，联邦政府拨款8
亿多美元对各级各类学校进行财政援助，建立"国防奖学金"，以鼓励贫
困儿童努力学习和优秀学生从事研究。1964年和1967年，美国国会又先
后通过法令延长其适用时限和扩大其适用范围，并作出了新的补充。其中
经费主要用于帮助各州和地方社区修建和改建中小学校舍，更新仪器设备
及加强各方面的改善和发展。应该说，《国防教育法》所提供的各种资助
在许多方面都是前所未有的，其长期影响在于它开创了一个先例，第一次
使联邦对教育的广泛资助获得了合法性。但是，实际上最终用于联邦教育
资助的拨款总数却并不巨大，一直到1965年《初等和中等教育法》通

---

① 瞿葆奎：《教育学文集·美国教育改革》，人民教育出版社1990年版，第118页。

② 同上。

③ 张维平、马立武：《美国教育法研究》，中国法制出版社2004年版，第37页。

④ 同上书，第38页。

过，联邦对教育的资助才得以全面展开。①

第四节　小结

南北战争是美国历史上的第二次革命，它给美国社会带来了巨大的变迁，给教育的发展提供了崭新的背景。南北战争后，美国的经济有了巨大发展，大量的社会财富被创造出来，并被那些新工业秩序的创造者所占有，新一波的移民潮也在这一时期开始，一直持续到 20 世纪的最初 20年。工厂的规模和分工的复杂程度有了明显的提升，分散的独立手工作坊在数量上急剧下降；农村地区被卷入工业化进程之中，大型的工厂生产激发了对自然能源的需求，煤厂有了快速的发展；与农业生产不同，工业化生产激发了对大量接受过教育、有一定专业知识的工人的需求。因此，一些原先没有的、新式的、与工厂相关的课程也开始在一些学校出现。

在教育上，内战后美国的经济腾飞和国家重建，以及第二次工业革命兴起，移民涌入与人口激增，对教育发展产生了强烈的需求，教育获得前所未有的重视和发展，教育事务开始走向社会的中心。随着学校发展规划的愈加全面和细致，每个学校也开始同学区教育系统和州教育系统有了更为紧密的联系，教育机构也开始变得更为法制化、组织化。

第一次世界大战后，美国工商业更加发达，对劳动者的素质提出更高的要求，同时中产阶级家庭和广大人民生活水平也有所提高，青年可以从劳动中解放出来，有条件进入中学继续深造。此外，美国青年在战争中在体质、知识和品德等方面暴露出来的问题，也在客观上促使中等教育民主化的呼声日益高涨，普及中等教育成为迫切的需要。在基础教育方面，初等教育得到普及，中等教育日益民主化和大众化，公立中学得到大规模发展，并成为中等教育的主要形式，强迫性的义务教育在各州得到立法并大力推行，从而使美国基础教育进入了辉煌发展时期。

在初等教育普及的基础上，教育过程中追求实质的教育公平的矛盾日益凸显，劳动人民的子女通常进入公立小学和公立中学，而富裕家庭的子女则通常选择私立的寄宿学校。由于这两类学校在师资、设备等教学条件

---

① ［美］韦恩·厄本、杰宁斯·瓦格纳：《美国教育：一部历史档案》，中国人民大学出版社 2008 年版，第 405—406 页。

和教学质量方面的巨大差异，致使教育过程中产生严重的教育不公平。因此，在19世纪70年代至20世纪中期，美国基础教育公平问题不仅仅停留在入学机会均等层面，而发展为教育过程平等。20世纪20年代后中等教育的机会增加，大约70%的14—17岁的适龄青年进入中学，美国中等教育得到普及。作为连接初等教育和高等教育的桥梁，中等教育的普及使得教育体系更加完整，尽管大多数学生都会在中学期间或中学结束时离开学校而进入工作岗位，但它毕竟为更多的人提供了升入大学的机会，随着社会的发展，越来越多的人进入大学深造。

基础教育公平问题是美国学者十分关注的问题，他们在新的视野下对这个问题作了新的思考，基础教育公平的理念有了进一步深化。这一时期美国基础教育公平理念更多关注的还是入学机会均等，在新的时期，他们在继续强调教育机会平等和公共教育制度的同时，已将杰斐逊、贺拉斯·曼和巴纳德的教育公平理念的内涵扩大了，将入学机会均等的范围从公立小学上升至公立中学阶段。美国教育家杜威的基础教育公平理念起到了承上启下的重要作用。他不仅肯定了18世纪欧洲建立国民教育制度的重要影响，而且高度评价了19世纪美国公立学校运动的深刻意义。科南特的中等教育思想根植于美国的教育传统，是历史与现实结合的产物，反映了新时期对中等教育的新要求。

在这一历史时期，综合学校运动是追求教育过程平等最重要的实践之一。经历了旨在追求依靠公共税收支持免费的公立学校制度的公立学校运动，美国大部分地区已基本普及了初等义务教育，保障了受教育权利的平等，并初步实现了入学机会均等。20世纪初，以升学为主要目标的中学教育越来越不适应美国经济和社会的发展，各教育团体开始关注中等教育的课程与学制问题，其中"中等教育改组委员会"发表的《中等教育的基本原则》报告，第一次提出了"综合中学"的概念，它把中等教育与社会经济发展的需要与教育对象的身心发展结合起来，突出了中等教育的大众性、综合性和实用性，而后综合中学成为美国中等教育体系的主要模式。《中等教育的基本原则》在实际调查的基础上，结合美国中学的特点和现实问题，提出了改进美国公立中学的21条建议，成为当时中等教育改革的重要依据。

美国中学采纳这些原则，"在第一次世界大战后的25年中，美国教育的发展速度是迅猛的，学校逐步扩建，学习时间也得到延长，20世纪

30 年代教育上最重要的事实，就是学校的力量得到了持续稳定的增强：中等学校的入学人数从 1929—1930 年的 480 万人上升到了 1939—1940 年的 710 万人"①。综合中学在教育机会均等方面更有利于促进教育公平和社会公正。到 1925 年，公立中学开始为出身更具差异性的青年提供教育，主要因为州政府开始利用税收开办公立中学，中学也不再以升学或为进入某一职业领域做准备为教育目标，课程范围逐步扩大，学生可以在中学内选择适合的课程，成为这一时期基础教育公平的指向，为 20 世纪 80 年代开始的学校选择运动埋下伏笔。然而，随着综合中学的发展，为满足所有学生的需要的课程逐渐产生了不平等，传统的学生课程常常提供给中产阶级的子女；职业教育课程往往提供给学术课程较差的学生。②

　　除此之外，美国更多通过立法和司法手段来关注教育机会均等问题。法院的许多著名判例成为影响美国基础教育发展方向和进程的重大事件，判例法也构成美国义务教育财政投入建设的重要组成部分。"卡拉马祖诉讼案"的判决成为美国教育史上具有划时代意义的重要事件，该判决从法律上，加强和扩大了政府对公共教育管理权限和范围，使通过税收来开办公立中学的观念深入人心，确立了以公共税收为中学提供财政支持的基本原则。该判决使社会底层的青年也有机会进入中学，维护了基础教育公平的原则，使初等教育机会均等继续向上延伸，进一步扩大了中等教育的入学机会，使得公立中学也被纳入公共教育体系之中，为美国普及中等教育铺平了道路。

　　南北战争使所有美国人都获得了公民的身份，黑人在法律上获得了平等的公民权，并因此获得了教育权。南北战争后，黑人教育得到初步发展，各州纷纷修改法律，规定实施黑人普及教育，或设立学校为黑人提供教育机会。但是由于在政治、经济上没有得到彻底的独立，黑人的受教育机会仍然不平等。就在美国中等教育走向民主化和大众化的同时，美国仍然存在对原土著居民和南部黑人的排斥。19 世纪末，以裁决司法诉讼的方式，确立了"隔离但平等"的原则，实行黑人和白人的教育隔离制度。1954 年，美国最高法院在审判布朗案时宣布，将不同种族学生隔离开来

---

①　[美]劳伦斯·阿瑟·克雷明：《学校的变革》，上海教育出版社 1994 年版，第 305 页。

②　[瑞典]胡森：《平等——学校和社会政策的目标》，载张人杰编选《国外教育社会学基本文选》，华东师范大学出版社 1991 年版，第 195 页。

的措施是不平等的，这就是著名的"布朗判决"。布朗判决深受当时民权运动的影响，它是黑人受教育权公平的一个转折点，从此学校中的种族隔离行为属于违法行为。这一具有里程碑意义的案件，成为迈向少数民族教育公平的第一步，提升了教育作为自由公民而天生具有的权利的公共意识，它引起的民权运动以及对随后而来的《民权法案》的颁布产生了重要的影响，促进了少数民族和其他弱势群体的教育机会均等。"民权运动在教育事务上的影响主要体现在一系列迫于黑人和其他少数群体或某些法庭判决的压力而制定并通过的法律上。"① 尽管布朗案的判决引起了社会大众对于社会公平的重视，最明显的标志是当时各州地方法院相关案例的判决，但应该看到，布朗案所提出的种族正义问题并没有完全解决，在20 世纪 50—70 年代它仍然是教育的一个主要关注点。

到了 1918 年，美国 48 个州均颁布了义务教育法，中学作为美国中等教育机构已经大量建立，随着初等教育和中等教育的普及，入学人数得到增加，受教育年限得到延长，基本实现了基础教育的入学机会均等。然而，人们在追求教育过程平等的过程中发现，学生间的学校成绩的阶级和阶层的差别并未改善。因此，初等教育和中等教育的普及并未带来教育结果的平等，正是基于这一问题，产生了科尔曼、詹克斯等人对教育结果平等的探讨。

---

① ［美］韦恩·厄本、［美］杰宁斯·瓦格纳：《美国教育：一部历史档案》，中国人民大学出版社 2008 年版，第 430 页。

第 三 章

追求教育结果平等时期的
基础教育公平理念与政策

20世纪60年代至70年代，基础教育公平的理念和政策在新的时期又出现了新的取向：追求教育结果的平等。当代美国教育学者库克森等人指出："从二战后的那些年到20世纪70年代，在各个层次上机会不平等的问题已成为关注的重要方面……从20世纪50年代后期起，包括《关于教育机会平等性的报告》（1966）的作者科尔曼在内的社会科学家们的研究结果，使全国的注意力集中在社会经济处境与不平等的教育结果的关系上……在20世纪60—70年代，一系列改革的努力趋于提供机会平等和增加各种教育的机会。"① 对于美国和美国学校而言，20世纪60年代是一个骚动、混乱与激进的时代，各种思潮此起彼伏，而到了20世纪70年代各种激进与冲突开始渐渐消退，社会上兴起了重新评价与重新定位。因此，在这一时期，教育学者们从不同的角度来探讨基础教育公平问题，出现了多样化的局面。这一时期的基础教育公平政策涉及教育公平的多个主题，其中《初等和中等教育法》在基础教育公平政策发展中具有里程碑意义，标志着联邦政府开始承担全国教育公平发展的责任。

第一节　社会和教育背景

20世纪60年代至70年代，美国的社会发展在很多方面都和二战后情况相似，资本主义经济持续增长，同时伴随着周期性的不景气，通货膨

---

① Peter W. Cookson, Jr., Alan R. Sadovnik and Susan F. Semel（ed.）. *Internatioonal Handbook of Educational Reform*［M］. New York：Greenwood Press, 1992. 449 – 451.

胀仍时有发生。美国社会动荡，社会运动迭起，由于总统的频繁更换，联邦政策疲于应付经济和社会问题，各类政策无法得到很好的延续。

一　经济发展中伴有危机

当时美国经济周期正处于扩张阶段，联邦政府的财政收入快速增长。延续二战后经济发展的"黄金时代"，20 世纪 60 年代的美国经济持续发展，在资本主义世界经济中占有明显的优势。美国的国内生产总值从 1961 年的 5233 亿美元上升到 1971 年的 10634 亿美元；1965—1970 年美国的工业生产以 18% 的速度增长；1970 年美国拥有世界煤产量的 25%，原油产量的 21%，钢产量的 25%；1970 年美国农产品比 1950 年增长了两倍。① 由于二战后美国经济发展的重心逐渐向南部和西部转移，20 世纪 60 年代美国黑人和移民聚居的南部和西部呈现出繁荣景象。经济实力的增长，使黑人和移民群体的民主意识增强，接受平等教育的需求大大增加。

但是，美国的经济增长也伴有周期性的经济危机，1960 年初到 1970 年末，美国出现了多次经济衰退。到了 20 世纪 70 年代初期，美国更是出现了经济停滞与通货膨胀并存的困境。20 世纪 70 年代初，世界石油危机引发了资本主义世界的经济危机，随即出现的国际货币危机，使西方资本主义社会受到了巨大的打击。主要发达国家的经济相继进入"滞涨"阶段，有的国家甚至出现了负增长。随着美国产品竞争力的下降和德、日等国的重新崛起，美国贸易顺差不断减少。到 1971 年，出现了自 1893 年以来的第一次贸易逆差，以后赤字不断扩大。由于工业生产的规模不断扩大，大城市市中心的人口高度集中，到了 20 世纪 60 年代后期生态环境的污染非常严重，大城市内的人口不断移居到郊区，到了 20 世纪 70 年代郊区居民已超过了城市居民。此外，越南战争升级使政府的财政赤字居高不下，于 1968 年曾创记录地达到 252 亿美元，到 1971 年 6 月底美国的财政年度结束时，仍高达 232 亿美元。1969—1970 年经济危机以后，美国政府于 1970 年采取了扩张性的宏观政策以刺激经济回升。1971 年经济虽已复苏，但是失业率和通货膨胀率依然居高不下。因此，20 世纪六七十年代既是美国经济的高速发展，也是伴随着危机和调整的时期。

---

① 金瑞华：《探寻中国的"蓝领教育"发展之路》，《科教文汇》2008 年第 7 期。

二　总统的频繁更换和政策不稳定

1963 年 11 月 22 日，肯尼迪（John F. Kennedy）总统遇刺身亡，林登·约翰逊（Lyndon B. Johnson）接替了总统的职位。在约翰逊任职期间，他奉行"伟大社会"（Great Society）的内政纲领，其核心内容是保障民权，向贫苦宣战和关注美国黑人及其他少数族群的民权，约翰逊向美国人民宣称将通过社会变革消灭贫困，实现种族平等。在约翰逊时期，联邦政府对社会福利所承担的责任不断扩大，在就业、医疗、教育、生活和住房、城市发展等方面颁布了一系列的法律和政策，美国共制订和实施了近 500 项计划，用于增加社会福利开支，社会福利的范围变得更加广泛。

但越南战争的迅速升级，激起了强大而持久的反战浪潮，约翰逊的国内政策包括教育政策没有得到长久的推行，这导致了约翰逊在 1968 年的总统竞选中放弃连任的机会。尼克松（Richard M. Nixon）上台后采取了趋于保守的措施，他通过缓和越南战争使曾经激起青年骚乱的社会问题转向中立。在教育政策方面，尼克松主要延续了 20 世纪 60 年代的教育政策。

20 世纪 70 年代初期，能源危机导致了经济萧条，到了 70 年代中期曾出现过短暂的经济复苏，但到了 70 年代末期再次出现通货膨胀。在这种情况下，尼克松政府一方面由联邦储备委员会实施扩张性的货币政策，以此来刺激经济、减少失业；另一方面，宣布"新经济政策"，但实际上根本没起作用。其结果，1972 年在物价管制的情形下，物价仍然上涨，失业率也基本保持不变。更值得注意的是，尼克松的政策和计划还未来得及实施，就曝出了"水门事件"的丑闻，从而引发了统治集团内部的激烈冲突和国民的普遍不满，出现了政治信任危机。该事件最终导致美国第 37 任总统在众议院启动弹劾程序之后向国会递交了辞呈。

1974 年 8 月，福特（Gerald Rudolph Ford, Jr）出任美国总统，此时美国经济"滞胀"的局面已经形成。福特总统上台初期宣布通货膨胀为美国的头号大敌，失业率在 9 个月内上升到 9%。1974—1975 年美国经济仍然持续衰退，经济一直呈现出高失业和高通胀的特征。直到福特卸任，美国的宏观经济政策一直疲于应付，而时紧时松，美国经济状况也一直没有好转。

1977 年卡特（James E. Carter, Jr）上台后，为了降低失业率开始实行刺激经济增长的财政政策和货币政策。这导致 1979 年第四季度通货膨胀率上升至 12.7%，美元不断贬值，失业率却一直在 6%—8% 之间居高不下。美国联邦政府一系列经济政策的失败，使得公众对民主党政府及美联储的宏观经济政策失去信心。于是共和党政府上台，重新制定宏观经济政策和社会福利政策及政府管制政策进行"逆向改革"。

卡特总统继承了前两位共和党总统的政策，同时又进行由肯尼迪和约翰逊总统在 20 世纪 60 年代确立的自由主义改革。在卡特任内，蔓延全球的国际能源危机导致美国的通货膨胀失去了控制，以及他无法成功解救被伊朗恐怖分子劫持的人质，导致其在 1980 年没能获得连任。

20 世纪 70 年代后期，侵越战争失败，加之美国对其他地区的干涉政策接连受挫，美苏争霸的形势也发生变化，苏联利用美国出现的弱点和困难，展开了一系列攻势，形成了前所未有的"苏攻美守"的态势。

三 "新左派"的社会运动

"新左派"在 20 世纪 60 年代掀起了轰轰烈烈的社会运动，例如民权运动、女权运动、反战运动、反文化运动、性解放运动，年轻人、少数民族以及女性团体的各种政治抗议活动在 20 世纪 60 年代后期达到了高潮。

国内反越战运动和国际石油危机，使得美国社会动荡不安，在 20 世纪 50 年代掀起的民权运动，在 60 年代愈演愈烈。20 世纪 60 年代至 70 年代初，种族隔离和贫困问题成为最严重的社会问题。1954 年的布朗案判决激起了一系列美国黑人争取民权的运动，如 1955 年的阿拉巴马州蒙哥马利爆发的抵制巴士种族隔离运动，1960 年在北卡罗来纳州格林斯波罗举行的黑人大学生的一系列静坐示威活动，1963 年由马丁·路德·金（Martin Luther King）领导的华盛顿特区大游行，还有正在进行的一系列选民注册运动。这些运动起初都发生在美国南部，继而席卷全国。民权运动在教育事务上的影响主要是一系列法庭诉讼和因此而通过的教育法案，法庭判决主要是各种少数群体提起诉讼的结果，而教育法案主要保障黑人和其他少数民族学生的平等的教育机会。

从 20 世纪 60 年代中期到 70 年代初，美国的教育政策逐渐改变了 50 年代末 60 年代初对"英才"或"天才"这类特殊儿童群体教育的一味强调，其天平开始向另一类特殊儿童群体——处境不利的少数族群儿童、贫困家庭儿童以及残疾儿童倾斜；主张通过对少数民族儿童采取"反种族隔离"或"种族融合"式教育、向贫困家庭儿童和残疾儿童提供补偿教育和特殊教育等方式，提高这些弱势群体儿童的学业成绩，进而提高基础教育的总体质量和水平。这一时期，对民权的要求开始占据国内事务的中心地位，教育机会均等成为扩大反种族歧视努力的中心，由此开始了1964年民权法案和反贫穷计划。

受20世纪60年代兴起的大规模的民权运动的影响，教育民主化的要求凸显出来，教育机会均等问题受到了极大的关注，促使民主党控制的国会通过了包括民权法案在内的一系列促进种族平等的法律。到了20世纪70年代，这些冲突和激进主义都开始消退，人们开始从过度狂热中逐渐迈入重新评价和重新定向的时代，这种发展方向的调整对美国社会和教育都产生了巨大的影响。虽然60年代的政策部分得到了延续，但能源危机和通货膨胀导致了经济的恶化，以及卡特政府在政治上的拙劣表现，使得教育政策和教育改革无法顺利实施。

四　联邦政府的作用日益增强

由于当时美国各州贫富悬殊，教育标准参差不齐，教育水平差距很大，各州的教育发展极不均衡，为了克服教育由各州分管而带来的缺陷，需要由中央集中管理进行统一规划。因此，美国国内要求联邦政府成立教育部的呼声越来越高。1979年10月，卡特总统签署了第96—88号公法，即《教育部组织法》(*Department of Education Organization Act*)，授权成立内阁级的联邦教育部。到1979年，约有160个大小不等的教育和民权计划分散于联邦各个不同的部门和机构中，比较大的由教育部、卫生部和福利部（教育总署和民权总署）和国防部（国外家属学校）掌管。《教育部组织法》规定把人员和雇员从教育部、卫生部、福利部（现称卫生和人民服务部）和四个其他联邦机构转交给教育部，集中于教育部进行统一管理。根据美国《教育部组织法》，该机构的首要任务就是确保每个人享有平等接受教育的机会，协同各州、地方以及私人等提高教育质量。相应地，教育部主要有四大职能：一是制定有关教育的联邦财政资助政策，管理这些资金的分配和使用；二是收集关于学校的信息和督察关于学校的研究，并将这些信息传播给教育工作者和公众；三是找出教育中的主要议题和问题，并在全国范围内引发关注；四是执行联邦法律，禁止受联邦资助的项目和活动中存在歧视，确保每个人平等接受教育。自1785年《西北土地法》起，联邦政府就通过赠地这一措施推进全国教育的发展。此后，联邦政府在全国教育事务中的影响，无论是在广度上还是在深度上都日益加强；特别是二战后，苏联成功地发射第一颗人造卫星，联邦把培养人才和发展教育作为国家大计，更是将教育置于国家安全的高度，联邦政府对全国教育事务的管理作用凸显出来。同时，从二战后至 20 世纪 70 年代，公立学校的入学人数猛增，这就相应地需要增加学校和教师的数量，并增加大量的教育经费。教育的迅速发展已超出了州的承受能力，州和地方政府无力负担巨额的教育费用。

此外，二战后的国际环境也促进了教育公平理念和政策的形成，1946年 3 月国际教育局举行的二战后第一次会议将"中等教育入学机会均等"列入大会议程。1948 年通过的《世界人权宣言》明确了"受教育权"是一项基本人权，从而成为教育平等和教育民主化的一个最重要的标志。第14 届联合国大会于 1959 年通过的《儿童权利宣言》，进一步确认了儿童的平等受教育权。为了解各项法律、法规中所保障的教育机会平等现状的落实情况，自 20 世纪 50 年代始，西方各国的社会科学家进行了大规模实证调查，力图描述机会均等在教育领域中所达到的实际程度。英国的《普洛登报告》（1966）、美国的《科尔曼报告》（1966）、联合国教科文组织关于各国学生学业成绩差异的系列报告都是在这一背景下产生的研究结果。

第二节　以关注教育结果和自由选择 为主导的基础教育公平理念

20 世纪 60 年代以后，随着美国基础教育的改革和发展，尤其是具有里程碑意义的《科尔曼报告》的发表，教育公平理念研究的重点开始逐渐转向家庭背景与学校因素如何影响学生接受教育的机会，尤其是如何保证学生获得真正的学习机会。一些学者在教育机会平等的基础上提出学业成就平等，即教育结果平等。这表明教育公平理念在美国发生了一个重要的转变。这一时期的教育公平理念异彩纷呈，学者们从不同的角度来探讨基础教育公平问题，主要代表人物有：社会学家科尔曼、经济学家和社会学家詹克斯、政治哲学家和伦理学家罗尔斯、经济学家和教育家鲍尔斯和金蒂斯、社会批评家和教育评论家古德曼。

一　科尔曼：关注教育结果平等

美国约翰·霍普金斯大学教授詹姆斯·S. 科尔曼（James S. Coleman，1926—1995），其主要著作有《社会理论的基础》（*Basis of Social Theories*）等。1966 年，他在从公共教育各个层次调查不同种族、肤色、宗教等平等教育机会的基础上，向美国国会递交了《关于教育机会平等性的报告》（*Equality of Educational Opportunity*），该报告通称《科尔曼报告》（*Coleman Report*），集中体现了他的教育公平思想。"基于科尔曼报告的研究结果，少数民族学生的平等的教育成绩更多是由家庭背景引起的，超过他们所进入的学校教育质量的差异。"[①] 科尔曼关于教育机会均等的研究被美国教育学者评为 20 世纪 60 年代十项最有意义的教育研究之一。

（一）关于教育机会不均等的五种界说

科尔曼将学生学业成就引入教育机会平等的研究领域，而不仅仅是简单地通过对学校投入、师资水平、设备设施的调查来探讨教育不公平问题，他还结合校内因素的影响和家庭因素的影响，在教育投入与教育产出间进行综合分析，更突出了教育结果的公平。

由于调查中存在非单一的教育机会均等的观念，因此，科尔曼在设计教育机会均等的教育调查时，提出了五种关于教育不均等的界说[②]：第一种根据社区对学校的投入差异来界说，生均消费、学校的设施设备、教师的资历水平、图书馆资源等地区对学校的投入方面的差异。第二种根据种族构成来界说，学校的人种构成的不平等，是先天的不平等。第三种根据学校的无形的特点和对学生的影响来界说，课程、教师的教学态度及对学生的期待水平、学生的学习愿望等学校的隐性特征等方面的差异。第四种根据学校对背景相同和能力相同的个体之间所产生的教育结果来界说，学校提供那些具有平等的背景与能力的学生以结果的平等。第五种根据学校对具有不同背景和不同能力的个人产生的教育结果来界说，学校提供那些具有不平等的背景与能力的学生以结果的平等，即在个人投入不同的条件下获得均等的结果。

---

① Peter W. Cookson，Jr.，Alan R. Sadovnik and Susan F. Semel（ed.）. *Internatioonal Handbook of Educational Reform*［M］. New York：Greenwood Press，1992. 451.

② James S. Coleman. *Equality and Achievement in Education*（*social inequality series*）　［M］. Boulder, Colo. ：Westview Press，1990. 24 – 25.

在科尔曼看来，前三种界说为传统意义上的教育机会均等，即"机会的平等"意义上的教育机会均等，主要涉及教育资源和教育投入层面的内容：第一种涉及因学校行政的作用而输入的资源（设备、课程和教师）；第二种涉及学生输入的资源，在教育背景中，他们的存在是有利于学校的发展的；第三种涉及因上述所有因素的交互作用而形成的无形特点。① 与之对应，第四种和第五种界说则涉及教育结果，是"结果的平等"意义上的教育机会均等。这种教育结果的平等不是表面上的教育条件、教育投入与期待水平的平等，而是注重教育机会的效果和教育活动的效果平等。

实际上，科尔曼的界说关系到两组因素的影响。第一组是校内因素的影响，即黑人学生与白人学生基本相似的影响；第二组为家庭因素的影响，即黑人学生与白人学生之间不同的影响。校内因素的影响和家庭因素的影响的相对强度决定了教育制度在提供机会均等上的有效性，只有当全部差别性的家庭影响因素消失，才能实现完全的教育机会均等，而家庭因素的影响不可能完全消失，因此，教育机会均等只可能是一种接近，将永远不可能完全实现。② 这种近似的教育机会均等不仅要通过教育投入的均等来实现，而且还由这些资源的投入对学业成就所产生的效果来决定。这就意味着，教育结果在主流人群中与在其他种族和少数民族中都一样时才能实现教育平等。针对这一点，科尔曼对教育平等问题进行了重新思考：超出单纯的教育投入之外的教育机会平等是无法实现的，他转而关注儿童作为个体的学业成功。

科尔曼提出"教育结果平等"的观点，提示人们应该关注教育结果，但并未指出衡量结果平等的标准是什么，由于家庭背景方面的差异对于儿童教育的影响，无论学校方面如何努力，教育结果的平等都无法实现。因此，科尔曼对"教育机会均等"这一概念又进行了重新分析："'教育机会均等'的概念是一个错误的和误导的概念。错误在于它在教育机构中强调'机会的平等'，这就使得人们集中关注教育本身，错误地把教育本身视为教育的目的，而非正确地把教育视为促进成年期成就的手段；误导

---

① ［美］科尔曼：《教育机会均等的观念》，载张人杰主译《国外教育社会学基本文选》，华东师范大学出版社 2009 年版，第 155 页。

② 同上书，第 158 页。

在于它暗示着一种超出学校投入之外的，教育机会平等是可以实现的，然而事实上是不可能的。"科尔曼进一步提出："比'平等'更合理的概念用语应该是'不平等的减少'（reduction in inequality）。这个概念将促使各州学校更为实际地关注儿童作为个体的学业成功，同时促使学校发现学校外持续的环境影响，加剧了学生之间的不平等。教育者应致力于扩大对所有人的机会，并竭力削弱上述各种不同环境对未来成人生活的不平等所造成的影响。"① 也就是说，教育本身并不是结果，教育只是达到某种结果的手段，所以教育机会均等意味着为了达到某种结果而追求一种手段的平等，而这种结果是指教育完成后所得到的个人成就。"教育机会均等"就是指以教育促进教育完成后的个人成功机会的平等。科尔曼后期的思想对 20 世纪末的教育公平的理念和政策产生了重要的影响。

（二）教育机会的不均等依然存在

为了掌握美国政府一系列补偿政策的实际成效，国会在 1964 年民权法第四条中提出，对公共教育制度各个层次进行专门的调查，调查不同种族、肤色、宗教背景的人的平等教育机会问题，以便形成有针对性的公共政策。为了解国内教育机会平等状况以及加大教育投入后教育质量改变的状况，1966 年在联邦教育总署的授权下，科尔曼对全国 4000 所学校的 60 万不同种族、宗教信仰和家庭背景的儿童进行了为期两年的调查。他在调查中把美国全国分为东北部、中西部、南部、西南部、西部五个地区，同时又根据每个地区的人口数量区分大城市和非大城市（小城镇、县城、乡村等）。种族方面主要分白人、墨西哥裔、波多黎各裔、印第安人、亚裔、非裔等几大类，同时在各地区内部对白人学生与非裔学生作比较。他的《关于教育机会平等性的报告》中有关基础教育方面的调查内容大致分为七个方面：公立学校的种族隔离程度、学校的设施设备、学校的制度和课程、校长特征、教师特征、学生的社会背景、学生的学业成就。② 主要涉及四个方面的问题：公立学校中种族隔离的程度，学校向不同种族提供平等教育机会的程度，学生在标准测验中的成绩，学生成绩与他们所上

---

① James S. Coleman. *Equality and Achievement in Education*（*social inequality series*）　［M］. Boulder, Colo.：Westview Press，1990. 65.

② James S. Coleman, E. Campbell, C. F. Hobson（et al.），*Equality of Educational Opportunity*［R］. U. S. Government Printing Office，1966. 1 – 35.

学校的种族组成关系。

通过深入的调查分析，科尔曼指出，在美国教育机会不均等依然存在，从 20 世纪 60 年代开始实施补偿的教育政策收效甚微，并没有取得预期的效果，美国公立学校中仍然存在严重的种族隔离情况。绝大多数美国儿童在种族隔离的学校学习，除亚裔儿童外，少数民族儿童的成绩一般低于白人儿童。通过调查，他还发现：在美国中小学学生中，在少数民族人群中，黑人的种族隔离程度最大；而在所有人群中，白人孩子的种族隔离程度最大。在一年级和十二年级中，白人学校中黑人学生所占比例不足 10%。此外，调查学生与教师的种族对应情况也充分反映了这一点。就全国平均而言，黑人学生所在的小学中，65% 的教师为黑人，与之相对照的是，白人学生所在的小学中 97% 的教师为白人，黑人教师几乎不教白人学生是当时的一个普遍现象。[①] 还有，2/3 的非白人一年级学生 90% 以上都在非白人的学校上学；同样有 2/3 以上的非白人十二年级学生在超过一半学生都是非白人的学校上学。[②]

科尔曼还指出，不同地区与种族群体之间也存在着严重的教育机会不均等，这些群体的学生之间在技能方面存在一定的差距，并且这些差距会随着年级的升高而增大，白人学生与黑人学生之间存在着几乎恒常的差距。在校期间，黑人学生的平均成就水平与白人学生的平均成就水平的差距和他们入学时的差距几乎相等。在科尔曼看来，在黑人学校与白人学校之间，"最不重要的是设备和课程的差异，其次是教师素质上的差异，最重要的乃是学生的教育背景上的差异。而投入对黑人学生成就的重要性的次序与上述次序相同"[③]。调查结果表明，学校教育对教育机会均等的作用是有限的。针对黑人学生与白人学生之间存在的教育机会不均等的情况，科尔曼提出了影响教育不平等的因素以及这些因素的重要性排列顺序：作用最小的是设备和课程的差异，其次是教师素质上的差异，影响最大的是学生的教育背景上的差异。对于黑人学生的教育结果而言，上述影响因素的重要性排序也是相同的。因此，黑人教育状况仍有待提高。并

---

① 马晓强：《科尔曼报告 40 年述评——兼论对我国"上学难，上学贵"问题的启示》，《教育研究》2006 年第 6 期。

② 张维平、马立武：《美国教育法研究》，中国法制出版社 2004 年版，第 183 页。

③ ［美］科尔曼：《教育机会均等的观念》，载张人杰主译《国外教育社会学基本文选》，华东师范大学出版社 2009 年版，第 155 页。

且，科尔曼还提出了改善黑人学生教育不平等的措施："提高黑人学校的教育标准，使得被融合的学生具有更多的成功机会；采取切实措施帮助家长参与学习教学计划；被融合的学校需要对教师进行在职培训；取消或改革学校中能力分组的做法；反种族隔离措施应在所有从低到高的学生中实施，以增加他们成功的机会。"①

在调查的基础上，科尔曼进一步提出，同一地区不同种族的学校之间办学条件的差异并不大，而不同地区种族群体之间存在着严重的教育机会不均等，这些群体之间在技能方面存在一定的差距，并且这些差距会随着年级的升高而增大，且白人与黑人之间存在着几乎恒常的差距。在校期间，黑人学生的平均成绩水平与白人学生的平均成绩水平的差距和他们入学时几乎相等。那么，影响学生成绩的主要因素就是学生家庭的社会经济地位，尤其是父母的受教育程度，来自社会经济地位较低的家庭的学生，当有机会进入条件较优越的儿童就读的学校时，一般情况下也可以取得较好的成绩。由此可见，学校教育对教育机会均等的作用是有限的。

科尔曼关于教育结果平等的理念具有重要的理论意义和现实意义。他进一步厘清了教育机会均等的绝大部分仍含糊不清的理论基础，重新界定了教育机会均等的内涵，教育机会均等的观念意味着教育机会效益的均等，而不能局限于衡量平等的教育投入，还应关注与家庭背景相联系的学生学业成就作为教育结果的平等。科尔曼将人们对教育平等的注意力转移到教育结果上来，使教育政策的制定开始关注教育结果的平等。科尔曼的理念为美国基础教育公平带来巨大的改变，标志着教育机会均等观念进入了新的演变阶段。他的基础教育机会均等理念对美国甚至世界范围内的基础教育政策和法律制定产生了直接影响，为美国普遍实行"肯定性行动"（Affirmative Action）或称"平权法案"铺平了道路。

二　詹克斯：以教育凭证为基础的教育选择

詹克斯（Christopher S. Jencks，1936—　）是美国经济学家和社会学家、新自由主义的代表人物。1972 年，他曾与史密斯（Marshall Smith）等一起著有《不平等——对美国家庭教育和学校教育效果的重新评估》

① 顾明远、梁忠义：《世界教育大系·美国教育》，吉林教育出版社 2000 年版，第 43 页。

(*Inequality*: *A Reassessment of the Effect of Family and Schooling in America*)，通称"詹克斯报告"（*Jencks Report*），对美国教育与不公平的关系进行了研究，并阐明了"教育凭证制度"（Voucher Plan）的相关理论，体现了以学校选择制度为基础的教育公平理念。

20 世纪 70 年代，美国经济受到了结构性经济危机特别是经济滞胀的困扰。于是，理论界出现了反对国家干预，倡导市场机制和改革福利制度的思潮。而六七十年代联邦政策的频繁变化也引起了教育政策的改变，面对美国历次教育改革的失败和公立学校教育质量不断下降的现实，以及美国公立学校内存在的吸毒、暴力事件频发等众多问题，提高公立学校的教育质量，强化学校教育竞争，消除公立学校的垄断地位成为亟待解决的问题。詹克斯的教育公平理念就是在这样的背景下产生的，他强调利用市场机制的作用，通过受教育者的自主选择，增加学校间的竞争，从而提高教育质量，实现教育公平。

（一）美国教育机会均等还未实现

20 世纪六七十年代，人们相信教育有助于个人机会均等，教育机会的平等有助于更加广泛的社会平等，减少社会和经济带来的不公平，教育机会的平等可以促进个体在学校及日后生活中的成功，学生毕业后的成就完全取决于学校的质量。詹克斯对这种观点进行批驳，他认为人们过度关注"平等"和"机会的平等"，应该将目光从"机会的平等"转向"结果的平等"。

通过对大量案例的实证研究，詹克斯认为，在教育的资源分配、进入学校的途径和课程的选择等方面，美国远远没有实现教育机会的平等，教育不公平突出表现在教育资源的不平等、学生就学机会的不平等以及学生选择课程机会的不平等三个方面。在分析导致美国教育不平等的原因时，詹克斯分两个步骤进行阐述。首先，詹克斯在前人研究尤其是《科尔曼报告》的基础上，重申了学校资源和设施的因素对教育结果的影响很小，决定学生成绩的最重要因素是学生的家庭背景，家庭背景中的环境与遗传因素是影响教育不平等的主要因素。他指出："儿童遗传和生活环境的不平等都对认知的不平等产生了重要影响作用。那些生来遗传就占据优势的人，后天也倾向于得到环境上的优势，这也加剧了不平等。其中，家庭背景比智商、遗传基因对个体教育成就的影响大得多，家庭背景的影响作用部分地表现于社会经济地位，部分地通过文化的和心理的特征产生作用，认知技能对教育成就的影响也是十分明显的。"①

　　然后，詹克斯又分析了学校教育的长期影响。他指出，家庭等校外因素的影响已经超过了校内因素的影响，而且学校对儿童的影响难以维持到成年。学校的控制没能成功地评价学生发展所需要的基本条件，即教师的行为和学校生活的质量。学校教育的不平等与未来成人生活中的社会和经济不平等的关系不明显。学校教育的质量对于教育机会的均等影响不大，对于学生学习成就以及未来经济的成就也没有很大的影响，学业成就只能部分地决定职业成就。詹克斯得出的结论是教育机会均等不能带来未来成人生活的平等，平等的机会无法带来平等的结果。如果要达到未来生活的平等，除非直接进行收入的重新分配。詹克斯所提到的"教育结果"是更广泛意义上的"结果"。

　　詹克斯认为，导致教育不平等的原因在于现行公共教育制度使教育失去自由发展的活力，最突出的就是官僚体制对教育过分计划化的问题。因此，他提出，在影响不平等的因素中，"个体间的不平等比群体间的不平等更重要"②，理想的学校制度，应致力于"探究如何提供多种多样的教育以适应儿童与家长的期望与要求，并使学校成为适合于每一个儿童身心发展特点的有效组织"，詹克斯据此提出，学校制度应注重多样性与选择，才能更有效地促进平等。

（二）提出有限制的教育凭证制度

　　从选择的平等理念出发，詹克斯倡导多样化的教育平等，他提出了一种有限制的教育凭证制度（也称补偿教育凭证制度）。在提出教育凭证制度之前，詹克斯曾提出了授课费补助金制度和学校运营契约制度。授课费补助金制度是指，学生如果上公立学校就会得到规定的公用的教育费，这笔教育费称为"授课费补助金"。同样，这笔经费也可用于支付私立学校的教育费用。从教育制度方面看，这个制度有利于所有学校（公立与私立）的多样化与分权化；从家长与儿童的受教育权利方面来看，这个制度有利于那些经济能力一般家庭的儿童扩大学校选择的范围（不仅限于公立学校，也可考虑私立学校），换言之，有利于扩大受教育者对教育选

---

①　Christopher S. Jencks. *Inequality：A Reassemssment of the Effect of Family and Schooling in America*［M］. New York：Basic Books，1978. 28.

②　Ibid.

择的权利。① 学校运营契约制度是指，地方教育行政机构可以在其管辖的
范围内设置特定的学校运营方式，这些学校有权与大学或各种社会机构团
体签订契约，教育委员会每年监督这些契约的实施情况。这些学校在管理
学校、雇用教师、财政预算、课程设置等方面拥有很大的自主权。在一定
期限内，地方教育行政机构对这些学校予以评定，不合格的学校将被取消
契约运营资格；合格学校的契约可以延续。授课费补助金制度和学校运营
契约制度构成了"教育凭证制度"的基础，其目的就是提高公立学校自
身的责任意识，鼓励公共教育制度中的多样性与选择性。

　　詹克斯认为，从保障处境不利群体的利益出发，教育凭证制度以多样
化学校的创设为前提，强调家长对学校的选择权。同时，通过给予家长选
择学校的权利与自由，在教育系统内部引入竞争机制，从而在整体上提升
教育质量，实现"多样的平等"意义上的教育公平。他所提出的主要措
施有：设置教育凭证机构作为专门发行教育凭证的行政机关；凭证的基本
金额与其他地区公立学校的生均教育费等额，用于补偿教育的费用限定为
基本金额的两倍；免费提供校车接送服务等。② 具体而言，教育凭证制度
通过制定一些名额分配和补差的制度以增进效率与公平，获得的教育凭证
不够支付全额学费时，由家庭自己支付剩余的部分、或者对低收入家庭在
教育凭证的基础上给予二次补偿，以实现向那些贫富学生比例严重失调的
学校转移教育资源的目的。

　　根据关于个体差异与群体差异关系的论断，詹克斯提出，不论是公立
学校还是私立学校的学生都可以选择任何学校来消费教育凭证，学校也可
以完全自由地选择学生。教育凭证制度以尊重个体和群体的教育权利为前
提，把教育选择的权利交给受教育者自己，由受教育者自己选择最适合自
己的教育，从而实现一种多样性的教育平等。此外，詹克斯还提到了接受
凭证金额的学校应具备的条件和具体措施：这些学校应不再另外收取学
费；如果有多余名额，应无条件接收申请入学的学生，如果申请入学的学
生超过该校的招生人数，则采取对招生数的半数进行抽签决定，而另一半
则用来保证一定比例的少数民族儿童的入学；对学生的停学或退学处理应
以凭证机关的有关规定为依据；学校应对凭证机关和民众公开有关学校设

① 翁文艳：《教育公平与学校选择制度》，北京师范大学出版社 2003 年版，第 50 页。
② 同上书，第 49 页。

施、教师、教育教学活动、学生等各种信息；家长与凭证机关有权参与学校预算的管理和使用过程；学校应遵循现行法制中对私立学校有关课程、教职员及其他方面的规定，不得擅自制定新的规定。教育委员会同时保留现行的公立学校，为那些不愿意选择凭证制度学校的学生继续提供原有的教育。①

（三）"补偿模型"有助于教育资源的公平配置

詹克斯认为，由于各种原因而处于弱势地位的学生除国家教育财政资助外，很难凭借自己的能力去占有教育资源，获得同等的受教育机会，而这损害了教育公平的原则。只有对弱势群体的学生进行补偿，使之获得均等的受教育机会，才能实现教育平等。为此，他提出的补偿性模型，对教育经费进行更加公平的配置。在美国，基础教育的基本情况是私立学校的办学质量优于公立学校，但收费高昂，富有家庭的子女多数进入私立学校，造成教育机会的不公平，运用补偿模型可以让接受教育凭证的家庭自由选择学校，贫困家庭子女持有教育凭证也可以进入费用较高的私立学校，这样就可达成受教育机会的均等。

这种补偿模型不允许学校收取超过教育凭证面值的额外费用，大量招收贫困家庭子女的学校还将得到额外的资助。此外，由于贫困家庭儿童拥有二次补偿性教育凭证，因此学生不会因为没有支付能力而被排除在外，避免不同阶层之间产生社会经济的隔离。这样，既保障了入学机会的平等，又促进了学校间教育资源分配的平衡，从而实现教育资源较为公平的配置。

詹克斯关于教育凭证的设想，倡导的是一种多元文化并重，多样化教育并重的选择性平等理念，其目的就是实现教育平等。他提出的是对于教育权的选择性平等，以尊重个体和群体的教育权利为前提。这是一种更尊重人性发展、更接近教育公平的主张。詹克斯的教育公平理念推动了美国学校的改革，也从不同的角度完善了教育公平的理论。

三　罗尔斯：以正义为原则的教育公平

当代美国著名的新自由主义政治哲学家和伦理学家约翰·罗尔斯（John Rawls，1921—2002），先后任教于普林斯顿大学、康奈尔大学、麻

---

① 翁文艳：《教育公平与学校选择制度》，北京师范大学出版社 2003 年版，第 49 页。

省理工学院和哈佛大学。1971 年，他出版的《正义论》（*A Theory of Justice*）一书在西方理论界产生广泛影响，是其代表作。在这本著作中，罗尔斯提出了"作为公平的正义"的思想，表达了对社会公平的重视，被誉为"二次大战后伦理学、政治哲学领域中最重要的理论著作"。除此之外，还著有《政治自由主义》（*Political Liberalism*，1993）、《万民法》（*The Law of People*，1997）等著作。

（一）关于公平三原则的阐释

罗尔斯所研究的社会正义问题涉及广泛的领域，他提出"作为公平的正义"的思想，表明了他对社会公平的关注。从伦理学的视角，罗尔斯认为，公平的对象是社会的基本结构——即用来分配公民的基本权利和义务、由划分社会合作产生的利益和负担的主要制度。他关于社会正义的一般观念的表述是：所有的社会基本善——自由和机会、收入和财富及自尊的基础——都应被平等地分配，除非对一些或所有社会基本善的一种不平等分配有利于最不利者。[①] 罗尔斯试图建立一整套可以建设一个公正社会基本结构的道德原则，解决的途径就是选择接受他所提出的作为正义的公平原理，即正义原则，包括两个层次的三个原则：平等自由的原则、机会的公正平等原则、差别原则。其中，平等自由的原则为第一层次，机会的公正平等的原则和差别原则为第二层次。在罗尔斯看来，第一个层次的原则保证的是基本的个人自由（言论、结社、宗教以及其他），每个人都拥有和其他所有的人同样的自由相容的、最广泛的基本自由的平等权利。第二个层次的原则保证社会的及经济的各种不平等以如下的方式得到解决，即为在社会中处于最不利地位的人们提供最大可能的利益；同时确保公平的机会平等，即在公平的机会平等的各种条件下，使所有的职务和地位向所有的人开放。

在罗尔斯的公平原则中，"平等自由的原则"是一种横向的、平均性的公平，用于处理公民的政治权利；"差别原则"是一种纵向的公平，它突出了在不公平的社会现实中，为处境不利者提供机会或利益的"补偿性"。"机会的公正平等的原则"和"差别原则"用于处理社会和经济利益问题。"差别原则"和"补偿原则"以帮助弱势人群改变不利地位为基本出发点，表明了罗尔斯公平理论鲜明的价值指向。上述三个原则可以具

① ［美］约翰·罗尔斯：《正义论》，中国社会科学出版社 2001 年版，第 303 页。

体表述为三点：一是每个人有获得最广泛的、与他人相同的自由的权利；二是应使社会中最少受惠者获得最大利益；三是可以获得不均等待遇的职务、地位应该对所有人开放。罗尔斯还对价值的优先性进行排序，规定了两个"优先性原则"，以明确正义原则中各要素的重要性。第一个优先原则是自由的优先性，自由权具有最高的地位，"自由只能为了自由的缘故而被限制"。第二个优先原则是正义对效率和福利的优先，正义原则"优先于效率原则和最大限度追求利益总额的原则"，以及"公平的机会优先于差别原则"。① 在罗尔斯看来，三个原则的优先顺序为：第一个原则优先于第二个原则，第二个原则优先于第三个原则。因为第一个优先性原则确立了"自由的优先性"，他允许自由唯有出自自由本身的缘故而受限制。② 第二个优先性原则确立了正义对于效率和福利的优先性，即第二层次的正义原则整体优先于"效率原则"和在社会中"使利益总量最大化"的观念，③ 而在第二个层次的正义原则中，公平的机会平等原则优先于最少受益者的最大利益原则（差别原则）。

罗尔斯平等主义的公平观的主要核心是对公共利益的平等分配，强调的是公共资源对最少受惠者实现的不平等分配。因此，实现平等主要依靠政府行为对公共利益进行平等的分配，对享有资源的不利者进行补偿，也就是说，绝对的相等分配是不公平的，也是无法实现的，合理的做法是达到个人权利与利益保障的平衡。

（二）正义原则的实践意义

罗尔斯认为，仅仅提出正义原则的观念是不够的，因而他还就如何使正义原则演化为具体的制度，探讨了正义原则的实践意义。罗尔斯描述了宪政民主政体的各项制度。在描述公正社会的基本结构以赋予正义原则以实际内容的过程中，他解释了某些基本制度或实践方式是怎样从这些原则中转换而来的。此外，罗尔斯在阐释正义原则与各种公正制度之间的关系中，设想了一个由各种事物构成的四阶段序列：第一阶段，即原初状态，人们必须对正义原则加以选择；第二阶段，确定政治结构的正义并选择一部宪法，设定制度，这个阶段主要是确定平等的公民权和各种自由权，以

---

① ［美］约翰·罗尔斯：《正义论》，中国社会科学出版社2001年版，第303页。

② ［澳］乔德兰·库卡塔斯、［澳］菲利普·佩迪特：《罗尔斯》，黑龙江人民出版社1999年版，第44页。

③ 同上。

澄清各种基本权利和自由；第三阶段，法律、经济政策及社会政策的正义问题，在这个阶段机会的公正平等原则发挥主要作用；第四阶段，法官和其他官员对规则进行实施，公民则普遍遵循规范。

（三）保障教育机会的平等

根据以上原则，罗尔斯在关于公正社会的各种经济安排的讨论中，集中分析了平等的机会与差别原则怎样得以维持。他强调指出："为了平等地对待所有人提高真正的同等的机会，社会必须更多地注意那些天赋较低和出身较不利的社会地位的人们。这个观念就是要按平等的方向补偿由偶然因素造成的倾斜。遵循这一原则，较多的资源可能要花费在智力较差而非较高的人们身上，至少在某一阶段，比方说早期学校教育期间是这样。"① "实质公平的机会平等不同于形式的机会平等，它要求政府除了维持社会的日常开支之外，应试图通过补贴私立学校或者建立一种公立学校体系来保证具有类似天赋和动机的人都有平等的受教育的机会。"② 在他看来，对于教育弱势群体来说，仅仅强调平等对待、机会均等，并不能从根本上消除该群体产生的根源。罗尔斯期望达到一种事实上的平等，也就是结果的平等、实质的平等，为了这种平等，就要打破形式上的平等。这种平等要求对先天不利者和既得利益者采用不同的尺度，这就需要通过在一定程度上实施教育补偿政策来实现；从教育制度论的意义上来看，正义的公平原理是一种以补偿教育政策为中心的理论，要求赋予补偿教育活动以新的意义。③ 机会的公正平等原则和差别原则，是实现平等社会不可欠缺的前提条件，更强调了补偿教育是公平原理的必要条件。

罗尔斯的正义原理试图消除因家庭条件不同而造成的对儿童的所有影响，为所有儿童提供平等的机会。依据他的关于正义和公平的理论，主要从伦理学的角度给出一种价值观意义上的正义原则，应用于教育的具体领域，可以得出指导教育公平的实施原则。例如，教育机会均等原则和差异原则和补偿原则，教育机会均等原则，即每个人都平等的享有受教育的权利；差异原则和补偿原则，教育公平绝非对所有人使用同一尺度，而是在尊重个体差异基础上的事实的平等，这就要求对最少的受惠者进行适当的

---

① ［美］约翰·罗尔斯：《正义论》，中国社会科学出版社 2001 年版，第 303 页。
② 同上书，第 276 页。
③ 翁文艳：《教育公平与学校选择制度》，北京师范大学出版社 2003 年版，第 47 页。

补偿。罗尔斯的正义原则使教育公平理论又向前推进了一步，他更加关注能力主义的平等与补偿教育政策的结合，丰富了教育机会均等的内涵。

四　鲍尔斯和金蒂斯：教育复制社会的不平等

第二次世界大战后，新马克思主义者在研究社会政治和经济问题的同时，也开始关注教育问题。20 世纪 60 年代后期，新马克思主义教育理论形成并开始流行起来。作为新马克思教育理论的代表人物，美国经济学家、教育家鲍尔斯（Samuel Bowles，1939—　）和金蒂斯（Herbert Gintis，1939—　）在《美国：经济生活与教育改革》（Schooling in Capitalist America：Educational Reform and the Contradictions of Economic Life）中运用马克思主义的观点和方法，对美国资本主义学校教育的性质、职能及其与社会政治、经济、文化的关系进行了深刻分析与批判，揭露了资本主义的教育制度和学校制度的不公平，并提出从社会制度上根本改变资本主义教育的主张。他们的思想具有很强的批判性，对西方教育理论与实践都产生了很大的冲击。

（一）教育变革运动并未实现教育机会均等

第二次世界大战后，以美国为首的西方资本主义国家把教育视为增强国防实力、促进经济增长、实现社会平等的重要手段，不同程度地增加教育投入，纷纷进行教育改革。可是西方世界并未出现教育的大发展，20 世纪 60 年代末 70 年代初，西方各国都不同程度地出现了经济衰退和社会动乱，大量的教育投入并未收到应有的效果，形形色色的教育改革也未能奏效，教育改革并没有给人们带来预期的个人发展和社会平等，各国对教育作用的认识和对教育的态度都发生了很大的变化。20 世纪 60 年代末在西方资本主义国家兴起的"新左派"运动及学生运动，以新马克思主义为理论旗帜，使新马克思主义声名大振，随即进入了西方学术界和大学课堂，使马克思主义的研究达到鼎盛。

鲍尔斯和金蒂斯是 20 世纪 60 年代后期成长起来的第三代新马克思主义者，他们运用新马克思主义的观点对美国资本主义教育进行了分析与批判，揭露了资本主义的学校制度与教育制度的不平等。他们通过对美国历史上的教育变革运动和当时盛行一时的自由派教育理论的批判，揭示出资本主义制度下的教育的不平等性，进而提出实现教育平等的根本途径不在于教育制度改革和教育政策的制定和调整，而在于资本主义生产关系和整个社会制度的变革。

对于美国历史上的三次教育变革运动，鲍尔斯和金蒂斯认为，这些教育改革表面上都提出了"教育机会均等"的要求，但其真正的目的是消除阶级冲突和将资本主义等级制度合法化。例如，第一次教育变革是 19 世纪中期的免费公立学校运动，免费公立学校运动表面上是使来自不同家庭背景的人受到了相同的教育，实际目的是消除因经济急剧扩张而带来的社会不安定因素，使学校起到"社会平衡器的作用"。① 因此，在教育体系内部又产生了一种社会分层体系，进一步产生了新的教育的不平等。处于社会上层人士的子女大部分进入私立学校；在公立学校中，由于工人阶级的子女很早便离开学校，所以公立中学要比公立小学拥有更多的上层社会的子女；上层社会的家庭可以利用金钱和权势使子女进入较好的大学，从而为其获得企业界等高级职务提供便利。又如，第二次教育变革是 19 世纪末 20 世纪初的进步教育运动。进步主义教育者主张，教育适应儿童的需要，学校社会化，使学生的课程与实际生活保持一致。为了提供一种与日后生活相关的教育，进步主义者提倡劳动人民的子女进入职业学校，并按照其能力进行分班。理论课程则留给以后升入大学或白领职业中有机会使用高深理论知识的学生。其结果是，学校根据学生的阶级背景把学生纳入不同的课程分轨，强化了中学课程的职业化和毕业生的分流，从而取代了原来的向所有儿童开设同样课程的平等原则。再如，第三次是 20 世纪六七十年代的免费学校运动，表面上建立了大批两年制学院，增加了中学后的教育机会，但实际上，由于资本主义经济的发展而引起职业结构的变化，对劳动者的技能提出了更高的要求，结果造成了高级劳动者进一步无产阶级化，在社会阶层上产生了新的不平等。

因此，鲍尔斯和金蒂斯指出，美国教育改革是阶级冲突的产物而非阶级统治的产物，学校虽然扩大了教育机会，为普通民众带来了一定的利益，但其主要目的在于缓和阶级矛盾和维护资产阶级的统治秩序，所以，在资本主义制度下，"教育机会均等"的教育目标几乎不可能实现。而教育改革运动失败的原因就是它企图消灭教育上的不平等，而又不向资本主义的根本制度提出挑战。

---

① 赵祥麟：《外国教育家评传》（第四卷），上海教育出版社 1992 年版，第 161、793—794 页。

（二）对自由派教育理论的批判

自由派教育理论中，以杜威为代表的进步主义理论认为，在资本主义社会，学校教育具有三种社会职能：一是统合职能，即学校教育把受教育者按照才能的高低统合到社会政治、经济结构中去；二是平等化职能，即学校教育为人们提供了追求机会平等的条件，学校教育成为实现公平竞争的工具；三是发展职能，即学校教育是实现人的充分而圆满发展的重要手段。① 而在进步主义者看来，在现代社会中，不论出身，任何人都可以凭借自己的奋斗和才能获取相应的社会地位和成就。通过教育的阶梯向较高的社会阶层流动。因此，教育可以有效地消除社会不平等，是实现社会平等和机会均等的有效工具。由此可见，教育是促进社会公平的手段，教育本身也具有公平的特性。因此，学校的任务就是根据每个人智力水平为其提供相应的教育，那些智力水平高的人将因此而获得最高的才能，从而谋得最有声望和权势的职业；而那些智力水平低下的人则只能接受较少的教育和从事较低下的工作。

针对自由派教育理论的观点，鲍尔斯和金蒂斯在进行了大量调查研究的基础上指出，"在影响人的未来经济成就的因素中，智力水平、认知成绩等因素的作用并不是很大，而家庭背景对个人的未来的经济成就影响很大，因为家庭背景对所受教育的年限和结果有很大的影响，而教育作为公平竞争阶梯的平等化职能在资本主义社会制度下是根本无法实现的。"② 美国社会与教育发展的现实表明，自由派教育理论是站不住脚的。他们在《美国：经济生活与教育改革》中指出："向贫困开战的令人失望的成果，以及在比较广泛的意义上说，美国长期存在的贫困和不公正，已经使自由派社会政策名誉扫地。"③ 在美国社会中，由于教育的社会基础是社会的不平等性，因而教育是现存社会不平等的维护者，而不是社会平等的推动者，教育是再生产这种不平等性的工具。在资本主义制度下，教育平等是不可能实现的，因为教育的社会基础是社会的不公平性。学校帮助形成各种身份差别，加强分层意识，从而使经济不平等合法化。因此，在公共教

① 杨秀治：《当代西方马克思主义教育思潮述评》，《中国农业大学学报》（社会科学版）2002 年第 2 期。

② 同上。

③ ［美］鲍尔斯、［美］金蒂斯：《美国：经济生活与教育改革》，上海教育出版社 1990 年版，第 7 页。

育体制内部产生了社会分层和阶级分层，"教育已经历史性地成为将个人定位于各种经济职位的一种手段"①。教育作为一种意识形态的再生产机器，复制着社会经济中的不公平；教育在再生产不公平时的作用是其他系统所不能企及的，同时又具有很大的隐蔽性。在这个意义上，教育必定是再生产社会不公平的工具。

（三）资本主义学校教育的职能和性质

从"再生产"理论出发，鲍尔斯和金蒂斯对资本主义学校教育与国家政治、社会经济关系以及资本主义学校教育的职能和性质进行了分析，认为在资本主义条件下，学校教育不仅是劳动力和生产关系再生产的工具，而且还是资产阶级统治思想、意识形态和文化价值再生产的手段，它完全是为维护资产阶级的利益服务的。

鲍尔斯和金蒂斯认为，学校教育的功能有两个方面，即再生产劳动力和再生产生产关系、社会关系。学校教育与社会经济结构、阶级结构之间存在着对应关系。与社会经济结构和阶级结构相对应，教育系统内部也存在着相应的层次和等级。学校教育有助于这种对应关系的形成，而学校暗含的这种潜在功能受资本主义意识形态所控制。"学校教育根据阶级、社会地位、性别的区别，为不同的社会集团和个人获得相应的职业和社会地位提供不同的知识技能，从而养成不同的个性品质、身份区别和阶层意识，从而把学生统合到相应的社会经济结构和阶级结构中去，产生和延续新的社会不平等与教育的不平等。"② 首先，学校根据阶级、种族和性别的不同，为不同阶级和社会集团的人获得相应的职业和地位而提供相应的知识技能。学生在1—16岁期间，便有一批人被驱送到生产中去，成为工人和农民，稍后又有一批人去充任白领劳动者或者较低级的管理人员，最后从教育的顶层培养出来的人则去当资本家、高层管理者、政客和知识分子。其次，学校注意培养适合等级制劳动分工需要的个性品质。中小学严格限定和引导学生的活动是为了培养最低层次的职位所需要的遵守规则的品质，社区学院允许有较多的独立活动是为了培养中间层次的职位所需要的独立工作能力和可信赖性，四年制大学强调行为的内化和自觉是为了培

---

① ［美］鲍尔斯、［美］金蒂斯：《美国：经济生活与教育改革》，上海教育出版社1990年版，第75页。

② 刘复兴：《教育政策与弱势补偿问题》，《山东教育科研》2002年第9期。

养高层职位所需要的内化规范的能力。总之，"教育已经历史地成为将个人定位于各种经济职位的一种手段"①。这样，由于社会和教育弱势群体对教育的漠视以及社会中存在着落后的教育观念，在其自身发展的过程中，极易形成恶性循环。他们认为教育作为一种意识形态的再生产机器；教育在再生产不平等时的作用是其他系统所不能企及的，同时又具有很大的隐蔽性。教育不再通过直接的语言和符号，而是通过一整套体现社会不平等和阶级意识的社会关系、组织形式等道德实体去进行道德教育，以复制统治阶级的意识形态和社会经济中的不平等。

鲍尔斯和金蒂斯认为，教育制度正是通过一种貌似公平、客观的英才教育机制把人们安排到不平等的经济地位上，从而使经济不平等合法化。只要经济不平等存在，政治生活不平等存在，教育就必定是再生产不平等的工具。如果只取消学校这个不平等的工具，不改变经济和政治生活中的不平等现象，社会结构中的对应原理就不可能不起作用。②

（四）资本主义社会中教育的不平等性

鲍尔斯和金蒂斯认为，在资本主义社会中，教育制度实际上是不平等的，它再现了社会分工，实际上，教育制度是维护资本主义经济结构的一个方面，其本质是为资本主义服务。那些父母在职业等级制度中占据高层地位的子女比工人阶级家庭的子女受到的学校教育年限要长，并且随着接受教育年限的增加会得到越来越多的公共资助，而他们所受教育的数量和内容都使他们很容易得到较高等级的职务。在初等教育阶段，社会下层阶级家庭的子女所上的学校，在设备、图书、师资以及教育过程的其他投资方面所得到的资助往往都比较少。相比之下，那些社会上层阶级的家庭，在校读书时间会得到更多的资助。③ 因此，对不同社会阶级出身的学生来说，学校教育的结果是大不相同的。而且，学校教育中的不平等并不仅仅表现为所受教育年限的问题，或教育给予每个学生的资助的差别问题，教育中的不公平还反映在学校内部结构及学校教育内容的差异等方面。教育过程中的社会关系通常可以反映出大多数学生可能进入的工作岗位中的社

---

① ［美］鲍尔斯、［美］金蒂斯：《美国：经济生活与教育改革》，上海教育出版社1990年版，第75页。

② 赵祥麟：《外国教育家评传》（第四卷），上海教育出版社1992年版，第802页。

③ ［美］鲍尔斯：《不平等的教育和社会分工的再生产》，载张人杰主译《国外教育社会学基本文选》，华东师范大学出版社2009年版，第188页。

会关系。在每一级学校教育之间也存在着差别。我们只需将一所工人阶级子女入学的中学的社会关系与富家子女入学的郊区中学的社会关系加以比较，或将一个初级学院的社会关系与一所名牌四年制大学的社会关系相比较就能证实这一点。① 此外，对来自不同社会阶级的学生来说，教育过程的不平等还表现在受教育的目的、家长和教师的期望及学生对各种教学和管理模式的反应等因素的差异。实际上，对于不同的社会阶级出身的学生来说，其在学校教育的结果是非常不同的，虽然，美国教育的不平等主要存在于不同的学校之间，但即使在某一所学校之内，不同的学生所受到的教育也是不同的。学校内部结构和教育内容反映了学生的社会阶级组成。学校内部的阶级分层是通过分轨、参加不同的课外活动以及教师，特别是辅导员的态度来实现的。因为这些教师和辅导员总是抱有偏见，认为工人阶级的子女不好，很早就会结束学校教育，最后从事跟他们父母类似的工作。因此，鲍尔斯和金蒂斯断言："教育上的种种不平等现象可以看作是资本主义社会整个网状组织的一部分，而且只要资本主义存在一天，它们就有可能存在一天。"② 教育的结构反映了社会的生产关系，教育的发展和学校教育形式的变革都是对经济体系产生的需要的反应，教育的不平等是根植于经济的基本制度之中的。重新考虑教育不平等的某些基本作用过程，可以为这一观点提供支持。第一，在教育的升级和选拔中奖励学业优秀者的原则，不仅起着重现社会分工的过程合法化的作用，它还使青年人社会化，从而为外部的报酬工作以及鼓励他们发展与资本主义经济那种使人异化的工作相适应的内部动机这一过程的一个基本组成部分。第二，由地方资助学校以维护教育不平等的做法也是根植于资本主义的经济之中的，即根植于收入的分配不均、居住房地产自由市场的存在以及国家权力的极为有限。③

鲍尔斯和金蒂斯认为，理想的教育应是"民主社会主义"的一个子系统和有机组成部分。这种教育具有以下性质：一是均等主义，建立共同参与掌权的体制，实现大、中、小学民主化，每个人享有平等的教育资源；二是以实现经济民主为目标，学生的学业成绩、教育质量将成为其经

---

① ［美］鲍尔斯：《不平等的教育和社会分工的再生产》，载张人杰主译《国外教育社会学基本文选》，华东师范大学出版社 2009 年版，第 188 页。

② 同上书，第 181 页。

③ 同上书，第 197 页。

济成就的唯一来源；三是共同参与，吸收家长、劳动者、社会团体和年长者加盟，创立统一的阶级意识；四是个人主义，[①] "既有利于个人解放，同时又有利于政治开明"[②]。鲍尔斯和金蒂斯认为社会主义教育是美国式社会主义的有机组成部分，其特点是：第一，教育以个性自由发展为唯一目标，以个人选择取代社会选择；第二，每个学生都享有充分的均等的教育机会；第三，学生学业成就的差异将成为经济成就差异的唯一原因。[③]社会主义教育，是克服了资本主义教育的弊端，适应理想社会主义模式的教育。他们认为，与资本主义教育培养被异化、身心不健全的人不同，社会主义教育应该培养社会主义新人，即一种消除了异化的、全面发展和健全的人。

鲍尔斯和金蒂斯的教育公平理念是建立在社会学和经济学的理论之上的，他们始终强调教育是社会大系统的一个组成部分，教育系统是由一整套与劳动市场相对应的社会关系和组织形式组成的。他们还认为，研究美国教育，必须建立在对美国社会的阶级关系、经济关系等的深刻分析的基础上。"只有通过这样的研究"，"才能够了解美国教育系统的运转以及变革它的方法"。[④] 总之，鲍尔斯和金蒂斯的教育公平理念的核心是，教育上的平等不能只通过改变教育制度来达到，也不能通过政府政策的改变来实现，这些措施只是触及了不平等的表面。因为美国教育不平等的根源，在于国家政权有限范围之外，在于生产关系的等级制度及与此有关的阶级文化差别。只要社会分工继续下去，教育上的不平等就将作为美国社会的一部分延续下去。

五　古德曼：公立学校制度并不公平

古德曼（Paul Goodman，1911—1972）是美国社会批评家和教育评论家。作为新激进派的代表、选择学校运动的首倡者，他在 1960 年出版的《荒谬的成长》（*Growing up Absurd*）一书中对美国公立学校制度进行了激

---

① 赵祥麟：《外国教育家评传》（第四卷），上海教育出版社 1992 年版，第 803 页。

② ［美］鲍尔斯、［美］金蒂斯：《美国：经济生活与教育改革》，上海教育出版社 1990 年版，第 430 页。

③ 季苹：《西方现代教育流派史论》，北京师范大学出版社 1995 年版，第 240 页。

④ ［美］鲍尔斯，金蒂斯：《美国：经济生活与教育改革》，上海教育出版社 1990 年版，第 80 页。

烈的批判。在 1964 年出版的《强制的错误教育》（*Compalsory Mis-educa-tion*）中，他不仅批判美国公立学校制度的弊病，甚至否认其存在的必要。

（一）公立学校制度并没有实现教育公平

古德曼认为，自杰斐逊的时代以来，美国公立学校制度在历史上确实起过重要的作用，那就是推动了移民趋向民主化。但是，这种作用现在已发生了变化，因为随着阶级分层的日益僵化，不仅下层家庭的人没有得到平等的机会，而且学校教育已失去了创造和道德的价值，强迫的学校教育实际上已不利于学生人格的发展和社会的改善。例如，许多学生因为学习成绩的原因而中途退学，这事实上使得教育机会平等成为了神话。因此，古德曼强调指出："公立学校的拥挤状况以及政府的干预，已使得它对个性的关注和真正的教学成为不可能。"① 在他看来，在这样的公立学校教育下，学校已不能把学生培养成一个具有独立性、好奇心和创造精神以及能发现自我的人。"义务教育制度已成为无处不在的陷阱，已毫无可取之处。"②

（二）自由选择的学校制度有利于教育公平

由此出发，古德曼强烈要求建立一种能更好地促进学生成长的教育体制，主张提供多样化和小型化的学校教育。他认为，这种学校教育能保护那些家庭境况不利儿童的发展。他强调说："教育机会应该是多方面的和多样性的，必须减少而不是各地扩大固定不变的和单一的学校教育制度。"③ 20 世纪 70 年代后，美国兴起了旨在追求教育条件和教育结果平等的选择学校运动，古德曼的"自由选择"思想是其重要的理论来源。

古德曼认为，学校教育是不平等的社会生产关系和阶级结构的产物，也必然体现出不平等的特质。而且，学校传递的主要是统治阶级的价值观与态度，学校不过是领导阶级的工具。不平等的资本主义教育加剧了这种不平等的生产关系和阶级结构，资本主义教育实际上是不断强化和复制了社会的不平等。在选拔和分流上，教育并非按照个人的能力将学生分配到各自适合的工作岗位上，而是按照种族、阶层和性别来分配，从而限制了

① Paul Goodman. *Growing up Absurd* ［M］. New York：Random House, Inc. , 1960. 224.
② Paul Goodman. *Compulsory Mis-education* ［M］. New York：Horizon Press, 1962. 31.
③ Paul Goodman. *Growing up Absurd* ［M］. New York：Random House, Inc. , 1960. 61.

社会流动，并延续了社会不公。

第三节 以提供补偿教育为核心的
基础教育公平政策

在这一时期，美国联邦政府制定了一系列的基础教育公平政策。为了保障入学机会均等和教育结果平等，在实施策略方面，涉及了补偿教育和择校的政策；此外，在教育政策中还特别关注了黑人等少数民族和其他弱势群体的教育公平。

一 《民权法案》

20世纪60年代，美国公众对学校公平的公共意识日益增强，约翰逊总统顺应这一要求宣布"向贫困宣战"。从60年代中期到70年代初，民权运动日益高涨，纷纷要求废除学校内的种族隔离，美国的教育公平政策开始关注处境不利的少数民族儿童、贫困家庭儿童以及残疾儿童等弱势群体，针对贫困家庭儿童和残疾儿童实施教育补偿政策，以提高这些弱势群体儿童的学业成绩。对民权的要求开始占据国内事务的中心位置，美国国会于1964年通过了《民权法案》(*Civil Rights Act of* 1964)。

《民权法案》旨在全面禁止种族歧视和种族隔离，禁止在包括学校的公共场所内实施种族隔离。该法案规定，允许联邦司法部门对凡是实行种族隔离的公共设施和学校进行起诉，并对继续实行种族歧视的公共性计划停止联邦资助。法案第四条"公共教育"中规定："联邦教育署有权对教育机会公平的有效性进行一次全国性调查；提供技术资助以帮助州、地方或学区实现学校废除种族隔离的计划；安排训练机构以便学校教师和其他人员做好准备去处理废除种族隔离的问题。"[①] 该法案授权教育委员会为解决公立学校种族隔离问题提供技术和财政资助。为确保公立学校废除种族隔离顺利进行，法案中提到："向公立学校和保障教育机会均等的部门和机构提供技术援助，授权地方行政部门，在任何校董事会，州、市、学区，或其他政府单位管理公立学校的法律责任之上，为申请在准备、采取

---

① Sol Cohen (ed). *Education in the United States: A Documentary History* [M], Vol. 5. New York: Random House, 1974, 3370.

和实施公立学校隔离计划的公立学校提供技术援助。这些技术援助将包括为提供信息的机构提供教育署人员，或其他帮助处理类似问题的人员，这些机构应是在应对由于废除种族隔离而引发特殊的教育问题提供有效的解决办法。"① 同时，承担废除种族隔离工作的科研人员可获得培训的机会，联邦授权地方行政部门安排到高等教育机构进修，开办短期和定期训练班，以提高教师、管理者、顾问和其他初等和中等学校人员的能力，以便这些人员能够有效处理有关废除种族隔离的特殊教育问题。对于参加全日制培训班的个人，地方行政部门将提供包括路费等项目在内的一定的补贴。

《民权法案》支持在学校内废除种族隔离，并在具体实施方面提供技术和经费保障。"授权教育委员会为解决公立学校种族隔离问题提供技术和财政资助，任何人不得因其种族、肤色或原国籍而在任何受到联邦财政资助的教育计划中受到歧视，联邦政府的拨款不得与种族歧视有关。特别宣告分配联邦资金给种族隔离计划是非法的，将阻止联邦教育拨款卷入种族隔离问题。"② 该法案中还包括关于资助方面的说明，授权地方行政部门向校董事会提供全部或部分资助，其中包括"资助教师或其他学校人员参加官员处理关于废除种族隔离的多发问题；雇佣专家为关于废除种族隔离的多发问题的处理提供建议"③。《民权法案》还规定，联邦政府提供的财政资助不得与种族隔离有关。例如，给种族隔离计划提供联邦资助是非法的，将阻止联邦教育拨款卷入种族隔离问题。④ 法案在第六条及附属条款还强调了对少数民族的资助问题，规定联邦资助项目中不可存在种族歧视。"在美国，任何人不得因其种族、肤色或民族血统被排除在联邦资助项目之外，或被否认从联邦资助项目中受益，或受到歧视。"⑤ 接受联邦资助的特殊学校也应该服务于所有的特殊儿童，但是并不意味着取消种族隔离是为了克服种族不平衡。关于教育机会均等的调查方面，《民权法案》还特别提到政府拨款并授权学者进行教育机会均等的评价研究。⑥ 地

---

① *Transcript of Civil Rights Act*（1964）［DB/OL］. http：//www. ourdocuments. gov/. 2010. 5. 3.

② 张维平、马立武：《美国教育法研究》，中国法制出版社 2004 年版，第 183 页。

③ *Transcript of Civil Rights Act*（1964）. http：//www. ourdocuments. gov/2010. 5. 3.

④ Patrick J. McGuinn. *No Child Left Behind And The Transformation of Federal Education Policy*, 1965－2005［M］. Kansas：University Press of Kansas，2006. 31.

⑤ *Transcript of Civil Rights Act*（1964）. http：//www. ourdocuments. gov/2010. 5. 3.

⑥ 张维平、马立武：《美国教育法研究》，中国法制出版社 2004 年版，第 182 页。

方官员要调查并向总统和国会报告，两年内在公立教育中废除种族隔离法令，要关注美国领土和属地特别是哥伦比亚特区，各级公共教育机构中由于种族、肤色、宗教或民族血统而缺少平等的教育机会的个人。

《民权法案》是继"布朗诉托皮卡教育委员会案"之后又一个涉及取消学校内种族隔离的法案，它结束了"布朗诉托皮卡教育委员会案"之中"审慎的速度"的政策，消除了美国残留的种族隔离问题，改善了黑人的教育状况，黑人的受教育程度得到提高。它结合了行政、司法等多种手段以解决民权问题，其意义在于全面禁止种族歧视和种族隔离，进一步为少数民族学生提供更多的受教育机会，保障其基本的公民权利，并对处境不利的儿童群体提供补偿教育。《民权法案》的颁布加快了美国全国取消学校种族隔离的进程，南方学校为获得联邦资金，不得不向教育署递交取消学校种族隔离的计划。从该法案颁布至20世纪80年代中期，各州在取消学校种族隔离方面的成绩处于上升阶段，尤其是南方各州在学校内的种族融合成绩明显，黑人学生在白人学校所占比率逐年上升。（见图4.1）同时，该法案中还规定对其他少数民族与女性的歧视为非法。此外，该法案的实施改变了联邦教育署与州及地方学区的关系，使前者由原来单纯的服务性机构转变为决策机构，承担起在全国范围内保护公民权利的责任。

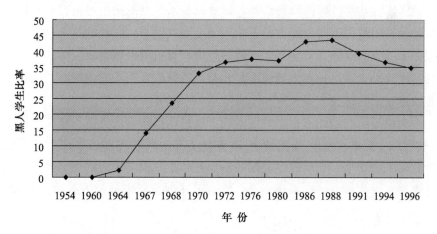

图4.1　美国南方学校中的种族融合：黑人学生在以白人为主学校所占比率

数据来源：DBS Corp., 1982 and 1987; 1991 – 92 NCES Common Core of Data［Gl, Public Education Agency Universe; 1994 – 95 NCES Common Core of Data［G］, School Universe; 1996 – 97 NCES Common Core of Data［G］, Public School Universe.

二　《初等和中等教育法》

《初等和中等教育法》（*Elementary and Secondary Education Act*，简称 ESEA）是美国基础教育政策在推行教育公平的历程中，具有历程碑意义的一部法案，它开始了联邦政府大规模资助基础教育的阶段，并以联邦财政大力资助弱势群体儿童的教育，以保障处境不利儿童的受教育机会，体现了基础教育公平政策中关注教育补偿的重点。

随着二战后美国社会的发展，教育民主化成为全社会关注的重大问题之一，贫困儿童的教育机会平等问题成为实现民主的核心问题。20世纪60年代中期，少数民族、贫困阶层和其他社会处境不利人群的教育问题困扰着美国社会。经过约翰逊总统上台后的一系列"向贫困开战"政策和1964年《民权法案》的实施，黑人在选举和教育方面的权利有了一定的法律保障。在此背景下，为提高全民素质和促进教育机会均等，联邦政府加大了对基础教育的资助，1965年国会通过《初等和中等教育法》，对来自低收入家庭的中小学学生提供补助，旨在解决包括残疾儿童在内的各种社会处境不利儿童的教育机会均等问题。

《初等和中等教育法》第一编（Title I）[①] 第101条明确规定："鉴于低收入家庭儿童特殊的教育需要，以及低收入家庭的集中对地方教育机关维持足够的教育方案之能力的影响，国会因此声明，联邦的政策是向那些服务于低收入家庭儿童集中的区域的地方教育机关提供财政援助，以通过能特别有助于满足教育上处境不利儿童之特殊教育需要的各种办法来扩展和改进它们的教育方案。"[②]

为保证所有的儿童在平等的基础上获得联邦政府的资助，联邦政府为《初等和中等教育法》共拨款为10.6亿美元，拨款特别用于那些有特殊教育需求的学生，其中规定联邦政府向那些提交取消种族隔离计划的州的教育署批准的地方学区提供资金。Title I 计划通过增加每个学生的开支，

---

① Title I，《初等和中等教育法》的第一编。该编中规定由联邦政府向各州的公立中小学提供资助以提高学业成绩差的学生的学业成绩，经过这几十年的发展，该法案中许多内容都已面目全非了，但唯独这第一编的内容保持下来。

② 瞿葆奎：《教育学文集·美国教育改革》，人民教育出版社1990年版，第271页。

资助低收入家庭（限定为家庭收入每年少于 2000 美元）高度集中的地区。① 每个公立学校可以获得资金数为州生均经费的一半乘以学区内家庭收入在 2000 美元以下的学龄人口数，非公立学校也可获得资助。该法案生效的第一年，国会将 7.75 亿美元拨付给各州和各学区，这部分资金占总资金的 78%。目的是给那些教育上处于不利境况的孩子提供帮助。该条款特别指出："国会藉此宣告美国政策是提供财政援助，特别要满足处于教育不利地位的孩子的特殊需要。"② 最终，关于拨款如何花费的限制放松，94% 的学区都获得了《初等和中等教育法》的拨款，法案规定 Title I 的资金可用于各种目的，包括聘任额外的教师员工、购买教师设备、推进教室管理等。

《初等和中等教育法》强调为弱势群体儿童的教育提供资助，其中包括公立学校和私立学校中处境不利的儿童，资助对象包括低收入家庭儿童、少数民族儿童、有缺陷儿童、流动儿童、无人照管儿童或过失儿童。首先资助的是低收入家庭儿童。第一是为教育低收入家庭的儿童给地方教育机关提供财政资助。在给地方教育机关的补助金部分也提到，资助对象还包括贫困线以下家庭的 5—17 岁儿童。该法案以消除贫困为目标，关注对象主要为处境不利的贫穷家庭的儿童。法案规定提供专门的经费，以满足教育上处境不利的儿童的特殊教育需要，并制定方案和计划来满足低收入家庭儿童高度集中的学区教育上处境不利的儿童的特殊教育需要。特别补助金用于资助"年收入 3000 美元或 3000 美元以下家庭的儿童；根据按社会保险法第四编予以批准的州规划中向有未成年儿童的家庭提供补助的方案，从付款中得到年收入超过 3000 美元家庭的儿童；生活在收容无人照管儿童或过失儿童机构的儿童，或在寄养家庭中用公共基金抚养的儿童"③。

第二是资助少数民族儿童。该法案明确提出，确立的资助标准，应满足由内务部为印第安儿童开设的中小学校所服务的居留地中教育上处境不利的印第安儿童的特殊教育需要。

第三是资助有缺陷儿童（包括需要特殊教育的智力迟钝、重听、耳聋、

---

① Joel Spring. *The Sorting Machine*：*National Educational Policy Since* 1945 ［M］. New York：David McKay, 1976. 225

② Joel Spring. *American Educantion* ［M］. New York：Longman Inc, 1978. 154.

③ 瞿葆奎：《教育学文集·美国教育改革》，人民教育出版社 1990 年版，第 283 页。

语言障碍、视力缺陷、严重情绪紊乱、脚跛或其他健康有损害的儿童）。在州一级实施的方案中，特别制定了针对有缺陷儿童的方案，为有缺陷儿童提供平等的教育机会，即免费的公立教育。州政府应"直接负责为缺陷儿童提供免费公立教育的州机关，有资格根据本条接受任何财政年度的补助。州机关应把按照本条拨付的款额仅用于旨在满足该类儿童特殊的教育需要的方案和计划，州机关应向署长提出保证，即在拨付该项款额的任何财政年度内向每一个缺陷儿童提供一种符合其特殊需要的方案"①。

第四是为流动儿童的教育提供经费资助。在州一级实施的方案中，还制定了直接或通过地方教育机关建立以改进流动农业工人或流动渔民的流动儿童的教育方案。"州教育机关各该类机关的联合体，通过申请有权按照本条在任何财政年度接受补助，以便直接或通过地方教育机关建立或改进流动农业工人或流动渔民的流动儿童的教育方案……所用款额将用于旨在满足流动农业工人或流动渔民的流动儿童之特殊教育需要的方案和计划。如果一个州不能或不愿意为流动农业工人或流动渔民的儿童实施教育方案，或确认为他能更有效和更经济实施该教育方案，或者大大资助于该类儿童的幸福或教育成绩，则他可以同其他的公立机关或非营利的私立机关签订特殊协定，以便在一个或几个州实现本条的目的。"② 该法案还规定了年龄范围，为5—17 岁该类流动儿童，对于居住时间的规定也较为宽泛，部分时间居住相当于全部时间居住。

第五是资助无人照管儿童或过失儿童的教育。在给地方教育机关的补助金部分提到，资助对象还包括生活在收容无人照管儿童或过失儿童机构内的或生活在寄养家庭内用公费抚养的5—17 岁的儿童，还需特别考虑所有正在教养院和即将生活在收容过失儿童机构内的儿童。"州教育机关一俟确认该州的地方教育机构无力或不愿为生活在为无人照顾的或过失儿童而设的机构里的儿童提供特殊教育需要，州教育机构就应该对属于那些无人照管的或过失儿童的该地方教育机构的特殊教育需要承担责任……"③

第六是资助私立初等和中等学校中教育上处境不利的儿童。为这些儿童提供平等的参与机会以及特殊的教育服务和安排。"在与地方教育机关

① 瞿葆奎：《教育学文集·美国教育改革》，人民教育出版社 1990 年版，第 276—277 页。
② 同上书，第 278 页。
③ 同上书，第 273 页。

的学区内注册于私立初等和中等学校的教育上处境不利的儿童人数一致的
范围内，该地方教育机关应为包括该类儿童能够参与的特殊的教育服务和
安排（如双学籍、教育广播和电视、流动教育服务和设备）……"①

　　为了更好地以促进教育公平的策略资助弱势群体儿童，《初等和中等
教育法》针对处境不利的儿童建立一个"处境不利儿童教育全国顾问委
员会"（National Advisory Council on the Education of Disadantaged Chil-
dren），"委员会应对本编的管理和实施，包括它在提高教育上处境不利儿
童的教育成绩方面的效果以及那些旨在满足该类儿童的职业和生计需要的
方案的效果进行审查和评价，并为改进本编及其管理和实施提出建议。这
些建议应考虑到根据本方案和其它为处境不利儿童制订的联邦教育方案所
取得的经验，以及在适当的范围内，应考虑根据为处境不利儿童制定的其
它公办和私办教育方案所取得的经验"②。每年，处境不利儿童教育全国
顾问委员会须向总统和国会提交年度报告，内容包括其活动、调查结果和
建议等。

　　《初等和中等教育法》对教育机会均等的实现具有重要意义，因为该
法案突出了教育公平原则，对于低收入家庭、不利处境的儿童的教育问题
予以特别关注，通过联邦政府资助增加弱势群体的教育机会。该法案的颁
布使联邦对基础教育的财政资助实现了一个巨大飞跃，开始了联邦大规模
资助基础教育的新时代，从此以后，联邦政府对教育的投资迅速增加，联
邦政府对弱势群体儿童的补偿政策进入一个新的阶段。一方面，增加了弱
势群体的受教育机会；另一方面，扩大了联邦控制教育的范围，标志着联
邦干预教育达到一个顶峰。基础教育财政由原来单纯的以地方学区为主要
来源，到地方学区和州政府共同承担资助教育的责任，发展到联邦、州和
地方学区三级分担的财政格局，使基础教育财政制度趋于完善，也扩大了
联邦政府管理和控制教育的范围。《初等和中等教育法》使联邦开始直接
向地方教育机关予以财政补助，并对如何补助进行了详细的规定，第一次
把对地方教育机关的财政补助问题列入联邦法律，使基础教育有了更可靠
的财政保障。它对学生之间的平均教育费用如何实现公平、地方教育机关
之间如何实现教育财政公平的途径和拨款比例、上下限要求都在法律上作

① 瞿葆奎：《教育学文集·美国教育改革》，人民教育出版社 1990 年版，第 289 页。
② 同上书，第 295 页。

了明确规定。该法案完善了联邦政府对于贫困家庭子女教育的财政制度，财政公平原则成为美国基础教育财政的一个重要原则。此外，它通过对实行种族合校的学校增加资金援助的方式使 1964 年《民权法案》的规定得到强化，有力推动了取消学校种族隔离的进程。《初等和中等教育法》扫除了联邦进一步补助教育的三个主要障碍：种族、宗教和联邦控制。这三个障碍的扫除为其后大批联邦教育法的通过创造了条件。《初等和中等教育法》和联邦教育公平政策早期的方向是使用联邦资金和法令推进平等的教育机会，通过州的努力和学校资源的分配来促进教育公平，联邦教育改革努力把贫困学生和少数民族学生高度集中的学校作为目标。正如当代美国教育史学家克雷明所指出的："毋庸置疑，《初等和中等教育法》作为力图消除贫困的手段，它最重要的第一编（Title I）批准了迄今为止给处境不利儿童拨的最大的一笔款项，从而结束了国会反对联邦资助学校的历史。"①《初等和中等教育法》为公平的教育政策打下基础，使这一教育公平的政策模式一直持续到 20 世纪 80 年代。

但是，《初等和中等教育法》的实施也存在一些问题，经费被分配给地方学校系统很多种类的计划，包括教育改革、文化和社会丰富计划、图书馆改建计划、家长活动、营养计划、社会和医学服务等。然而，如何最好地战胜贫困和在贫困学校中的效果却不是很清晰，教育专家对政府资助如何更有效地使用，也没有达成一致的意见，这些构成了《初等和中等教育法》实施中的主要障碍。② 以后，随着情况的变化，美国又对这一教育法令不断进行修订：1966 年颁布了"初等和中等教育修正法令"、1967 年颁布"初等和中等教育修正法令"，1970 年颁布了"初等和中等教育辅助计划"。虽然之后历次的修正案对《初等和中等教育法》的联邦教育计划和推动教育机会公平的有效性存在疑虑，但第一编中资助弱势群体儿童的原则得到确立。

三　《所有残疾儿童教育法》

1954 年的"布朗诉托皮卡教育委员会案"对残疾人教育有很大的

① Lawrence A. Cremin. *American Education：The Metropolitan Experience*，1876 – 1980 ［M］. New York：Harper & Row，Publishers，1988. 316.

② Patrick J. McGuinn. *No Child Left Behind And The Transformation of Federal Education Policy*，1965 – 2005 ［M］. Kansas：University Press of Kansas，2006. 32.

影响。美国最高法院宣布，隔离白人和黑人的种族隔离学校本质上是不平等的，不符合宪法第十四修正案的规定。这就意味着，以任意武断的理由歧视某个群体的做法是违宪的，所有群体的儿童必须平等地接受教育。因此，残疾儿童被排除在公立教育之外，也违反了宪法的平等原则。

在美国社会各界维护公民权利人士的努力下，20世纪60年代以后残疾儿童的教育权逐步得到认可，有关残疾人教育立法逐渐增多，虽然残疾人教育得到改观，但残疾人教育的实际状况仍不容乐观。据1975年初的统计，全美0至21岁的残疾儿童与青少年有800多万，其中只有一半（约390万）的残疾儿童得到适当的教育，175万的残疾儿童没有得到任何教育，约有250万的残疾儿童得到的是不合适的教育。那些被安置在普通班的残疾学生也因为人们的不接纳态度和缺乏支持系统而得不到充分的学习。[1]

20世纪50年代和60年代，联邦政府大力支持残疾儿童教育实践，这些实践为日后州和地区有效实施各种早期干预和特殊教育的服务项目奠定了基础。到70年代，美国残疾儿童的教育虽有了一些改善，但仍存在严重的问题。1970年，美国仅有五分之一的残疾儿童接受教育，包括失聪、失明、情绪不稳定和有智力障碍的学生。1975年以前，很多州都禁止残疾儿童入学，即使已经进入学校的残疾儿童，也没有得到特殊的照顾，只能接受不适合的或无效的教育。大多数残疾儿童参加社区里的邻里学校（neighborhood school），大多数家庭承担不起教育责任，公共资源也不能为在家里受教育的残疾儿童提供公立教育。

为了保障残疾儿童受教育的权利，促进教育公平，1975年国会通过了《所有残疾儿童教育法》（*Education for All Handicapped Children Act*），即"第94—142号公共法案"，由美国总统福特签署颁布。其目的是使有智力或身体残疾的儿童获得公立学校的受教育机会，确保每一个残疾儿童都能接受适当的教育。

《所有残疾儿童教育法》主要关注两个群体的儿童：一是被排除在公立教育之外、超过100万的残疾儿童；另一是仅仅得到有限教育或没有被

---

① Thomas B. Parrish, Jay G.. Chambers & Cassandra M. Guarino. *Funding Special Education* [M]. Corwin Press, Inc, 1999. 8.

提供适当教育的、超过一半的残疾儿童。对这两个群体的残疾儿童的政策，成为后来制定残疾人教育法的原则。该法案决定拨款资助残疾教育事业，每所希望得到本法案拨款的学校，自 1978 年 9 月起，必须向 3—18 岁的儿童和青少年（自 1980 起延长至 21 岁）提供适合他们需要的免费的公共教育，无论其患有何种形式或多么严重的身心残疾；并保证对所有残疾儿童进行不带歧视性的生理测量和心理测量。在该法案的"实施细则"中，规定"障碍儿童"包括：聋哑、聋盲、重听、智力落后、多重障碍、肢体损害、其他健康损害、重度情绪困扰、特殊学习障碍、言语损害、视觉障碍等儿童。

为确保所有残疾儿童可以接受免费的适合的公立教育，具体目标包括四个方面：（一）特殊教育中相关的服务要适应残疾儿童的特殊需要；（二）确保残疾儿童和家长的权利受到保护；（三）支持州和地区政府为所有残疾儿童提供教育；（四）评估对所有残疾儿童教育的有效性。该法案表明了促进残疾儿童教育的国家使命。并且，该法案规定了相关的财政政策，以确保州和地区能够遵守此法案。

依据以上目标，《所有残疾儿童教育法》要求对所有残疾儿童，实施免费的且适当的公共教育，并在教育公平方面提出了六个基本要求[①]：

1. 免费的、合适的公立教育（FAPE）。每个州和州内的每一所学校必须向所有儿童，无论其残疾程度如何（"零拒绝"原则），提供一种无需其父母或监护人支付费用的、适合他们特别需要的教育。这一原则还包括相关服务在内，它要求能提供比如职业培训之类的各种相关服务，以便使残疾儿童受益于特殊教育。

2. 最少限制环境（LRE）。残疾儿童的教育环境应尽可能地与正常儿童的教育环境相似。如果可能，那么这些儿童就必须与同龄孩子一起在常规的教室接受教育，对残疾儿童的安置必须与其教育需要一致。

3. 个体化教育计划（IEP）。该计划是教师同父母或监护人一起特别为每一个特殊学习者制定的。在个体教育计划中，必须包括以下

---

① *History in Educating Children with Disabilities through IDEA* ［EB/OL］. http：//www. ed. gov/offices/osers/osep.

几方面内容：当前的学习能力水平；年度目标和与之相应的教学目标；能够提供的教育服务；达到何种程度，学生才能参与到普通教育计划中；实施服务的计划和服务实施的期限；有明确标准的年度评估程序，以判断教学目标是否完成。学校必须为每一个符合《所有残疾儿童教育法》所规定的残疾儿童设计出与评估结果相吻合的个人教育计划。这项计划须包含残疾儿童从教育中受益的特殊教育或相关服务。

4. 正当的程序保护。该条款为父母或监护人提供了有关其子女教育方面的几项保护。具体说来，父母或监护人有以下权利；获得机密档案；审查档案；单独评估；得到书面的有关其子女教育分类或安置方面的通知（以父母母语的方式）；当在子女教育计划上产生争端时，能得到公平听证的权利。此外，学生父母或监护人还有委托法律顾问的权利。

5. 非歧视的评估。学校必须对每一个残疾儿童作出全面的个人评估，评估需显示儿童身心发展存在的潜力及缺陷。在得到教育安置前，儿童必须接受多学科团体进行的对各种可能残疾进行的评估，该评估不能有任何种族、文化或语言上的歧视。儿童将接受由训练有素的专门人员进行的各项评估，某一单项评估并不能单独作为教育计划和安置的依据。

6. 父母参与。该条款要求父母积极参与，全面参与到影响其子女教育的决策过程中。

1975 年《所有残疾儿童教育法》所服务的对象是 3—21 岁的残疾儿童和青少年，确保所有残疾儿童获得教育机会。为了追求教育公平的目标，美国国会先后四次修订《所有残疾儿童教育法》。1986 年进行了第一次修订；1990 年再次对《所有残疾儿童教育法》进行修订，并将其更名为《残疾人教育法》（*Individuals with Disabilities Education Act*，简称 IDE-A）。其最为突出的特点是改变了服务对象的称谓，用个人（individuals）取代"儿童"（children），用"有缺陷"（with disability）取代"障碍"（handicapped）。这就意味着服务对象的扩大，不仅仅针对儿童，成年人也包括其中，对残疾人的称呼更为人性化，表明对残疾人的态度也有所改变。第三次修订是 1997 年 7 月 4 日，克林顿（W. J. Clinton）总统签署了

《残疾人教育法》修订案。该修订案针对该法多年来实施中存在的问题进行了修订，增加了残疾学生的个别化教育计划。在个别化教育计划中，必须陈述残疾学生如何参与到普通教学中，着重强调可量化的年度标准，考虑到每个残疾学生所需的辅助性技术，为残疾学生制定成绩目标，促进其学业成就。[①] 2004 年又进行了第四次修订，主要针对残疾学生的教师素质及特殊教育拨款等问题，法案修订后更名为《残疾人教育促进法》（Individuals with Disabilities Education Improvement Act，简称 IDEI）。该法案中规定对特殊教育的资助将大幅增加，在教育辅助技术、人员安排以及对幼儿和学习家庭等项目上的资助亦有较大幅度的提高。

美国国会先后四次修订《所有残疾儿童教育法》，其内容越来越体现出人性化，由追求残疾人受教育机会逐步发展为追求满足残疾人的特殊需要，使其受到合适的和个别化的教育，这反映了美国基础教育公平政策逐步走向实质性的教育公平。

《残疾人教育法》支持在主流文化环境中考虑到残疾人学习者不同文化背景的教育。在种族隔离的环境下，具有文化的和语言多样性的残疾学生的进步是有限的，《残疾人教育法》支持准确的关于文化的评价和干预的实践，帮助非裔美国残疾学生、英语残疾学生学习者和其他残疾学生更积极地投入学术活动，如班级范围内同伴辅导和合作学习。《残疾人教育法》还要求对于残疾学生的评价直接与教学课程相联系，而不是依据抽象的标准化考试，不仅测试单个学生，还要测试教学环境，使用直接观察数据，同时创设反映不同的文化传统和调节不同形式的沟通和学习的教室环境。[②] 更重要的是，《残疾人教育法》强调提供足够的高素质教师，使数十万的专业人士从事残疾人教育事业。这些专业人士包括教师、医生、顾问、心理学家、项目管理人员和其他专业人士，他们将与残疾儿童和家庭合作，保障残疾儿童能够受到平等的教育。《残疾人教育法》还规定，将进一步确保有关残疾人教育政策的有效实施，确保每个残疾学生个性化的教育定位和服务，提供最少限制的环境，在一般课程的教学和学习过程中运用个性化方式，为所有残疾学生提供高质量的教育

---

① 杨柳：《美国残疾人教育法探析》，《比较教育研究》2008 年第 6 期。

② *History in Educating Children with Disabilities through IDEA* ［EB/OL］．http：//www. ed. gov/offices/osers/osep．

机会。

《残疾人教育法》实施过程中存在一些问题。例如，在一些学校里，特殊学校和普通教育之间存在很大的冲突；某些模糊的概念不断引起诉讼，如"最少限制的环境"、"合适的教育"等；尽管联邦政府、州政府和地方学区都对残疾人教育进行财政投入，但一直没有提供足够的资金。1975 年国会通过《所有残疾儿童教育法》时承诺，联邦政府将支付残疾儿童教育所需费用的 40%，然而，联邦政府的资助力度却从来没有达到这一水平。20 世纪 80 年代后期到 90 年代末，联邦政府的资助仅仅达到残疾儿童教育费用的 7% 至 8%，直到 2004 年也仅支付了教育残疾儿童所需费用的 19%。[①]

虽然美国残疾人教育法存在一些问题，但《残疾人教育法》这一法案在残疾人教育方面取得了很大的成就。它标志着残疾人追求教育公平的过程出现了重要的变化，即从残疾学生几乎被排除在公立学校之外，其教育需要几乎完全被忽略，发展到残疾学生获得受教育权利，得以满足基本的教育需要，再到获得高质量的教育机会，其特殊需求得到满足，所有残疾儿童都可以获得教育服务。

《残疾人教育法》几乎对美国每一所学校的教育活动都产生了影响，在追求教育机会均等方面取得了重要的进步。《残疾人教育法》自实施以来，极大地改善了美国残疾儿童的教育。首先，由于法案明确要求无论儿童的残疾性质和严重程度如何，各州必须为所有残疾儿童提供特殊教育，各公立学校必须为所有残疾儿童提供免费的教育，因此，所有残疾儿童的受教育权利得到了保障。2000 年，大约有 600 万儿童和青年接受特殊教育和相关服务，基本上每一个残疾人的教育需要都得到了满足。其次，扩大了残疾儿童的受教育机会，减小了环境对残疾儿童的限制，20 世纪 80 年代起，相关部门制定了一系列有效的措施，使有严重残疾的儿童在家庭与正常成员相处，在学校与正常的同学相处，学校教给他们所需的技能，使他们可以独立地生活。《残疾人教育法》的其他贡献在于增加了残疾学生中学毕业率、中学后教育机构的入学率，以及残疾人就业率。

《所有残疾儿童教育法》及其修正案是美国关于残疾儿童教育最完整

---

① Mitchell L. Yell. *The Law and Special Education* [M]. Prentice Hall, 2006. 111 – 112.

和最重要的立法。它为美国残疾儿童的教育提供了法律和财政上的保障，推动了残疾儿童教育的发展。它不仅为残疾儿童提供了平等的教育机会，而且为学校教师有组织和有弹性地实施残疾儿童个体化教育计划提供了法律保障。总之，《所有残疾儿童教育法》的功绩在于将残疾儿童纳入公立教育体系之内，为所有残疾儿童提供平等的教育机会和特殊的教育服务，并为残疾儿童教育拨款，改变了原来的基础教育公平政策只关注普通儿童的状况，扩大了其对象范围。

第四节　小结

这一时期，美国社会动荡不安，阶级矛盾加剧，社会不平等问题严重，在复杂的社会环境中，各种思潮此起彼伏，从不同的角度要求公立教育体系为各阶层和各群体的学生提供教育。各种思潮交织在一起，出现了教育公平理念多样化的状况。其中之一是强调自由竞争，而自由竞争必然导致各社会阶层之间的差距增大，因为人们之间的能力天生便有差异，而后天的生活背景又为不同的人提供了参与竞争的不同起点，因此，教育制度要给予某些阶层和群体一定的补偿。为了使教育结果平等，应为每个儿童提供适合其发展的教育机会。在这一社会背景中，基础教育公平理念出现两个新的转向：首先，基础教育公平的理念开始由入学机会均等和教育过程的平等转向对教育结果平等的关注，而这种教育结果平等的理念是在入学机会平等的基础上形成的。其次，基于自由选择的教育公平理念以多样化和多元化为前提，不再像以往从教育过程中的基本环节（如入学机会）出发来探讨教育公平的内涵，而从寻求教育公平的策略角度来探讨教育公平的含义，因而丰富了教育公平的内容。

在20世纪60年代，随着美国基础教育的改革和发展，科尔曼等学者在教育机会平等的基础上提出学业成就平等，即教育结果平等，标志着对教育公平理念研究的重点开始逐渐转向家庭背景与学校因素如何影响学生接受教育的机会，尤其是如何保证学生获得真正的学习机会。科尔曼的基础教育公平理念主要体现在具有里程碑意义的《科尔曼报告》当中。当代瑞典教育家胡森评价道：美国的《科尔曼报告》揭示出，在学校之间的学业成绩差距中，社会背景差异比学校资源差异起着更大的作用。① 当代美国教育史学家韦恩·厄本和杰宁斯·瓦格纳也指出："《科尔曼报告》……揭示了与社会阶层相关的因素与少数群体和多数群体学生的学业成绩的关系。尽管《科尔曼报告》并没有对它要回答的问题——贫困儿童学业不良——给出确切的答案，但是它最大的贡献在于，将经济阶层、种族与学业成绩之间的关系问题带入了主流的社会科学研究之中。"② 科尔曼的报告重新界定了教育机会均等的内涵，指出教育机会均等不能局限于衡量平等的投入，还应关注教育结果的平等。这份报告的发表，表明教育机会均等观念新的演进阶段的来临。

此外，制度化的教育所带来的普及义务教育，实现了最初的入学机会均等，但从新时期的发展来看，它又阻碍了教育公平的深入。20 世纪六七十年代，社会批判思想流派在美国得到发展。在以鲍尔斯和金蒂斯为代表的社会批判理论学者看来，教育上的公平不能只通过改变教育制度来实现，通过政府政策的改变来实现教育公平的努力实际上只是触及了教育不公平的表面。因为美国教育不公平的根源，在于生产关系的等级制以及与此有关的阶级文化的差别。学校教育是不平等的社会生产关系和阶级结构的反映，必然也体现出不平等的特征，教育也在不断地加强和复制社会的不平等。与此同时，美国社会批评家和教育评论家以及新激进派的代表古德曼对美国公立学校制度也进行了激烈的批判，深刻揭露了资本主义教育制度和学校制度的不公平。他不仅批判美国公立学校制度的种种弊病，甚至否认其存在的必要。教育的不平等是现行社会等级制度的缩影，只有改变社会等级制度的格局，才能实现真正的教育公平。

20 世纪 60 年代初，美国基础教育公平政策以教育结果平等为基本价值和目标取向，但从 20 世纪 60 年代中期到 70 年代，政策又向少数民族和贫困群体儿童倾斜。种族平等作为一场运动注入教育领域，要求提供一种社会包容性的教育，提供平等机会跨越阶层、性别和残疾状况和种族的教育。在 60 年代，少数民族群体在教育方面取得很大的胜利，50 年代的布朗案判决最终使"隔离但平等"的原则丧失了合法性，引起了黑人政

---

① 马和民、高旭平：《教育社会学研究》，上海教育出版社 1998 年版，第 429 页。

② ［美］韦恩·厄本、［美］杰宁斯·瓦格纳：《美国教育：一部历史档案》，中国人民大学出版社 2008 年版，第 431—432 页。

治权利的社会运动，使得黑人受教育的机会大大提高。劳工团体、移民家庭等各种力量都给公立学校管理带来压力，为了满足移民工人阶层的需要，学校要为成千上万的学生和移民成年人提供服务，1964 年通过的《民权法案》规定，任何人不得因种族、肤色或国籍而在任何接受联邦资助的教育计划中受到歧视，联邦政府的拨款不得与种族歧视有关。此外，政府拨款并授权学者进行教育机会均等的实证研究，提出州财政应更多地承担义务教育财政公平化的责任，避免因地方财力的差异而导致教育质量的差异。

随之而来的是，美国联邦政府的政策也开始转向追求教育结果平等，增加国家教育经费的投入，扩大青少年受教育机会。最显著的是 1965 年颁布的《初等和中等教育法》，这是第一部由联邦大规模补助教育的法案。作为投入最大、最全面和最具影响力的联邦教育法案，它希望通过资助普通教育使低收入和少数民族儿童提高学业成绩。然而，20 世纪六七十年代的教育改革并未实现教育公平，弱势群体学生仍然接受不平等的教育，社会公众开始对教育公平失去信心。20 世纪 60 年代初期，美国又掀起了一场大规模的补偿教育运动，政府投入大量资金，国会还制定相关的计划，对黑人或少数民族子女在教育中所处不利地位进行补偿。补偿计划还突出表现在特殊教育方面，旨在缩小弱势群体与其他群体间的差距，通过补偿教育来实现教育机会均等。值得一提的是 1975 年美国国会通过保障残疾儿童教育的《所有残疾儿童教育法》，旨在为残疾儿童提供特殊教育，以及为残疾儿童教育提供法律和财政上的支持，以提高他们的学业成绩，力求使美国基础教育面向所有儿童，以实现基础教育平等。

这个时期，联邦政府相继出台并实施若干基础教育公平政策，以促进教育机会均等为目标，大多针对当时相对处于弱势地位的群体，为少数族裔或贫困群体等提供各种补偿性的教育计划，投入更多的教育资金。可见，教育公平政策主要是由联邦政府来推动的。例如，废除学校中的种族隔离、在全国范围内减少贫富差别等，这些事务都需要联邦政府承担更多的教育责任，联邦对教育的干预主要通过联邦教育立法、提供联邦拨款的形式间接实现。二战后，随着联邦政府的教育立法的系统化，联邦对教育拨款的范围日益扩大，拨款的数额也不断增加，各级各类教育事业也越来越多地受到联邦的影响。尽管联邦教育法案并不要求各州、地方和各学区强制实施，但是出于获得联邦教育经费的渴望，各州、地方和学区一般会选择接受联邦的教育法案。20世纪60年代以前，联邦的教育立法相对比较零散，但自20世纪60年代起，联邦政府对教育的干预日益增强，联邦教育政策的作用越来越突出，成为美国基础教育公平发展中不可忽视的因素。美国教育学者威尔克森（Doxey A. Wilkerson）指出："以20世纪50年代和60年代的来自基金会的赠予为先导，并得到1965年《初等和中等教育法》的第一编所批准的大量联邦资金的推动，当代美国教育被设计为提高那些在学校里表现不好、尤其是来自穷人和有色人种家庭的学生的成绩。"①

　　20世纪六七十年代，在重建公共教育体系、提高基础教育质量和人才素质的背景下，自由选择理论作为一种新的教育公平理念逐渐崛起。这种理念反对以排除社会差异而取得平等，承认并尊重个体差异，但又认为天赋的差异必然导致不平等的教育结果的公平观并非是正义的。它主张根据每个人的需要，对社会财富和价值进行重新分配，以补偿个人因为偶然的、自己不能控制的因素而造成的损失。它以多样化和多元化为前提而提出选择的平等，从公平政策的角度对基础教育公平提出了更高的要求，在理念上向实质性的教育公平迈进了一大步。在以詹克斯为代表的"自由选择"的教育公平理念的影响下，20世纪60年代末美国兴起了择校运动，体现了民主制度与市场经济的实质，强调了学校（经营者）与家长（消费者）之间的关系，突出家长对学校的选择。应该看到，这种教育公平理念对20世纪八九十年代的基础教育公平政策产生了重要影响。同时，它丰富了"教育公平"的内涵，有选择的平等应包括"平等"与"自由"两个维度，"平等"针对于群体而言，"自由"针对于个体而言，从而体现了尊重个体差异前提下的多元尺度的公平。

　　"自由选择"的教育公平理念对学校和教室内部的公平也给予了很大关注。这种教育公平理念提出，统一的课程并不能使所有的学生从中获益，虽然统一的课程体系和标准促进了批量生产，却限制了学生的个性发展，以教育制度的强制性取代了学生的自主权利和个性需求。尽管公立学校制度的强制性保障了大多数人的受教育机会，大大推动了教育公平的实践进程，但是随着社会的发展，强制性的公立学校制度又因牺牲个体自由来换取教育平等而受到批评。因为，每个学生都应该可以选择适合自己的

---

① Doxey A. Wilkerson. *Compensatory Education* [M]. Freedomways, 1968. 340-346.

课程。然而，20世纪60年代通过增加联邦拨款的补偿政策，并没有取得预期的效果，对课程的自由选择也没有实现教育结果的平等，反而使学生的学业成绩持续下降，不同群体的学生之间的成绩差距日趋增大。这就如美国斯坦福大学教授秦亚克指出的："除了那些生动而通俗的报导外，20世纪60年代还产生了许多像《科尔曼报告》和《公立学校里的种族隔离》这样的冷静而细致的研究……这些研究揭示出，尽管人们在补偿教育方面作了一些努力，但是穷人和受压迫的少数民族群体的孩子的学习成绩在每一个学校教育年度都趋向于进一步的落后。"①

　　总之，这一时期基础教育的公平理念过分地强调教育与外部社会系统之间的关系，以及教育公平研究的宏观取向，而忽视了对教育体系内部机制的考察，即教育公平研究的微观取向。这种情况引发了20世纪80年代以后学者对学校和教室等微观层面不公平的思考。

---

　　①　[美] 戴维·B. 秦亚克：《一种最佳体制：美国城市教育史》，上海人民出版社2010年版，第301页。

第 四 章

突出教育优质和公正时期的
基础教育公平理念与政策

20 世纪 80 年代的《国家处在危急之中——教育改革势在必行》，引起了美国 80 年代以后的一系列基础教育改革，导致了基础教育公平的理念和政策对优异的追求。这一时期，基础教育公平的内涵中突显了优质和公正的内容，即为每个儿童提供高质量的教育。基础教育公平政策强调基于多样化和多元化的教育选择，并且显示出政策的逐步完善。而基础教育公平理念逐渐转移到对学校和教室层面的微观研究，使得对基础教育公平的研究日益深化。

第一节 社会和教育背景

20 世纪 80 年代，国际和国内的局势都发生了变化，美国经济发展进入低谷，联邦政府采取一系列应对措施复兴经济，对经济政策进行调整。美国基础教育面临着新一轮的全面改革，美国基础教育公平进入了一个新的时期。

一 经济危机的加深

美国在经历了持续的高速增长后，到了 20 世纪 70 年代出现了周期性的不景气，20 世纪 70 年代末美国爆发了二战后第七次经济危机，进入 20 世纪 80 年代以后经济危机进一步加深，滞胀局面直没有改变，第二次石油危机又加重了滞胀，生产大幅度下降，曾一度出现两位数的通货膨胀，失业率也超过 10%，消费物价增幅却从 1973 年的 6.2% 猛涨到 1975 年的 9.1%。① 20 世纪 80 年代到 90 年代初，美国的负债逐年增加。到 1992 年，美国的债务负担超过 11 万亿美元，其中政府负债高达 4 万多亿美元。每年的政府财政都是入不敷出，最多的时候，一年的财政赤字将近 3000 亿美元。经济萎靡给美国社会带来一连串的影响，也给教育带来了危机，例如，毕业生过剩、就业困难、教育质量下降等。

20 世纪 90 年代初，东欧剧变和苏联解体使世界的两极格局正式结束，国际格局开始向多极化发展。随着联邦德国和日本等国经济的迅速崛起，以及中国等第三世界国家经济的发展，美国经济在世界经济中的比重逐渐下降，美国的 GDP 由战后占世界 GDP 的 50% 左右，下降到 20 世纪末只占世界 GDP 的 30% 左右。1990 年 9 月，美国工业生产指数连续 6 个月下降，到 1991 年 3 月降到最低点 105.0。美国国民生产总值从 1990 年第 4 季度后开始下降，一直下降到 1991 年的第二季度。美国制造业和商业的销售额自 1990 年 9 月开始下降，一直持续到 1991 年 3 月。同时美国工人失业人数增加，失业率上升。1991 年 6 月，美国失业率由上年同期的 5.4% 上升为 7.0%。② 到 20 世纪 90 年代中期，美国经济开始复苏，从 1996 年始经济稳定增长。直到 20 世纪末，美国经济大体保持快速平稳增长，其中 1998 年经济增幅最高，失业率更是创下 1969 年以来的最低记录 4.1%，财政保持盈余，达到 1240 亿美元。③ 为了减轻经济危机带来的损失，在经济和科技上赶超德国和日本，保持其在世界上的霸主地位，美国联邦政府对基础教育政策迅速作出调整。

二　联邦政府的政策调整

在这一背景下，1980 年总统选举中，共和党候选人罗纳德·里根（Ronald W. Reagan）击败卡特，当选为美国新一任总统。为了摆脱"滞胀"，里根以货币学派和供应学派的理论为主要依据，对凯恩斯主义进行了一次革命，提出了"经济复兴计划"。其主要内容包括四个方面：一是

---

① 刘传炎：《从美国战后第六次经济危机看国家干预经济的作用》，《吉林大学学报》（社会科学版）1980 年第 6 期。

② 周茂荣：《简论 1990—1991 年美国经济危机》，《武汉大学学报》（社会科学版）1992 年第 6 期。

③ ［美］美国劳工局：《宏观经济透视》，转引自刘洪仓《20 世纪 90 年代美国经济低通货膨胀高速增长现象探析》，硕士学位论文，河北大学，2001 年。

大幅度减税。国会于 1981 年 8 月批准五年内减税 7500 亿美元的法案，这是美国历史上一次最大的减税。二是削减联邦政府开支，逐步减少赤字。里根要求国会削减福利等开支 435 亿美元，国会满足了里根的大部分要求，削减社会和文化教育事业计划 352 亿美元。三是减少政府对经济的干预，取消或修改不利于工商企业发展的联邦政府限制性规章条例。四是严格控制货币供应量的增长速度。里根总统相继推行了一系列的经济改革政策，使美国经济再度出现了繁荣的景象。但里根政府采取减少税收和大幅增加军费开支等政策，对联邦财政预算造成了相当大的压力。削减税收和国防开支的增加意味着政府内部的开支所剩无几。因为减少甚至完全摒弃了联邦预算中的一些社会扶持项目，加之财政状况的恶化，里根政府为了转嫁危机而对教育政策进行调整。

影响这一时期教育公平政策的另一个因素是，1990—1991 年海湾战争成为了管理部门的主要事务。当战争从公众的视线中退去，经济衰退继而引发了经济萧条，公众的视线又转向了国内问题，教育改革再次成为解决国内矛盾和推动社会进步的焦点，仍是国家日常生活中的重要事务。

美国公众希望，联邦政府制定国家标准，并且州和地方政府都应当遵循，在推进教育公平方面做出更大的努力。例如，1987 年盖洛普（Gallup）调查显示，84% 的美国人认为联邦政府应该要求州和地方教育政府遵循最低的国家标准。[①]

三　教育环境的变化

20 世纪 80 年代的教育环境也是混乱的一部分，里根在经济复兴上的胜利预示着过去二十年中对穷人和少数族裔群体平等教育机会的关注将发生较大的转变。《国家处在危急之中——教育改革势在必行》报告所引起的一系列改革，导致了基础教育政策对优异的追求，教育公平中便加入了优异的内容，即每个儿童都应达到优异的水平。里根政府代表右翼势力而推行"新保守主义"，宣扬建国时期体现在宪法中的传统的自由主义。它主张，国家权力的任何扩大都意味着对个人权力的侵犯，反对联邦政府干涉教育事务，甚至一度计划撤消于 1979 年刚刚升格的联邦教育部。在里

---

① Jennifer Hochschild and Bridget Scott. "Trends：Governance and Reform of Public Education in the U. S. " ［J］. *Public Opinion Quarterly*, 1998. Spring：79 – 120.

根的两个任期内，联邦政府并未对教育改革提供全面的方案。对教育事务不干预的直接后果是联邦政府对教育的资助大量减少。

从 20 世纪 80 年代起，美国迈入知识经济时代，低质量的中小学教育令举国上下感到"国家处在危急之中"。但经过老布什（George H. W. Bush）和克林顿（Bill. Cliton）两位总统重视教育的执政路线，以及两次"全国教育高峰会议"中各州长和企业界领导对教育改革的支持，民主党和共和党两党在教育问题上的辩论从以往的联邦政府是否应在教育事务上发挥作用转向如何发挥这种作用。最终，在教育改革的问题上两党达成了两条指导原则：一是由联邦政府领导和推动教育改革，二是通过制订教育标准、测验、择校、责任制及继续提供资助等措施提高学生的学业成绩。

里根在当选总统之前就已明确表示，公立教育不在政府加大扶持力度的对象之列，但这并不意味着他没有自己的教育政策。在 1980 年的竞选中，他曾提出过三项教育改革建议①：一是取消联邦教育部（卡特于 1979 年设立）；二是向私立学校学生的家长实行教育退税（tax credits for the tuition）；三是恢复祷告在公立学校的重要地位。作为他建立放手型政府的国内计划的一部分，里根还力图削减联邦教育经费。里根出任总统之后，就着手对教育财政政策进行调整，1981 年联邦对教育的资助减少了 18 亿美元，下降了 12%，停止了 20 项立法专项资金，削减了 44 项资助计划。1982 年，里根政府更是大量削减教育经费，提出要削弱联邦援助在教育中的作用，基础教育方面的关于补偿政策的基本项目全部被削减了三分之一到二分之一。"国家优异委员会向人们宣布'国家处于危急之中'后 8 年里，我们并没有改变教育的局势。我们的教育的所有发展大势几乎都平淡无奇。"② 里根政府的教育政策遭到了美国公众的强烈批评，20 世纪 80 年代的教育危机说更是给里根政府以强大的压力。

老布什在 1988 年总统竞选中获胜，出任新一届美国总统，他当政期间，世界形势发生了很大变化。东西由对抗转向对话，和平与发展成为世界的主题。国与国之间的经济竞争日趋激烈，欧共体及日本的经济迅速发

---

① ［美］韦恩·厄本、［美］杰宁斯·瓦格纳：《美国教育：一部历史档案》，中国人民大学出版社 2008 年版，第 474 页。

② 吕达、周满生：《当代外国教育改革著名文献》（第三卷），人民教育出版社 2004 年版，第 210 页。

展，而美国的经济却处于衰退之中。世界范围内科学与技术的发展使教育的地位日趋重要。在这样的大背景下，布什政府从竞选那一刻起就对科技和教育给予了充分重视，并将其作为一个很重要的筹码。因此，布什政府当政时期教育得到进一步加强。老布什成了"教育总统"，他抛弃了里根建议削弱教育部的做法，号召运用联邦的影响推进学校发展。1989 年 9 月下旬，在弗吉尼亚州立大学老布什总统召集各州州长召开了规格空前的教育峰会，试图通过立法建立国家教育目标，以及基于国家标准和评价的教育政策体制，并出台了《美国 2000 年的教育战略》。但是，也应当看到，老布什政府的教育政策与其前任并无多大区别，基本延续了里根的教育政策。

克林顿执政时期，美国经历了历史上和平时期持续时间最长的一轮经济发展。1992 年民主党候选人克林顿在大选中获胜，但 2 年之后共和党在国会大选中胜出。这就意味着，克林顿要面对一个由反对党、特别是该党中的保守派操纵的国会两院。这使得这位民主党总统想要做任何关乎教育改革方向的事情都会遇到强大的阻力。因此，联邦政府想要恢复在教育及其他国内事务上的主导作用已经不太可能了。2000 年 11 月的大选之后，在克林顿离开白宫时，《美国 2000 年的教育战略》中提出的那些具体的教育目标，例如 90% 的中学毕业率等还未实现。

第二节　以学校和教室层面的公平为主导的基础教育公平理念

20 世纪 80 年代以来，美国对于基础教育公平理念的研究更加深化，并凸显出一些新的趋势，融合教育公平与教育质量，强调两者兼顾，并把更多的注意力转移到学校教育内部的公平上，重新关注民族、种族的身份特征，超越了社会或地区层面的教育机会均等的宏观研究，更深入到学校和教室层面的课程与教学以及教师质量，更加关注学生在获得成功机会的可能性上的不平等。对学校和教室层面教育机会公平的研究，进一步解释了学生个人学习机会的不平等是如何引起学业成就方面的重大差异及教育结果不平等发生的过程，同时揭示了仅仅研究社会中的权利、经济的不平等以及家庭、邻里和学校特征层面的影响是不够的。

一　范迪尼：融入公平的卓越教育

20 世纪 80 年代，在世界范围内出现教育重建运动。里根政府在向国会提交的《卓越教育报告书》（*Excellence in Education*）中提出了"优质教育"这一概念，并提出了教育"三 E"理念——即追求卓越（excellence）、提升效率（efficiency）、重视公平（equity），优质教育的核心内容是重视教育质量，兼顾教育公平，体现了当时世界教育发展的趋势。正是在这样的背景下，美国教育家、马萨诸塞州立大学阿姆赫斯特分校教育学院院长范迪尼（Mario D. Fantini）教授对 20 世纪 80 年代美国基础教育改革趋势与教育论争进行了深入的分析，并在此基础上提出了"卓越教育方程式"，主张新时期的美国教育结构应打破教育质量与教育公平相分离的状态，进而实现二者的兼顾。

（一）卓越教育的内涵

所谓"卓越教育方程式"，是范迪尼将五个概念作为卓越教育的基本要素，"卓越教育"的概念内涵为：卓越教育＝质量＋公平＋效果＋效率＋参与。[①] 他阐述了学校制度的结构性改革和课程改革的方案，试图给予每一个学习者以高质量的教育。

具体来说，"卓越教育"的内涵为[②]：

1. "质量"的概念。指学习者各方面能力的发展和才华的充分发挥。传统的"质量"的概念是受学习者的性质、课程的性质、教职员的性质等概念所制约的。但是，所谓"质量"应当是有关"教育成果"的，即"质量"的高低只有在所有的学习者达到了一定的能力（基准）时才能求得最佳的实现。

2. "公平"的概念。为免于精英主义，仅有机会均等是不充分的。真正的公平不是"排斥"而是"包容"，即不是只关注少数学生，而是关注学生均有同等的学习权，即学校负有保障其达到设定目标的义务。

3. "效果"的概念。这是旨在提高公共教育生产率的技术、步骤、方法相关的要素。开发个别化教学方法，使教师的教学适合学生多样的学习风格（方式），以达到人人都有效地学习的目的。

---

① 翁文艳：《教育公平与学校选择制度》，北京师范大学出版社 2003 年版，第 9 页。
② 同上。

4."效率"的概念。由于教育资源是有限的,因此,需要采用最经济的方法,即以最小的投入求得最大的产出。从这个观点出发,探讨缩小班级规模、扩充授课时数、采用电脑辅助教学、个别辅导等方法。

5."参与"的概念。指社区、家长参与学校教育的经营管理。

总之,范迪尼的"卓越教育"的概念,涵盖了平等的教育权、教育结果平等、多样化的平等的内容,囊括了教育质量与教育公平两个方面,体现了一种新的教育公平理念,反映了20世纪八九十年代基础教育发展的基本走向。

(二) 基于课程的教育结构改革

为了实现"卓越教育"的目标,范迪尼认为,应该对学校教育制度进行结构性地变革。他批评20世纪初的教育结构造成了教育公平与教育质量之间的分离,既没有反映时代的需要,也没有反映学习过程,而作为课程主要传授者的教师是这个教育结构的中心。原有教学模式的心理学基础是基于学生智力表现即智商,或者依据成就测试等方式对学生进行分类。这种教学模式和教育结果无法使现代教育走向卓越,也无法实现提高教育质量和教育公平的目标。

在范迪尼看来,当人类社会进入后工业时代,社会机构不断增加且日趋多样性,学校也应面临现实的挑战,通过改革完善传统的公立学校结构,新的教育结构要解决现行结构中教育公平与教育质量分离的状况,卓越的教育意味着对教育质量和教育公平的兼顾。因此,从民主主义出发,他主张实施学校选择政策。在文化多样性和社会多元化的美国,固化而单一的教学模式无法适应时代的需求,在自由开放的社会,不能简单地将唯一的教育计划或教育观强加给个人或一定的集团。扩大教育选择,强调的是预防而不是治疗,使人们为其生活和学习承担起比以往更直接的责任。

范迪尼对教育的结构改革提出很多设想,包括短期的改革和长期的改革,在短期改革中突出了课程和教学的改革,在长期改革中强调了整个教育环境的改变。短期的改革主要建立在20世纪80年代一系列关于公立教育的报告之上,联邦政府的注意力开始集中于学校改革的需要,其中许多报告建议在课程领域进行改革。据此,范迪尼主张,通过制定教育标准,使所有人都能具备较高的基础能力,以将教育质量和教育公平结合起来。他强调复兴传统核心课程,加强数学和科学等科目的教育,培养"传统的基础能力",借助个别化教学计划使每个人都掌握语文、数学、理科、社会科学等的基础技能，使所有学生最大限度地达到"基础能力水准"。其中，特别强调所有的学习者都应具备阅读能力，因为电信网络的出现，人们可以通过电子手段便捷地获取知识和信息，所以阅读不再是唯一的获得信息的手段，这将导致学习者阅读能力的降低。与此同时，既然电脑成为获取信息的主要工具，就应当扩大基础读写能力的定义，将使用电子媒介包括进来，这将更有效、更高效地改变世界。关注计算机能力的培养，以形成适应信息社会的"新的基本素养"，诸如科学技术的素养。

范迪尼还认为，从长远发展来看，课程强调能力本身，是每一个学习者的充分发展，因而教育改革又不能只是简单地改变科目或课程的学习。随着教师角色的减弱，课程的概念扩展至一系列学习环境，通过社区增加教育专业化的重要性，能够确保对每一个人积极的教育价值，能够保护每一个学习者的利益。[①] 在他看来，课程的改革寻求整体学习环境的转变，所有具有教育功能的机构，各种学习环境，或者所有课程，共同组成一个广泛的学习系统，建设性地连接学校和社区，促进学校和非学校机构的连接。学校和学习者或家长开始分享教育责任和教育控制，从而形成教学共同体或学习共同体。在这个过程中，学校将扮演协调者的角色，使得所有环境的运用和课程之间的协调作用，有助于每一个学习者的全面发展。在不同学习环境的整合过程中，学校和教育者将起到中心和根本的作用，在多样性的环境中，需要更多的计划确保所有社区的课程最大化，以便对每个学习者产生积极的影响。学校最大可能地为每一个学习者提供卓越的教育，从而涵盖教育质量和教育平等的意义。

范迪尼将教育公平理念融入现代教育改革的体系，与其他教育基本理念构成共同系统，在与各种基本理念的相互协调平衡发展中，寻求实现的可能性。他指出基础教育公平的意义所在："当我们展望未来时，就会追问什么知识是最有价值的，而只有当我们关注公正、公平和和谐概念，以及推进人类进步和给人类带来最大发展的所有方式，才是真正值得我们关注的。"[②] 应该说，范迪尼把公平纳入"卓越教育"思想体系，并将其作为基本理念和基本要素进行理解，体现了现代美国基础教育公平政策的

---

① 　Mario D. Fantini. *Adapting to Diversit Future Trends in Curriculum* ［J］. NASSP Bulletin. 1985（69）：16.

② 　Ibid.：22.

方向。

二　科恩：学校和教室内部的教育公平

美国教育家科恩（E. G. Cohen）的基础教育公平理念主要将注意力集中于学校内部和教室内部。他认为，学校内部的语言隔离和能力分组，以及教室内的社会机制造成了教育的不公平。

（一）学校内部不平等的因素

科恩认为，造成教育机会不平等的学校内部因素主要包括高度贫困的学校（尤其在城市里）、语言上的隔离、能力分组低的班级中的课程差异、班级构成中缺乏学业资源。

在美国，问题最大的学校是那些位于最贫困地区的学校，有的在偏远的农村地区，有的在城市中心的贫困区。这些地区居住的大多为少数民族和低收入人群，他们的孩子集中在高度贫困的学校。种族和民族隔离以及建立在阶级以及家庭和社区的教育背景基础上的隔离，导致了这些学校与中产阶级学生及成功的学校之间的隔离日益加深，并且这些被隔离的学校在经济上也是被隔离的。科恩指出，贫困学校除了学生教育特征上的差异之外，还在组织层面上存在着重大的差异。这些学校不得不将更多的时间和资源投入到那些家中没有教育资料以及许许多多教育基础准备差的学生身上。同时，这些学校往往只能吸引到较少合格的教师，而且这些教师留在职位的时间也比较短。

在科恩看来，这些学校的学生成绩和能力都很低，大部分不能达到基本的标准，并且学校缺乏高能力要求的课程和教学，例如，数学和科学等课程的质量很低。这些学校内部的特殊不利因素，明显会影响学生成功的机会。教师准备上的差异、物质设备的显著不同、教师的时间和注意力分配上的差异，以及学校人口的总体构成导致的结构性影响都造成了学校内部的不平等。

学校内部不平等的另一个影响因素就是语言上的隔离。科恩指出，许多学生入学时都不能说或听懂用作教学语言的英语，因此，他们无法领会科学课、数学课以及社会研究课的内容，从而导致了教育上不利的结果。虽然通常将这个问题看成个别学生自身的不足，但大部分英语学习者来自社会经济地位低下的处境不利和少数民族的家庭。英语学习者的问题更多地集中在这些学生聚集的学校，他们缺乏熟练掌握英语的同伴，缺乏适合充当语言学习的榜样，这也构成了一种学习英语的背景性障碍。所以，他们的学业科目成绩落后。总之，语言上的种族隔离和社会经济上的种族隔离的联合，导致了学校科目教学质量和数量上的显著下降和减少，这个因素影响到班级中的每一个学生。

科恩还提出，学校内部的不平等有学校里能力分组或分流方面的原因。因为教育社会学家已经强有力地证明，与混合编班背景下的同学相比，在低能力组班级的学生学习表现要差些。不同能力分组之间在课程和教学方面存在着很大的差异。科恩引用美国社会学家加莫兰（A. Gamoran）的论证，在学校分层和学业成绩之间的主要联系环节是分层教室里的不同教学的环境变量。分组本身并没有制造成绩，而是教学制造了成绩。一旦学生被编排在不同的能力组，他们就会经历不同的课程和不同质量的教学。[①] 因此，他认为，分组教学也造成了教室内的不平等。

（二）教室里的社会机制与教育不平等

科恩提到，外部社会中的不平等会对教室里的教育机会产生间接影响，教室里强大的社会机制是社会分层影响学业的中介。因此，外部社会的分层通过社会中的社会机制影响到教室里的教育机会不平等。

首先，教室里的作业—评价实践通过一个社会比较的过程帮助建立起了不平等。学生通过在完成作业时相互比较以及听教师的公开评价而形成有关自己能力的观念，标准化作业鼓励了社会比较过程，学生从中对自己完成作业的表现作出评价。打分和划分等级具有同样的效果，都给了学生确定其在学业能力与成绩方面地位的客观依据，而这种社会比较的结果就是在班上按照每位同学的相对"聪明"程度排出了教室里学生一致同意的次序。

其次，作业—评价结构导致产生教室里的学业和同伴地位的等级秩序。这种地位特征对于学生在活动小组中的行为有很强的影响，等级秩序一旦形成，就会成为教室里不平等的重要根源。人们对于那些等级地位高的人会有较高的能力期望；相应地，对等级地位低的人能力期望就低。这些不同的期望也就成了学生自我实现方面的预言，导致了等级地位高和地

---

① A. Gamoran. "Measuring Curriculum Differentiation." ［J］. *American Journal of Education*, 1989（97）：29－43.

位低的学生之间在努力、参与以及表现上的差别。在地位普遍化的过程
中，依附在地位特征上的能力期望被激发出来，并形成在新的集体任务上
的能力期望的基础。这样一来，教室里地位机制的社会结构就通过地位普
遍化的过程影响到学生的个体行为。

三　达林－哈蒙德：教师、教学和课程质量与教育公平

美国教育教学专家、教育政策分析家琳达·达林－哈蒙德（Linda
Darling-Hammond，1951—　）是这一时期基础教育公平理念的主要代表
人物之一。她现为斯坦福大学教育学教授，曾任哥伦比亚大学师范学院全
国教育、学校和教学改革研究中心副主任。除教师教育、教学质量、学校
改革等研究领域外，达林－哈蒙德还对教育公平问题进行了深入的研究。
她研究了不同群体学生的学习成绩差距产生的原因，指出"少数民族学
生学业成绩低的关键因素是他们不能平等地获得教育资源，尤其是富有技
能的教师和平等的课程，而远非阶级或种族本身的原因"[1]。在她看来，
美国教育存在着严重的教育机会不平等，这表现在少数民族学生和低收入
家庭学生不能平等地获得教育资源，即不能获得高质量的教师、教学和课
程，进而不能获得高质量教育的机会。达林－哈蒙德主张改善这种教育机
会不平等的状况，指出"要想改变少数民族学生和低收入家庭学生的学
术成绩，就必须改变他们面对的学习机会的质量和数量"[2]。

（一）教师质量与机会公平

美国白人学生和富裕家庭的子女获得高质量教师的可能性较大，而具
有良好教学实践和良好训练的教师则很少提供给少数民族和城市的儿童。
贫困的学校和以少数民族学生为主的学校，拥有完全合格或高学历的教师
的可能性比较小。例如，少数民族学生所占比例最高的学校，拥有有资历
的数学或科学教师的可能性不到50%。[3]

对此，达林－哈蒙德认为，教师质量的不同，直接造成了白人学生和

---

[1]　Linda Darling-Hammond. *Unequal Opportunity*：*Race and Education* ［J］. The Brookings Review，Spring 1998.（16）：31.

[2]　Linda Darling-Hammond. *The Flat Earth and Education*：*How America's Commitment to Equity Will Determine Our Future* ［J］. Educational Researcher. 2007（36）：329.

[3]　Linda Darling-Hammond. *Unequal Opportunity*：*Race and Education* ［J］. The Brookings Review. 1998（16）：31.

黑人学生成绩的差异。"少数民族和贫困学生由质量最低的教师教授，这导致了低收入家庭和少数民族学生学校教育的失败和有效处理教师提供和教师质量提高的失败。"① 如果平等地分配有资历的教师，黑人学生的成绩与白人学生成绩的差距会逐渐缩小。教师的专业准备会对儿童的学习产生很大的影响，其中，教师的执业资格、硕士学位、教学经验都是影响学生成绩的重要因素。少数民族学生和低收入家庭学生的教师在受教育程度、资格认证和专业训练方面的程度都比较低，这些学生和白人学生在成绩上的差距大部分是由教师质量所致，而不是贫富状况、种族差异、家长的受教育程度的不同引起的。在小学连续三个年份成绩测验中，被分配低质量教师的学生，与被分配高质量教师的学生相比，分数连续低50%还要多，而少数民族学生中约有一半被分配低质量的教师，这个数量相当于白人学生的两倍。② 因为，没有进行充分的专业准备的教师，很少会考虑到学生不同的需要，并据此制订不同的计划和作出适当的改变；而且，在具体的教学中也缺乏技能，不能及时地预计学生的知识水平和学习过程中可能会遇到的困难；如果教学不能成功地达到预期的目的，便会认定为学生的问题而责备学生。

导致教师分配不平等最主要的因素就是教育政策和教师质量，达林 - 哈蒙德认为，教育政策薄弱和教师资源匮乏是影响教师资源分配不均的关键因素，少数民族学生和低收入家庭的学生占多数的学校，没有足够的高质量的教师，具有最差准备和最少经验的教师被分配给最需要高质量教师的学生，弱势群体的学生的成绩就会越来越差，进而影响其他学校内稀缺资源的获得。教育政策薄弱具体涉及联邦政府资助政策和教师分配政策，以及州政府的教师教育政策和教师雇佣政策，达林 - 哈蒙德指出："少数民族和低收入家庭的城市学生，只能分配到准备不足、缺乏经验、和低质量的教师，这是因为政府资助不公平，当地政府的分配政策不当和雇佣实际不正常等原因共同造成了教师缺乏。"③

---

① Linda Darling-Hammond. *New Standards and Old Inequalities*：*School Reform and the Education of African American Students* ［J］. The Journal of Negro Education. 2000（69）：272.

② Linda Darling-Hammond. *Unequal Opportunity*：*Race and Education* ［J］. The Brookings Review. 1998（16）：30.

③ Linda Darling-Hammond. *New Standards and Old Inequalities*：*School Reform and the Education of African American Students* ［J］. The Journal of Negro Education. 2000（69）：272.

美国教学与未来委员会发现，在美国很多被聘用的新教师并没有达到资格标准，其中25%的新教师被分配去低收入家庭的学生和少数民族学生居多的学校，而具有合格资历的新教师则被有钱的学校所雇用。对于这种情况，达林－哈蒙德提出了尖锐的批评。在她看来，如果通过支持雇用专业准备不足的教师，来解决贫困地区教师缺乏的状况，只能进一步加剧低收入家庭和少数民族学生的教育不公平的问题。联邦和州的政策制定者却希望通过降低教师的资格认证标准，来弥补教师的短缺，使想从事这一职业的人以极少的教学准备或不做教学准备就可以进入教师岗位，其结果是区域间的师资力量更趋向两极分化，学生的教育机会不公平现象日益加剧。

达林－哈蒙德认为，进行教育政策的改革，才是实现机会平等的希望。联邦政府在国家范围内制定政策，创造条件打破这种恶性循环，提供做好准备的、高质量的教师，使这些教师能够接受在低收入学校工作的挑战。联邦政府在加强教师教育和教师分配方面应该起到领导角色，为美国学校特别是大部分的城市学校提供充足的、高质量的教师。相应提高教师资格许可的标准，针对需求高的新教师（包括短缺的领域的教师、高需求的教师和少数民族教师），制定津贴、奖金和可宽限的贷款等政策，针对所有新教师，设计指导和评价规划，为教师专业发展投资，对薄弱地区给予特别援助。州政府也应该制定相关政策，支持教师教育的发展和教师待遇的提高；聘用具有资格的新教师，尤其是在薄弱领域和薄弱地区，通过奖金和贷款等方式，吸引更多的优秀高校毕业生进入教师职业；加强和提高教师准备，促进教师专业发展，进行学校教育和资格认证改革；制定教师的激励机制，为教师教育和高质量教师提供津贴，减少教师流失和提高教师质量；提供实际训练和针对性的指导，包括资助实习生计划，使其接受有系统的辅导和指导。

达林－哈蒙德还提出，现在美国实行的教学实习模式是一种促进教育机会公平的有效措施，它可以帮助薄弱学校获得更多高质量的教师，实现高质量教师更合理的分配。这一模式主要招收对在城市长期从事教师职业感兴趣的大学毕业生，提供一年的带薪培训，培训在熟练教师的指导下进行。他们可以观察和学习专家型教师怎样在教室中教学，实习结束颁发证书和硕士学位。教学实习与实际经验相结合，新教师在实践中观摩专家型教师，并且得到现场指导和练习机会，通过观摩有效的教学方式学习如何教学。这些教师再到低收入家庭和少数民族学生为主的学校继续接受两年的培训，配备高效的、有经验的教师进行指导。

教师专业准备的程度不同导致了教师资格和教师专业技能的不同，这是影响学生学习能力和教育结果的一个重要原因，因此，达林－哈蒙德的基础教育公平理念的核心就是加强教师教育，培养更多合格的教师。因为，教师是高质量教学与挑战性课程的根本，是实现学校和教室层面教育机会公平的起点。

（二）教学质量与机会公平

达林－哈蒙德之所以强调平均分配有资历和高质量的教师，是因为教师的专业技能与教学质量是直接相关的。对于学生成绩与学生获得高质量教学机会之间的关系，她指出："黑人学生和白人学生在学业成绩上的差异，实质上是由于学校机会的不同而造成的，尤其是高质量的教师和教学的不一致。"①

达林－哈蒙德提出，对能力相当的非洲裔学生与白人学生进行同样的教学，结果是他们得到一样良好的成绩，然而，非洲裔学生平均接受的教学质量远远低于白人学生，所以就会在整体成绩上产生种族的差异。事实上，能力最高的组是低收入家庭的非洲裔学生，但他们的教师不能为这一群有才能的学生，提供高质量的教学，因而他们所学的内容相对较少，学习成绩也相对较低。由此可见，入学分数和种族背景相似的学生，由于教学质量的不同，就会造成教育结果的差异。非洲裔学生和白人学生相比，由于他们接受的教学质量比白人学生要低得多，总体成绩远远低于白人学生。也就是说，在获得高质量教学方面的不平等，造成了学习成绩上的种族差距。

在达林－哈蒙德看来，城市学校与郊区学校教学质量的差别主要体现在教学模式上。城市学校的教学更多地关注死记硬背的基本技能，而不是问题的解决，考试或作业更多地要求快速写作。而郊区学校的教学更多地关注较高水平的技能，如问题的解决等，在它们的教学中，运用练习册进行引导，使基本读物和与基本技能测验相协调，找出学习中存在的不足；同时，运用具有挑战的新标准，对学生的表现进行评价。所以，达林－哈

---

① Linda Darling-Hammond. *New Standards and Old Inequalities：School Reform and the Education of African American Students* ［J］. The Journal of Negro Education. 2000（69）：271.

蒙德认为，城市学校内的少数民族和低收入家庭的学生要想得到高质量的教学，首先要改变城市学校落后的教学模式。未来的学校教学必然要作出相应的调整，这种调整的核心是要求教师不仅仅完成课程任务或照本宣科，还要更为全面、深入地参与到学校教学的建设中，加强少数民族和低收入家庭学生为主的学校的教学改革，提高美国学校整体的教学水平。

达林－哈蒙德还认为，美国教学方面不平等的另一个突出问题就是分组教学的实行，虽然分组教学涉及很多方面的问题，如教师分配的不平等、课程设置不平等，但最重要的还是教学不平等，分组教学加剧了获取知识的不平等。她强调指出："分组教学体系通过在学校内分离许多少数民族学生而加剧了教育不平等，在教室层面分配给他们较少的教育机会。"[1] 在她看来，少数民族和低收入家庭的学生往往被分入低能力组，大部分教学仅限于记忆技能、低认知水平要求和应试的学习任务，使他们很少有机会讨论他们所想，读真正的书，研究和写作，建构和解决问题。在低能力组的班级中，很少进行以激发动机为目的的教学，教学方式以经验教学为主，教学主要面向多项选择的考试，教学任务以低认知水平的技能为主，这些任务与学生需要学习的技能严重分离。

因为在低能力组的教学中，很少关注更高要求的认知目的，教学过程中对更高的推理和解决问题能力的要求较少，学生只能接受有限的、死记硬背为主的教学，学生与教师或同学之间讨论的机会很少。与背景相似但被分到学术组或没有分组的学生相比，分到低能力组的学生成绩明显偏低。达林－哈蒙德指出，越来越多的研究结果表明，分组教学没有实质性提高学生的学业成绩，反而由于不利因素的影响而降低了学生的学业成绩。达林－哈蒙德批评当前的美国学校提供给大部分非洲裔学生的是较低能力要求的、以死记硬背为主的信息记忆式的教学。因为在高能力分组的班级中普遍运用"探究式"教学，更强调问题解决和原理的理解，所以，分组教学实际上也造成了教室内的不平等。

因此，达林－哈蒙德强调指出，高质量的教学应该不再是面向少数精英学生，而是面向所有的学生。教学不仅需要教师具备熟练而又多样的教学技能，还需要针对每一位学生进行有效教学。有效的教学要培养每一位

---

① Linda Darling-Hammond. *The Flat Earth and Education：How America's Commitment to Equity Will Determine Our Future* ［J］. Educational Researcher. 2007 （36）：321.

学生更高要求的思维过程，包括假设的能力、预见的能力、评价的能力、综合的能力和综合思维的能力。

（三）课程质量与机会公平

达林－哈蒙德认为，教师和教学的质量最终影响课程质量，高质量教师的分配不均，也加深了获得高质量课程的机会不平等，而所学课程和课程质量直接关系到学生的学业成绩。她指出："获得高水平和挑战性课程的不平等，实质上是少数民族学生和白人学生学业成绩不同的另一个因素。"①

在达林－哈蒙德看来，当前美国学校教育的情况，少数民族学生和低收入家庭的学生所接受的课程内容和课程材料的质量水平都较低。在综合中学，大多数少数民族学生，接受的多为低资质的教师和低质量的课程。② 她指出："所接受的课程与学业成绩有密切的关系，而在不同的民族和民族群体的学生中，课程参与出现了区域性的不同，如数学、科学和外语等学科。"但是，进入郊区学校的非洲裔学生如果与白人学生和高收入家庭学生有着相似的初始成绩，并且同样拥有更多的机会接受挑战性课程和额外的学业帮助，他们也会取得好的学习成绩和教育结果，一样会按时毕业和升入大学，最后找到稳定的工作。因此，达林－哈蒙德指出，如果不同的种族和民族的学生接受相似的课程，那么他们的成绩差距就会大大缩小。

达林－哈蒙德指出，另一种课程不平等是课程设置的种类和水平的不同。少数民族学生占多数的学校"与白人学生占多数的学校相比，少数民族学生占多数的学校很少提供先进的大学预备课程，而是提供更多的辅导课程，这成为不平等的根源之一"③。例如，在新泽西州，以富裕的白人学生为主的学校在学前教育阶段就提供外语教育，而黑人学校不仅到高中才提供而且相对很少，有的贫困学生学校根本没有提供。④ 尽管少数民

---

① Linda Darling-Hammond. *The Flat Earth and Education*：*HowAmerica's Commitment to Equity Will Determine Our Future* ［J］. Educational Researcher. 2007（36）：324.

② Linda Darling-Hammond. *Unequal Opportunity*：*Race and Education* ［J］. The Brookings Review. 1998（16）：32.

③ Linda Darling-Hammond. *The Flat Earth and Education*：*How America's Commitment to Equity Will Determine Our Futur* ［J］. Educational Researcher. 2007（36）：324.

④ Linda Darling-Hammond. *New Standards and Old Inequalities*：*School Reform and the Education of African American Students* ［J］. The Journal of Negro Education. 2000（69）：273.

族学校和低收入学校也提供了一些大学预备课程，但只提供了一小部分。在高中阶段，少数民族和低收入家庭学生在学术教育领域的成绩偏低，而在职业教育领域的成绩偏高。其原因是他们在学术教育领域的相关课程（如英语、数学、科学）不足，而高质量教师的缺乏，进一步加剧了在获得高质量课程上的不平等。

达林－哈蒙德还指出，美国学校内开设的英才课程，对于少数民族和低收入家庭学生也存在很大的不平等性。因为英才课程仅为 20% 的学生提供，很少提供给非洲裔学生和少数民族学生，从而造成了在获得知识和资源上的不平等。尽管在"天赋和天才"计划中，从小学阶段到中学都贯穿了优质课程，配备技能最高的教师，提供丰富而富有挑战性的课程，但是，只有极少数学生可以从中获益。达林－哈蒙德经过研究得出："非洲裔美国人、西班牙人和美洲印第安人学生一般在学术班级里（如'天赋和天才'计划和著名的先修课程）的人数都很少。然而，在特殊教育课程中的人数很多，这种课程内容很浅显。"[①] 在她看来，尽管理论上所有学生都能从"天赋和天才"计划受益，但事实上这种机会严重地受到限制，只提供给了很小比例的学生。

达林－哈蒙德批评当前美国学校的课程质量很低，尤其是大部分非洲裔学生和少数民族学生所接受课程是较低能力要求的课程，这对于现代生活的要求以及州与国家一级的教育委员会所制定的新标准来说显然是远远不够的。她建议，依据新课程标准进行课程和评估体系改革，州和学区要制定政策以及发展更丰富的课程和更有效的评价方式，以促进所有的学生以问题解决为核心的更高水平技能的发展。此外，应该发展丰富课程和绩效导向的评价，以发展更高要求的技能，进而寻求问题的解决，使新的课程标准和评估模式更适合于教学，以帮助所有的学生更有效地学习。

达林－哈蒙德考察了学校内部影响教育机会公平的因素，分析了学校教育结构性不平等对学生学业成就的影响，以及学校的不平等是如何在学校生活的微观层面发生的，特别突出了不同社会阶级、种族和民族的人在获得学习机会方面的不平等。学校内不平等因素包括教师准备上的差异、

---

　① Linda Darling-Hammond. *The Flat Earth and Education*：*How America's Commitment to Equity Will Determine Our Future*［J］. Educational Researcher. 2007，324.

物质设备的不同以及教学质量和课程质量的差异。可以说，达林－哈蒙德的教育机会公平理念形成一个三角，教育机会公平这一目标由教师、教学和课程这三个因素支撑。如图 5.1 所示：

图 5.1　教师、教学、课程与教育机会公平关系图

　　达林－哈蒙德的基础教育机会公平理念超越了科尔曼等人。她对于教育机会的理解不只限于入学机会或获得受教育权利的机会，而是将教育机会扩展至获取稀缺的教育资源的机会和获得高质量教育的机会。同时，她将教育机会平等的研究从宏观的社会层面转向微观的学校和教室层面。总之，在达林－哈蒙德看来，要想改变少数民族和低收入家庭学生的学术成绩低下的问题，就必须解决教育机会不公平的问题，其核心问题是加强教师教育，提高教师质量，确保为每所学校提供足够的、具有资历的教师，有效运用广泛的教学策略和技能，针对学生不同的需要、兴趣、态度和学习方式进行教学，提供高质量的课程。

第三节　以兼顾教育公平和教育质量为核心的基础教育公平政策

　　20 世纪 80 年代至 20 世纪末，随着联邦政府对教育事务的干预逐步增强，美国基础教育公平政策出现了新的趋向，与 20 世纪六七十年代侧重于补偿弱势群体儿童的教育政策不同，这一时期的教育公平政策兼顾教育公平和教育质量。尤其是 20 世纪 90 年代，基础教育公平政策涉及教育公平问题的许多方面，体现了美国基础教育公平政策日益全面和完善的趋势。这一时期的基础教育公平政策也为 21 世纪初的联邦教育政策制定了基本的框架。

一　《美国 2000 年教育战略》

《美国 2000 年教育战略》（*America* 2000：*An Education Strategy*）所体现的基础教育公平政策，主要在于其制定的国家教育目标，囊括了所有的家庭、学生和社区，将所有人都包括进来。它通过提高中学毕业率和全民的知识水平，实现教育公平的目标；同时通过强调核心课程和学校责任，实现教育质量与教育公平的融合。

20 世纪 80 年代以前美国以资助弱势群体为主的入学机会均等的教育公平政策，遭到了《国家处在危急之中：教育改革势在必行》报告的打击，标志着自 1965 年以来的教育公平政策模式开始走向终结，但《国家处于危急之中：教育改革势在必行》发布之后很长时间，教育公平政策并没有实质性的改变，直到乔治·布什总统上台，并于 1991 年 4 月提出了《美国 2000 年教育战略》，这个教育战略强调教育结果公平，使所有的学校办得更好，使所有的学生都取得优异的教育成就，以达到更高的全国教育目标。

（一）所有学生都应达到优异的成就

《美国 2000 年教育战略》在提高中学毕业率、加强数学与自然科学等核心科目等四个方面制定了 6 项 2000 年要达到的国家教育目标①，具体包括：

1. 所有的美国儿童都要做好学前准备。

2. 中学毕业率将至少提高到 90%。

3. 美国学生在 4、8、12 年级毕业时，应该掌握英语、数学、自然科学、历史和地理五门学科的内容。

4. 美国的每所学校要保证所有的儿童发挥其才智，为成为有责任感的公民和进一步学习，以及在我们现代经济中谋取有意义的职业而做好准备。

5. 美国学生在自然科学和数学方面的成绩居世界首位。

6. 每个成年美国人将能具备一定的文化知识和技能，并在全球

---

① *America* 2000：*An Education Strategy*. Source Book. U. S. Department of Education ［Z］. Washington D. C.，1991. 61 – 65.

经济中具有竞争力，以及行使公民的权利和义务。

这个长达 43 页的教育战略共分 32 条，其中包括确保所有入学学生（学龄儿童）应具有接受教育的能力，每一个美国人都应接受教育，改变划地区就近上学的政策，允许家长自行选择学校，公立、私立及教会学校皆可，联邦政府仍按原来的规定对学生提供资助。

为了实现这 6 项全国教育目标，《美国 2000 年教育战略》相应地提出 4 项教育战略："1. 为今日的学生，创建更负责的学校。我们必须从根本上改进现有的全部 11 万所学校——把这些学校办得更好、更为其结果负责。2. 为明日的学生，创建新型的美国学校。我们要创建满足新世纪需要的新型学校——新一代美国学校。到 1996 年至少建成 535 所这类学校，到这个十年末，建立上千所这类学校。3. 将美国变为'全民皆学之邦'。对已经离开学校进入工作的人来说，为了成功地工作和生活而学习不止。要把一个'处于危机中的国家'变为一个'全民皆学之邦'。4. 我们每个社区都要成为可以进行学习的地方。为了保证学校取得成功，我们的目光要超越学校课程，将眼光投向社区、家庭，学校绝不会比社区所承担的义务好很多。"[1]

《美国 2000 年教育战略》要求同步实施这四项教育战略，并将其形象地比喻为四列巨大火车，这列火车"非常之大，足以使每个人都能在车上找到一个位子，在平行的轨道上同时开动，开始漫长的旅行，达到优异教育成就的目标"[2]。鉴于联邦政府在教育上所起的作用，这个教育战略提出后，教育行政部门有责任进行研究与开发、评定并提供相关信息，确保机会均等，尤其重要的是引导全国做出努力，以实现六个教育目标。

（二）"全民皆学之邦"的实施策略

在创建新一代美国学校的过程中，《美国 2000 年教育战略》提出，要一个社区接一个社区地创建新一代美国学校，使所有的学生达到全国教育目标。这个教育战略还号召每个社区为创建和支持新一代美国学校做好准备，并成为"美国 2000 社区"。为了使美国所有的儿童都能获得一流

---

① *America* 2000：*An Education Strategy.* Source Book. U. S. Department of Education ［Z］. Washington D. C. ，1991. 45.

② 吕达、周满生：《当代外国教育改革著名文献》（第三卷），人民教育出版社 2004 年版，第 210 页。

的教育，这个教育战略将在每个社区、每所学校、每个家庭里实施。

《美国 2000 年教育战略》还提出了"选择权"的概念，提出选择可以开发更多的机会，促使学校真正的改变，使学校置于竞争之中，打破学校垄断，将市场引入公共教育体系，为所有的儿童提供一种选择，进而可以获得世界上最好的教育。这里所提出的选择权是指，如果各种标准、各种测验和报告卡向家长和选民通报他们的学校办得怎么样，那么选择权就赋予家长和选民采取行动的杠杆作用。这些选择应该包括为公众服务以及向公共当局负责的所有学校，不管是由谁办的。① 此外，《美国 2000 年教育战略》还强调对"处于危急之中"儿童的关注，要求各位州长和部长更加注意，学校要为"处于危急之中"的儿童集中的社区服务。同时，总统和行政部门将在全国推广"美国 2000 年社区"，嘉奖那些在教育方面取得进步的"处于危急之中儿童"集中的社区。

《美国 2000 年教育战略》作为一项全国性教育战略是史无前例的，开了美国联邦政府每隔几年制定教育战略的先河。联邦政府在这一战略中的作用虽然有限，但其加强了联邦对全国教育事务的干预。因此，这个教育战略受到美国社会的普遍欢迎，对美国的基础教育发展起到积极的促进作用。《美国 2000 年教育战略》还开创了联邦政府强调促进所有学生的学术成绩的时代。这个教育战略提出的政策与以前的教育公平政策有明显不同，一致的地方是联邦对处境不利、低收入家庭和残疾儿童给予极大的关注和同情，而且非常强调教育结果公平，使所有的学校办得更好，使所有的学生都取得优异的成就，以达到更高的教育目标。《美国 2000 年教育战略》运用联邦影响来推进学校改革，注重教育输出而不仅仅是财政输入，这是联邦教育公平政策的历史性转变。

二 《2000 年目标：美国教育法》

尽管《美国 2000 年教育战略》在提及教育质量的同时，特别强调"所有儿童"和"所有学生"，确立了为所有美国儿童提供高质量教育机会的基础教育公平政策，而且这个教育战略依然强调全国教育标准和为弱势群体学生提供教育补偿政策，但是，乔治·布什政府的 6 项教育目标并

---

① 吕达、周满生：《当代外国教育改革著名文献》（第三卷），人民教育出版社 2004 年版，第 214 页。

没有形成法律。

因此，克林顿上台后，政府就向国会提出了《2000 年目标：美国教育法》（*Goal* 2000：*Educate American Act*）的改革蓝图，这标志着美国开始启动新一轮的教育改革。1994 年 3 月，克林顿总统正式批准在美国全面实施《2000 年目标：美国教育法》。这一法案与布什政府制定的 6 项国家教育目标基本一致，并在其基础上增加了 2 项：一是师范教育和教师；二是家长的参与。同时，它还增加了外语和艺术两个科目，将布什时代的 5 门核心课程增至 7 门。

（一）为"所有儿童"提供高质量的教育机会

通过对全国教育情况的调查，《2000 年目标：美国教育法》发表了"有关教育机会的政策宣言"："不论种族、肤色、宗教、性别、年龄、残疾、国籍或社会阶层，为每个人提供受高质量教育的平等机会是美利坚合众国的政策。"[①] 该教育法案的目的是：支持在联邦、州和地方以及学校各级水平上采取行动，推动全国范围内目标明确的和系统的教育改革，为所有学生提供达到学术及职业技能高标准的平等教育机会，以实现国家的教育目标。

在《2000 年目标：美国教育法》中，特别强调为"所有学生"和"所有儿童"提供平等的高质量教育机会。"所有学生"和"所有儿童"是指来自各种环境和家庭背景的学生和儿童，包括处境不利的学生和儿童，不同种族、民族和不同文化背景的学生和儿童，美国印第安、阿拉斯加土著、夏威夷土著儿童或残疾学生与儿童，英语水平差的儿童、辍学的学龄儿童，移民的学生与儿童以及学习上有天资的学生或儿童，[②] 该政策充分体现了教育公平的原则。联邦、州和地方政府应该为所有学生和所有儿童提供平等的受教育机会采取措施，努力促进中小学教育中性别平等的方案、政策和方法。该教育法案旨在为所有贫困儿童提供帮助他们入学的、高质量的、适合发展性学前计划需要的教育；消除美国少数民族学生和白人学生在中学毕业率上的差距；增加少数民族教师的数量；大大提高合格学生比例，尤其是少数民族学生进入大学的比例；各州制定政策帮助

---

① 国家教育发展与政策研究中心编：《发达国家教育改革的动向和趋势》（第六集），人民教育出版社 1999 年版，第 31 页。

② 吕达、周满生：《当代外国教育改革著名文献》（第三卷），人民教育出版社 2004 年版，第 237—238 页。

各地学校和教育机构建立与家长的合作关系，以满足不同家长的需要，包括那些差生、少数民族学生和残疾学生家长的需要等。该教育法案提出："所有学生均可以学习并达到很高的水准；所有学生均有权参与内容广泛并富于挑战性的课程，并有权获得满足其他教育需求的足够的资源。"①它特别设立了学习机会发展经费，该经费主要用于：为所有学生提供学习的机会，评估各个学校的能力和成绩，建立对未达标学校的管理措施，以期实现人人享有高质量的教育机会。在州和地方教育体制改革部分，它也强调了教育机会公平的目标，并针对失学儿童为各州改革规定了具体任务，主要是为符合年龄的失学儿童提供受教育机会，并帮助这些学生达到州教育内容标准和州学生成绩标准。

《2000 年目标：美国教育法》还考虑到弱势群体学生的特殊需要，其中特别提出满足少数民族、英语水平有限的学生、有残疾的和女学生的需要，鼓励这些学生完成中等教育并参加中等以后教育。在每个财政年度，至少有一半的款额是拨给那些低收入家庭学生，学生成绩低或其他由地方教育机构制定的类似标准表明特别需要这些援助的学校。此外，在学习机会发展经费项目中，它还提出了对于成员的专业知识和背景的要求："每个团体中三分之一的成员应是在评估低收入家庭学生、少数民族学生、语言能力有限的学生以及残疾学生的教育需求方面具有经验和专业背景的人员；其成员地区代表：每个团体成员应代表全国不同地区以及不同种族、民族、性别。"②

（二）促进基础教育公平的实施策略

《2000 年目标：美国教育法》在促进基础教育公平上制定了一些策略。策略一，设立学业标准和技能标准。在受教育机会均等的基础上，这个教育法案要求在全国范围内设立学业标准及实施策略，强调教育结果公平。它建议，通过建立一个国家级的教育改革框架，提高教育教学质量和保证所有学生受教育机会均等和学业高质量水准。其目标包括：改进课堂的教学质量以及制定"学习机会"标准，为所有学生提供平等的教育机会，使其达到较高的学术标准和职业技能标准，让他们能够在就业市场和

---

① 吕达、周满生：《当代外国教育改革著名文献》（第三卷），人民教育出版社 2004 年版，第 261—262 页。

② 同上书，第 254 页。

参与社会中获得成功。这些目标主要通过制定高质量的而且在国际上具有竞争力的"学习机会"标准来实现，所有州的教改计划应制定使所有学生有机会学习的标准和策略。所有的州、地方教育机构和学校应当达到这些标准，并且这些标准和策略应包括该州认为适当的、能确保所有学生获得该州教育内容标准和学生成绩标准所规定的知识和技能的平等机会。为了帮助各州所有的学生获得达到各州标准的机会，各州的教育改革应包括以下策略：（1）提供教材和学习辅助技术，包括远距离学习和专业发展设施并使该州的所有地方教育机构有平等的机会使用这些设施；（2）在适当的地区，与印第安部落和由印第安事务局资助的学校建立合作伙伴关系，增强其与公立小学、中学和由教育局资助的同类学校各年级在教学课程上的一致性和连贯性。[①]

策略二，为弱势群体儿童的家长提供支持。《2000 年目标：美国教育法》通过对家长的服务和帮助，更大程度上减少家庭因素造成的教育不公平。它规定建立特别顾问委员会，其成员须代表对教育和家庭扫盲有兴趣的少数民族、低收入家庭和其他个人和集团的利益。它还特别声明，向低收入家庭集中的地区拨款，用于帮助在教育上或在经济上处于困境的家长，并提出为残疾儿童和残疾青年人的家长服务，以及为少数民族和英语水平有限的家长和儿童服务。其主要策略有："与为残疾婴儿、幼儿、儿童和残疾青年人家长服务的家长中心联网；重点为少数民族，英语水平有限的家长服务；为少数民族和英语水平有限的家长提供信息服务和培训；为少数民族和英语水平有限的儿童家长，文化水平有限的家长和其他需要服务的家长提供服务。"[②]

策略三，成立各种机构和组织，促进教育的研究与改进，缩小各群体之间的成绩差距，推进基础教育公平。《2000 年目标：美国教育法》建议成立教育研究与改进办公室，并宣布："不论种族、肤色、宗教、性别、年龄、残疾、国籍或社会阶层，为每个人提供受高质量教育的平等机会是美利坚合众国的政策。虽然美国教育制度一直在追求此目标，然而还没有达到此目标。受高质量教育机会的不平等仍是明显的。要达到教育的机会

---

① 吕达、周满生：《当代外国教育改革著名文献》（第三卷），人民教育出版社 2004 年版，第 269 页。

② 同上书，第 293—294 页。

平等和高质量教育的目标，需要通过开展研究、发展和提高的活动，收集资料，综合分析提供技术援助和传播资料等方式来不断探索对教育的认识。美国对教育的指导仍主要是各州和地方政府的责任，而联邦政府明确的责任是领导开展和支持对教育过程进行科学的调查研究。"[1]

面对白人学生和其他少数民族学生之间仍然存在较大的成绩差距，2000 年目标：美国教育法》决定成立全国学生成绩、课程与评价研究所，促进中小学教育平等的方案、政策和方法的制定。其主要工作包括：制定一个开展评价工作的综合的、协调的方案，以评价不同种族、性别、社会经济地位、英语熟练程度以及其他有特殊需要的孩子所受各种方法的影响。此外，这个教育法案还提出，设立国家困境学生教育研究院，以实施一套协调及综合的研究与发展计划方案。这些方案包括：[2]（1）开展必要的研究，为发现、制定、评价和帮助别人实验、使用那些有助于处于困境儿童取得更大成绩和成功的干预措施、方案及模式提供坚实的基础；（2）让那些为城内、乡村地区以及印第安居留地的最多数困境学生服务的高等教育学校和机构最大程度地参与研究，包括学校与学校系统、高等教育机构、文化机构以及社区组织之间的典型合作方案。

以帮助处于困境儿童提高成绩为目的，《2000 年目标：美国教育法》提出关于制定有效的干预措施和方案的研究主要有以下几个方面[3]：

1. 能改进困境学生的成绩并保持下去的教育方法和教育实践（包括社区服务）。

2. 提供给困境学生的教育机会的质量，尤其是提供给人口非常稠密的城市地区及人烟稀少的农村地区的学生的教育机会的质量。

3. 克服影响学生取得良好成绩的学习障碍的方法。

4. 能够帮助困境学生达到挑战性标准的创造性教师培训和职业发展方法。

5. 提高美国的印第安人、阿拉斯加本土学生的教育质量的方法，不仅在有教育局资助的学校中，而且在位于或靠近印第安居留地的公

---

[1] 吕达、周满生：《当代外国教育改革著名文献》（第三卷），人民教育出版社 2004 年版，第 319 页。

[2] 同上书，第 341—343 页。

[3] 同上书，第 342—343 页。

立小学或中学中都可以采取这些方法……

6. 利用父母和社区资源以及机构（包括文化机构）来支持和提高困境学生成绩的方法。

7. 为了更有效地对困难学生开展工作而对教师和其他教育工作者以辅助专职人员的培训。

8. 在教育困境学生过程中，最有效地运用技术。

9. 困境学生设计促进在学校中性别平等方案。

10. 提供任课教师及学校帮助新来的及各类学生适应课堂环境的能力。

11. 评价学生成绩的方法，这些评价要能反映出文化差异，提供多种测评学生学习的方法，帮助学生获得高级的能力，能够鉴别因美国学生学习条件的不平等而造成的影响。

为了使联邦政府集中力量去支持有关学校领导、财政及管理的方法的研究、制定、论证及评价，促进全美的教育平等与优化，《2000 年目标：美国教育法》提出设立教育领导、财政、决策与管理研究院，帮助所有学生获得作为公民以及成功地工作所需要的知识与技能。教育领导、财政、决策与管理研究院的宗旨是：实施一套协调的、综合的研究和发展方案，为美国通过学校结果调整及教育改革来提高学生成绩提供非党派的以研究为基础的指导。这种方案可以为中小学学校领导、财政、决策及管理的方法提供良好的基础，并且有望促进教育平等和优化。具体包括："公开入学方案、公立学校的选择制度、开放较好的有吸引力的学校以及其他系统，通过这些系统家长可以选择他们的孩子所要就读的公立学校和教育方案"；"增加妇女和少数民族人士在教育领导和管理职位中代表性的有效途径"。①

《2000 年目标：美国教育法》反复提及"教育机会均等"，基础教育公平成为其强调的重点，不仅强调保证所有的儿童，不论其种族、经济状况、宗教信仰或残疾与否，都有平等的教育机会，而且要为所有学生提供高质量的教育机会。这个教育法案以优质和公正为中心，在强调教育机会

---

① 吕达、周满生：《当代外国教育改革著名文献》（第三卷），人民教育出版社 2004 年版，第 345—346 页。

的同时，提出了保证优质教育，并且把帮助残疾学生、少数民族学生等达到国家教育目标放在重要的位置，提出为所有贫困儿童提供帮助其入学的、高质量的的教育，其中还专门设立了资助弱势群体儿童的项目。《2000 年目标：美国教育法》一经颁布，便产生了广泛影响。联邦教育部 1995 年发表的《2000 目标实施成果报告》（*Goals* 2000：*A Progress Report*）显示：已有 47 个州提出要采取建立核心科目学业标准、改善学校的计划、加强家长对孩子学习的参与、向教师提供在职进修等行动而获得联邦政府第一年的经费补助，共计 8500 万美元；另有 24 个州已经获得了该教育法案第二年的联邦经费。① 应该说，这个教育法案延续了《初等和中等教育法》所形成的联邦政府对教育的支持以及先前联邦对基础教育财政的拨款项目，提供对教育公平的专门投资，为以少数民族为重点的公民教育及教育研究与改革等与基础教育发展有关的很多项目提供必要财政资助。它进一步强化了联邦政府对教育的责任，突出了联邦政府与国家教育目标之间的紧密联系，以及联邦政府在实现国家目标上的主导作用。同时，它就基础教育的公平性和质量标准提出新的设想，不仅为所有联邦政府教育项目及相关的项目提供指导，而且为接受联邦财政资助的每所小学和中学提供必要的帮助。

　　许多美国教育学者认为，克林顿的《2000 年目标：美国教育法》只是布什《美国 2000 年教育战略》的重新包装和命名。的确，这两个计划非常相似，但是，"尽管两个计划表面上相似，《2000 年目标：美国教育法》呈现出关于教育改革的不同的观点，以及在促进和领导教育改革中联邦政府的不同角色"②。最明显的区别就是，《2000 年目标：美国教育法》加强了联邦政府在制定国家标准中的作用；另一个区别是，《美国 2000 年教育战略》以不同方式的学校选择为中心，而《2000 年目标：美国教育法》强调的是公立学校而非私立学校的选择；还有一个区别是，在学校改进进程中，《2000 年目标：美国教育法》提出了创立"学习机会委员会"（Opportunity to Learn Commission），规定了达到提供学术资助的

　　① National Education Goals Panel. *The National Education Goals Report*：*Building A Nation of Learners*［Z］. Washington，D. C.：U. S. Government Printing Offce. 1995.

　　② Robert Schwartz and Marian Robinson. *Goals* 2000 *and the Standards Movement*［A］. Diane Ravitch（ed.），*Brookings Papers on Education Policy* 2000［C］. Washington，DC：Brookings Institution Press，2000. 179.

标准。

三　《美国教育部 1998—2002 战略计划》

1997 年 3 月，美国教育部公布了第二个教育战略计划——《美国教育部 1998—2002 战略计划》（*U. S. Department of Education*，*Strategic Plan*，1998 - 2002）。这个教育战略计划以 1994 年 12 月美国教育部公布的影响广泛的第一个教育战略计划为蓝本。应该说，《美国教育部 1998—2002 战略计划》的公布，标志着美国基础教育公平政策日趋完善，其中涉及公平分配教师、教育选择、教育技术公平等方面的内容，兼顾教育公平和教育质量，适应了社会时代的发展。

（一）强调联邦教育部在教育公平方面的作用

联邦教育部的首要任务是保证教育机会平等，促进整个国家的教育卓越。《美国教育部 1998—2002 战略计划》前言指出，联邦教育部的使命是，在整个国家，确保教育公平，促进教育卓越。[①] 联邦教育部将确保教育公平置于优先的位置。

联邦教育部的主要任务是通过为各州及各地方机构，在国家优先发展的领域提供财政支持、建立挑战性的标准、使家庭与社区参与到学校事务中来、提供最好的教育实践信息、确保可以负担中学后教育和对联邦项目提供高质量的数据和评估，来促进所有学生的教育卓越。同时，联邦教育部还有一项特殊的任务：确保所有的学生都有机会达到具有挑战性的教育标准。这一任务要求把资源与行动集中到因处境不利而面临学业失败的学生身上，帮助来自各种背景的学生——不论种族、民族、肤色、有无残疾、年龄或性别——都能在美国教育体制下取得成功。[②] 这个教育战略计划在每一个具体目标中都强调"所有学生"，就是将包括弱势群体在内的各种背景的学生都囊括其中。

《美国教育部 1998—2002 战略计划》重申联邦教育部的七个优先目标（1997 年 2 月），这些目标是所有学生到 2002 年都应该达到的[③]：

---

① *U. S. Department of Education Strategic Plan*，1998 - 2002 ［EB/OL］. http：//www2. ed. gov/pubs/StratPln/index. html. 2010. 12. 21.

② Ibid.

③ Ibid.

1. 至三年级末，独立阅读。

2. 至八年级末，掌握难度较高的数学知识，包括代数和几何的基础知识。

3. 至 18 岁时，为上大学做好准备，并且至少要上两年大学，还能作为成年人追求终身学习。

4. 教室内拥有有知识的、有献身精神的和训练有素的教师。

5. 至 2000 年，所有教室都可以使用因特网，并且学生具有一定的技术素养。

6. 在稳定、安全、无毒品的学校学习。

7. 按照具有挑战性的、明确的成绩与责任标准学习。

纵观整个教育战略计划，其中目标 1 和目标 2 集中体现了基础教育公平的原则，帮助所有学生达到有挑战性的学术标准，为成为有责任的公民、继续学习和成功就业做好准备，为所有学生的学习打下坚实的基础。

（二）强化全国学术标准

为了迎接 21 世纪经济和社会的挑战，提高所有儿童的学习成绩，关键是全面而持久的教育改革。联邦政府在美国教育改革中发挥着重要的作用，支持各州和地方团体加强学校力量，支持各州及各社区制定和实施每个孩子应达到的学习标准，以保证所有儿童知道他们的学校和社区对他们的学习成绩有着很高的期望。

在《美国教育部 1998—2002 战略计划》中，这个目标就是帮助所有学生达到有挑战性的学术标准。第一个目标的指标适用范围较宽，适用于所有具体目标。其主要依据是《初等和中等教育法》的关键成果指标①：

1. 在全国性的和各州的阅读、数学及其他主要科目的测试中，达到或超过合格、良好和优秀水平的学生比例将不断提高。

2. 相对于全国其他学校的标准而言，差校的学生将继续提高其学习成绩。

3. 中学入学率和毕业率将不断提高，尤其是差校学生、残疾学

---

① *U. S. Department of Education Strategic Plan*, 1998 – 2002 [EB/OL] . http：//www2. ed. gov/pubs/StratPln/index. html. 2010. 12. 21.

生和其他面临学业失败危险的学生。

4. 1996—2000 年，中学生（包括那些至少学完了三年科学课和三年数学课的主修职业课程的中学生）的毕业率将上升 10%。

5. 成功地学完大学预科课程的中学生的数量每年都将有所增加。

6. 差校的学生在完成难度较高的课程，包括大学预料课程方面将有相对的提高，这将保证他们能够追求高等教育或进行其他选择。

这个教育战略计划对学术标准的调整，有力地保障所有学生达到具有挑战性的标准，促进高质量的教育机会公平。为实现第一个目标，联邦教育部制定了具体目标：各州应就核心科目对所有的学生制定和实施具有挑战性的标准和评估；至 1997—1998 学年结束，所有的州都将针对两门或多门核心课程制定具有挑战性的学习内容及成绩标准；至 2001 年，所有的州都将对两门或多门核心课程的挑战性的内容及成绩标准进行配套测试；至 2002 年，认识到为所有儿童制定挑战性学习标准的重要性的公众及家长（至少是来自低收入家庭的大多数家长）的比例，将不断提高。①

《美国教育部 1998—2002 战略计划》提出，联邦教育部以为所有学生服务为目标，提供面临学业失败的儿童同样需要的高质量的教学，对弱势群体的学生提供额外的支持以帮助他们成功。具体指标包括：（1）到 2001 年为止，各州将建立起适当的评估程序，并界定出学生类别，如残疾、英语欠熟练以及移民工人的孩子；（2）运用以研究为基础的综合方法来改进课程、教学和支持为处在危急之中的学生（at-risk students）服务的学校将逐年增加；（3）越来越多的与危险学生打交道的管理人员和教育者将接触并运用高质量的信息和技术辅助；（4）越来越多的教师将接受教学策略培训以使他们帮助英语欠熟练或残疾的学生达到要求。②因为衡量教育的进步，不能只看到表现好的州、地区和学校的学生表现，也要考虑到面临失败的州、地区和学校的学生情况。

《美国教育部 1998—2002 战略计划》在制定核心策略时基于以上的

---

① *U. S. Department of Education Strategic Plan, 1998 - 2002* ［EB/OL］. http：//www2. ed. gov/pubs/StratPln/index. html. 2010. 12. 21.

② Ibid.

目标,在联邦项目中制定挑战性的学术标准。将与州和地区合作,通过提供技术支持、指导和有效的实施模式,确保联邦项目为所有的学生制定挑战性标准;将为州、学区和其他教育提供者提供资源,以提高所有有特殊需要的学生的成绩;协助州按照民权的原则,提供免费和适当的教育。① 其中,主要针对弱势群体儿童和残疾儿童的联邦教育部资助项目包括:《初等和中等教育法》中 Title I 项目(为弱势群体学生提供的教育)、移民教育项目、针对被忽略和行为不当的儿童的 Title I 项目、针对无家可归的儿童和青年的教育项目、印第安儿童的教育项目、双语教育项目、残疾人教育项目等。

(三) 强调提高所有学生的学术能力

自 20 世纪 80 年代以来,美国学生的学术成绩在国际上一直表现不佳。因此,《美国教育部 1998—2002 战略计划》提出使所有学生熟练掌握阅读和数学技能,为所有儿童的长期学习打下坚实的基础,追求所有学生在高水平学习能力基础之上的基础教育公平。

在这个教育战略计划的第二个目标中,联邦项目将致力于在整个国家范围内,使所有学生都能熟练掌握基本的高级阅读和数学技能。具体目标是:到三年级末,学生应该能够独立而有效地阅读;到八年级末,获得数学技能和知识,为学生学习代数学、几何学和更高级的知识做准备,这是学生在高中和以后学习中获得成功的关键。为实现到三年级末时每个学生都能独立地阅读的具体目标,所制定的具体指标是②:

1. 四年级学生通过全国教育进展评估 (the National Assessment of Educational Progress) 证明在阅读方面达到基本的、熟练的和高级水平的比例将不断增加。

2. 到 1999 年春为止,至少 25% 的学生将参加全国的阅读测试,以后比例将不断增加。

3. 到 2001 年为止,美国阅读要求组织 (The America Reads Challenge Corps) 将为 300 万学生培训教师,其中包括每年进行教学实习

---

① *U. S. Department of Education Strategic Plan*, *1998 - 2002* [EB/OL] . http://www2. ed. gov/pubs/StratPln/index. html. 2010. 12. 21.

② Ibid.

的 10 万名大学生。

4. 越来越多的幼儿园至三年级教师将完成集中的职业培训以使他们能更娴熟地驾驭阅读教学。

这些具体目标中提到，应适应各学生群体不同需要，使所有学生都能达到州学生标准，支持和鼓励他们获得所需的成功，包括英语熟练程度有限的学生、残疾学生、移民学生、特困学校的学生以及任何面临不能获得知识和技能危险的学生。在保障该目标实现的具体策略中，特别考虑到弱势群体学生的特殊需要，确保所有学生的阅读水平都能达到挑战性的标准。现有的项目对于美国儿童的阅读成功是一个重大的贡献，如《初等和中等教育法》的 Title I 项目每年为数十万儿童提供阅读服务。教育部还将与国会合作，针对美国小学生阅读水平的现状，力争通过美国阅读挑战（America Reads Challenge）法案。

在阅读上，《美国教育部 1998—2002 战略计划》提出，联邦教育部将通过提供年级阅读指导，不断更新标准和评估等策略，为有特殊需要的儿童提供财政支持。其中关于阅读指导的关键项目主要包括："Title I 针对弱势儿童的拨款"（Title I Grants for Disadvantaged Children）、"双语教育"、《残疾人教育法》等教育基金为儿童提供阅读服务。联邦教育部将针对不同群体的学生，评估州和社区所实施的改革，为联邦项目特殊关注的学生群体提供服务，使所有学生都能达到挑战性标准。

在数学上，《美国教育部 1998—2002 战略计划》提出，数学是一项基本的技能——是更高级技能的入门学科，因为数学是科技语言，分析和解决问题的工具，在工作中确定成功的必要条件。每个八年级学生都应掌握较高难度的数学知识，包括代数和几何基础。为实现这一指标，应逐步提高所有学生的数学技能，具体包括：（1）按全国教育进展评估，更多的八年级学生在数学方面达到初级或高级熟练水平，到 2002 年，至少 60% 的学生达到国际中等水准，至少 15% 的学生达到国际领先水准；（2）到 1999 年春，至少 25% 的学生将参加全国的数学测验；（3）每年更多的新教师为教幼儿园至八年级的学生数学做好充分准备以使学生达到要求标准；（4）每年越来越多的五到八年级教师将完成胜任数学教学的集中培训；（5）每年越来越多的学校将获得并运用有关数学教学最佳方法的信息。① 为确保第二个目标的实现，以及所有学生都能掌握高水平的数学技能，联邦教育部特别针对数学技能较为薄弱的学生群体制定了核心策略。

（四）促进基础教育结果公平

为适应不同学生中学毕业后的需要，《美国教育部1998—2002战略计划》除提高学生的学术能力外，还要求为学生的就业做准备，追求基础教育的结果公平。其具体目标是，支持每个州都应建立有助于提高学生的成绩和技能、拓宽全体学生就业机会的"从学校到就业"制度（School-to-Work，简称STW）。这个制度通过使教学联系有益的工作实践，吸引学生的兴趣与才智，帮助他们更有效地学习，使教育能结合学生未来的职业生涯，在教学上采取能让学生学得最好的方式。其具体成绩指标包括：毕业于实行"从学校到就业"制度的中学或主修职业课程的中学生数量不断增加，这将使学生成功地转入就业、继续教育或服兵役；至2000年秋季，通过工业认证技能测试的中学生的数量将至少增加10%；至2000年秋季，积极参加实行"从学校到就业"制度的青年学生将达200万人；至2000年，越来越多的中等学校将为学生提供机会，达到工业认证的技能标准；至2000年秋季，30%的中学将推行"从学校到就业"制度的主要内容；所有14岁及以上的残疾青年都将得到个人教育课程（Individualized Education Program）；这些过渡性的服务会帮助他们集中学习所需的课程。② 应该说，"从学校到就业"制度是在寻求扩大中学生的就业前景，提高学生在校学习成绩，从而提高中学后教育的入学率，提高学生掌握高技能和获得高收入工作的可能性，帮助所有学生在中学后阶段取得成功。

这个教育战略计划还制定了实施"从学校到就业"制度和促进学生就业的策略，主要通过《从学校到就业机会法》为"从学校到就业"制度提供财政支持，以及通过职业教育与技术预备教育支持高质量的技术培训的方式，帮助各州广泛建立"从学校到就业"制度。

（五）公平地拥有优秀的教师

教师的知识与技能不同，则学生的学习效果不同。因此，为了提高所

---

① *U. S. Department of Education Strategic Plan*, 1998 – 2002 ［EB/OL］. http：//www2. ed. gov/pubs/StratPln/index. html. 2010. 12. 21.

② Ibid.

有学生的成绩和技能，促进基础教育公平，《美国教育部 1998—2002 战略计划》提出，应该使美国的每一个教室都拥有有知识的、有献身精神的教师，公平地分配作为重要教育资源的优秀教师。其主要指标是：被督导人员、家长和业内人士认为工作非常有效的教师与校长的数量将逐年增加；所授科目至少为其副修科目的全国中等学校的教师数量将逐年增加；至 2006 年，得到国家资格认证委员会认证的教师数将增加到 10.5 万人；至 2002 年，75% 的州将使其最初的教师资格水平与现今较高的知识内容与学生成绩水平相适应。①

为了让教师掌握新的教学所需的技能，进行强有力的、持久的高质量进修至关重要，所有的教师都应使多样化学生的群体达到挑战性的标准，《美国教育部 1998—2002 战略计划》制定了具体的策略，以确保教师的培训和所有学生都能拥有优秀教师。其中包括：联邦教育部支持那些能把有才华的人从各种背景下招募到教学行业中来的项目；继续改进对新教师的师范教育的质量；鼓励和支持留住新教师的特别努力；支持有助于使双语辅导人员转化为合格教师的升迁路径。通过这些策略，提高新教师的素质和留任人数；教育部还将资助部门间的合作，通过艾森豪威尔及《残疾人教育法》的师资培训项目和其他允许师资培训活动的项目（如 Title I、职业教育、双语教育和技术知识挑战资助金）向州及学校提供财政资助。此外，联邦教育部将同国家科学基金会共同采取措施，通过两个部门的师资培训项目提高教师技能；通过共同实现"教学成绩与责任制"，支持各州资格证书的颁发与符合难度较高的课程内容和成绩测试标准的资格认证。还有，联邦教育部将完善教师资格认证与责任制，支持"专业教学水平全国委员会"的工作和旨在奖励优秀教师、指出不称职教师问题的项目；并且，从 1998 年起，每两年发布一次全国教师教学质量的成绩报告，进一步健全监督机制。②

（六）扩大基础教育选择

学校选择制度是美国促进基础教育公平的一项重要政策。《美国教育部 1998—2002 战略计划》鼓励在公立学校体制下，进一步扩大学校选择

---

① *U. S. Department of Education Strategic Plan*，1998 – 2002 ［EB/OL］．http：//www2．ed. gov/pubs/StratPln/index. html. 2010. 12. 21.

② Ibid.

权，学生和家庭对公立学校有更大的选择权，从而使所有学生都能接受高质量的教学。

这个美国教育战略计划提出，所有学生既可选择特许学校，也可选择磁石学校，实施适用于全部公立学校系统的办法，使每一所公立学校都有被选择的可能，从而保证所有的学生及家长都能自己选择学校。其具体的绩效指标是：至 2002 年，所有公立学校三到十二年级的学生中，将有 25% 的人按照自己或其父母所选择的学校入学；至 2001 年，至少 40 个州将出台特许学校的立法；至 2002 年，在全国运行的特许学校将达到 3000 所；各学区将通过磁石学校、特许学校和公开招生政策，对学生入学提供更大的选择权。针对学校教师、学生及家长的不同要求提供公立学校择校建议的研究，将促进学校朝着实现整体目标而努力。特许学校及磁石学校将给教师、家长和其他地方团体的成员以灵活自主权，开展以创新方法提高教学成绩的实验。

这个教育战略计划也提出，联邦教育部将通过具体策略确保学校选择政策的实施。例如，让公众参与学校建设，扩大公众及政策制定者对发展高质量的特许学校和磁石学校的支持；提供财政支持与技术援助，通过"特许学校资助"项目，帮助各州和各学校进行有效规划；学校应向全体学生开放，并应本着提高学生成绩的目标，富有责任感地进行学校运作；为学生提供机会与选择；促进在高质量的教育环境中废除种族隔离制度；支持对公立学校择校权的研究，包括对特许学校和磁石学校进行成效评估；加强教学模式与材料的开发，帮助家长、教师和社区设计出有效的择校方案；扩大服务范围，扩大宣传高质量的择校方案办法的信息，以提高学生成绩，共享择校研究的经验教训；通过扩大服务范围及信息宣传，提高政府、企业领导人、社区领导人和一般公众对有效的公立学校择校方案的认识与支持，使家长更好地实现对公立学校的有效选择。[①]

（七）提高教育技术以促进基础教育公平

《美国教育部 1998—2002 战略计划》提出，教育技术可以改进包括学生学习、教师业务进修、课堂管理和学校行政事务等教育的诸多方面；作为一种先进的教学工具，技术能帮助学生掌握基本技能，解决复杂的现

---

① *U. S. Department of Education Strategic Plan*, 1998 - 2002 ［EB/OL］. http：//www2. ed. gov/pubs/StratPln/index. html. 2010. 12. 21.

实生活问题，为快速进入工作岗位作准备；作为重要的教育资源，应让所有的学生在教育中平等享有。它的具体目标是让所有学校的师生都能使用先进技术，以提高教育水平。

20 世纪 90 年代，美国只有少数学校拥有足够数量的现代化计算机或可以运用因特网，也只有一小部分教师能有效地运用计算机技术。针对这种状况，这个教育战略计划制定的绩效指标有：有机会运用高水平教育技术的学生在主要学习科目中将表现出更高的成绩和更高的技术水平；至2001 年，拥有现代多媒体电脑的比例将提高到每 5 个学生有 1 台；公立学校中，与信息高速公路联通的教学场所的比例将由 1996 年的 14% 提高到 1998 年的 25%，并且此后将增长到更高的比例；至 2001 年，至少50% 的教师将把高水平的教育技术、高质量的教学软件及信息高速公路融入他们的教学课程中；至 2001 年，特困学校的学生和残疾学生将有机会运用相对于其他学校的学生来说同样先进的技术（包括对残疾学生的辅助技术）；至 2001 年，至少 60% 的教师、学校行政人员和学校图书管理员将受到计算机使用及因特网方面的培训，以帮助学生的学习。①

这个教育战略计划还提出，广泛运用教育技术，鼓励教师将计算机运用到教学中，保证所有的学生毕业时已掌握了就业和继续学习所需的技能。其制定的运用教育技术的核心策略包括：运用网络技术，特别是在特困学校运用网络技术；享用现代化的计算机技术及其他技术，鼓励地方、州、联邦机构及私人部门间的合作伙伴关系，让所有的教师和学生（包括特困学校的学生）都有机会运用现代化的计算机，还要通过"技术知识挑战基金"和其他项目向各州、地区提供财政支持，以规划、购买和使用现代化的计算机和其他教育技术；通过与各州、地区及私人部门建立合作伙伴关系，创造新的激励措施和方法，提供技术性援助，帮助教师更有效地运用技术。②

《美国教育部 1998—2002 战略计划》在即将进入 21 世纪的时刻提出了美国对新世纪教育的规划，促进基础教育公平，并兼顾教育质量。在制定和实施基础教育公平政策的过程中，加强联邦教育部的作用和责任，并

① *U. S. Department of Education Strategic Plan*, 1998 – 2002 ［EB/OL］. http：//www2. ed. gov/pubs/StratPln/index. html. 2010. 12. 21.

② Ibid.

强调联邦教育部与其他联邦机构及各州之间的合作。同时，强化全国教育标准，提高所有学生的学术能力；进一步扩大学校选择的范围，并以相应的政策确保其实施；强调优秀教师的公平分配。应该说，这个教育战略计划在基础教育公平方面比较全面，为新世纪的基础教育改革奠定基础，表明了新世纪基础教育公平政策的趋向。

第四节　小结

二战后的基础教育公平实践将美国传统公立学校模式的功能发挥到了极致，但教育实践中存在的一些矛盾和问题也否定了一味追求平等统一的传统教育公平模式。从里根政府时期开始，联邦政府不再将在学校里消除种族隔离作为追求教育平等的手段（这在他的继任者那里也得到了贯彻），而是将注意力转移到保护每个公民而非少数族裔权利的政策和行动上。里根以及他的共和党继任者任命了一批保守主义者担任联邦法官，这些人都极力推崇个体自由，认为具有群体意识的政策对个体自由是一种威胁。其最终结果是联邦财政对教育的支持在几乎每个方面都急剧减少，并不再支持公立学校。在联邦政府对教育采取"不干预"的态度之下，与联邦政府有着密切联系的教育专业组织和民间教育团体，发表了一系列的调查报告，对基础教育公平政策产生了重要的影响。其中《国家处在危急之中——教育改革势在必行》这份报告对美国基础教育的质量提出了质疑，指出学校教育应确立维护平等和保证质量的双重目标，因而很快成为20世纪80年代美国基础教育改革的纲领性文件。

20世纪80年代，美国经济发展进入低谷，很多方面被日德等国所赶超，美国公立学校受到前所未有的挑战。此后，美国兴起了第三次教育改革，教育质量成为美国基础教育中最突出的问题。教育改革的主要任务之一就是提高教育质量，特别是提高公立学校的教育质量，强调教育绩效和教育效率，改革落后的学校。基础教育政策以提高所有儿童的学业成绩为改革目标，强调每个儿童都应达到优异的水平，通过提高教育质量实现教育机会公平，兼顾教育公平与教育质量成为这一时期基础教育公平的目标取向。

基于市场经济和民主政治的发展，并且受20世纪六七十年代詹克斯等人的教育选择理念的影响，美国在基础教育方面开始侧重于以个人自由和权利平等为核心的教育选择权或追求教育的自由，从而逐渐推行以选择学校为核心的基础教育公平政策。其主要措施包括教育券和选择学校等以增加学生和家长的教育选择权。择校运动在美国兴起于 20 世纪 60 年代，最初主要针对校内的教育内容、教学方式和项目的选择等，而后逐渐发展为一种体制革命，突出家长对学校的选择。20 世纪 80 年代以后，通过学校选择来促进基础教育公平的理念更多地体现在教育政策之中。突出个人愿望和权利的教育选择是新时期基础教育公平理念发展的必然。在经济上的新自由主义政策和教育民主化的影响下，美国逐渐开始了以择校为核心的基础教育公平政策，教育选择成为 20 世纪八九十年代美国教育部门的主要议程。例如，20 世纪 80 年代，里根政府的磁石学校政策；20 世纪90 年代初，布什政府的教育凭证计划；20 世纪末，克林顿的特许学校等政策。这些关于开办新型美国学校的教育政策，通过建立责任制和学校特色，来满足不同学生的需要，从而提高基础教育质量，促进基础教育公平。在教育政策中，形形色色的择校计划的核心问题是办学效率与受教育权利的关系，这就意味着所有的学生可以接受同样质量的教育，并选择自己满意的学校。选择的自由成为 20 世纪末美国基础教育公平的核心内容，而这一阶段关于基础教育公平的政策以谋求个体教育权利为特点，以确保个体的教育选择权和教育过程中的自主权。

　　为了解决国家的教育问题，里根政府时期就开始实施择校计划，布什政府延续加强了里根的择校政策，并且涉及私立学校的择校计划。在择校计划方面，克林顿政府主张有限选择，择校的范围不包括私立学校，即公立学校的学生可以选择进入其他的公立学校。这一时期，美国主要有两个城市克利夫兰和密尔沃基成功地实施了择校计划，允许孩子们靠一定数额的补贴金，从差的公立学校转入私立学校（包括教会学校）。另外，佛罗里达州也制订了择校计划，规定来自差的公立学校的学生可以从州政府那里得到经济支持，以进入其他的公立或私立学校。

　　此外，在这一时期的基础教育公平政策中还体现了教育质量与教育公平的关系，因为没有质量的公平就不是真正的公平，有质量的教育公平才是真正的教育公平。联邦政府希望通过教育政策的调整，兼顾教育公平和质量，达到教育公平和公正的目的。其基础教育政策强调为所有的学生提供平等的高质量教育机会，迎合了每个人追求高质量教育和融入主流文化的需要。

　　尽管人们对教育公平的理解不断深化，但是，在具体的学校和课堂实践中并没有真正得到有效的落实，因此，学校和教室层面的教育公平成为 20 世纪 80 年代以来美国基础教育公平理念的关注焦点。对学校和教室层面的教育公平的研究，进一步解释了学生个人学习机会的不平等是如何引起学业成绩方面的重大差异以及教育结果不平等产生的过程。20 世纪 80 年代以来，美国教育学者在基础教育公平上把更多的注意力转移到学校和教室层面的微观研究，集中探讨了师生互动、学生分组以及课程内容中隐含的教育不平等，更加关注学校教育的评价标准对不同家庭背景的学生成绩产生的影响。这种微观层面的研究反映在基础教育公平政策中，主要表现为强调教师分配和课堂教学在教育公平中的作用。在对课程的研究中，还关注核心课程以及学术标准和技能标准在教育公平中的作用。例如，《2000 年目标：美国教育法》就提到在教育机会均等的基础上设立学业标准和技能标准；《美国教育部 1998—2002 年战略规划》强调提高阅读和数学科目的学业标准，对英语熟练程度有限的学生加强英语科目的教学等内容，就是这一基础教育公平理念的直接体现。同时，由此引申到更广泛意义上的课程，关注包括家庭和社区在内的教育环境，以所有学生为教育对象，强调卓越的教育，融合了教育质量与教育公平的理念。

　　自 20 世纪 80 年代起，先后出现了后现代主义、女权主义、后结构主义等流派，从不同方面批判基础教育中存在的不平等。他们强调非阶级因素，如性别、种族、民族等在基础教育不平等方面的作用，使得这些影响因素又重新进入基础教育公平研究者的视线。但这并不意味着这些问题在过去被完全忽视，因为在美国这样一个国家，这些都是无法回避的问题，只是基本实现了教育机会均等的目标以后，经济和社会阶级等因素才被认定为导致基础教育不公平的最基本因素。在研究取向上，新兴的批判流派热衷于课程内容、教学关系和学生日常生活等微观层面的研究，而对整个教育系统、教育改革和教育政策的关注较少。新兴的批判流派虽然未对国家的教育政策实践产生很大的影响，但却在教育理论界引起了极大的震荡。

　　应该说，这一时期关于基础教育公平的学校和教室层面教育机会均等的微观研究超越了社会或地区层面教育机会均等的宏观研究，推动了基础教育公平理念研究的深化，呈现出走向实质性教育公平的趋势。

第 五 章

为每一个学生提供成功机会时期的
基础教育公平理念与政策

在 21 世纪第一个十年中，美国经历了"9·11"恐怖袭击和金融风暴等重大事件，也进行了一系列基础教育改革。两位总统及教育家吉鲁的教育思想包含了新时期对基础教育公平问题新的认识和理解。针对21 世纪初国内外形势的变化和美国基础教育存在的突出问题，美国政府不断作出调整，制定了几项重要的基础教育政策，其中兼顾教育质量和教育公平，为每一个学生提供成功机会成为美国政府制定教育战略的重点和目标。在新世纪的背景下，这些政策既继承了 21 世纪之前基础教育公平政策的传统，又凸显出新时期基础教育公平政策的特点和取向。

第一节　社会与教育背景

进入 21 世纪以来，美国经济连续遭遇重创，"9·11"恐怖袭击事件、全球金融危机、伊拉克战争、阿富汗战争及随后的卡特里娜飓风自然灾害，在不同程度上影响了美国经济。面对国际和国内形势的变化，美国联邦政府不断调整其对外和对内政策，美国经济的每一次震荡和政策的调整以及其他各方面因素都给美国基础教育的改革和发展带来直接的影响。

一　时起时落的经济

经过 20 世纪 90 年代后期的高速发展，进入 21 世纪初美国经济开始出现周期性调整的迹象，经济增长明显减缓。"9·11"事件更是使美国经济雪上加霜，遭受重创。在 2000 年 9 月到 2002 年 1 月的 16 个月中，工业生产连续 15 个月为负增长。[①] 美国经济从 2001 年 11 月起开始进入衰退，然而不久之后，美国经济再次出现反弹的势头，劳动生产率的增长率由 1996—2000 年的 2.5%，升至 2001—2004 年的 4%。[②] 2003—2005 年，美国经济增长平均保持在 3.5% 以上。"9·11"事件后不久，美国教育部面对新形势，及时对教育政策作出调整和对教育战略进行修订。

2008 年由信贷危机引发的全球金融危机，对美国乃至全球的经济造成严重的冲击。美国 2008 年第三季度 GDP 同比增长率为 - 0.3%，这是美国自 2001 年第三季度 GDP 增长 1.4% 以来的最差记录。[③] 金融危机造成大量人员失业。自 2008 年开始，美国的失业率一直攀升，至 2009 年 8 月份失业率为 9.7%，创 26 年新高。[④] 金融危机造成的美国经济衰退给美国教育带来了巨大的挑战，教育投入减少，教师面临失业的困境，部分学校一度无法维持。

金融危机爆发以来，在美联储庞大货币刺激政策和美国政府财政刺激措施下，美国金融系统、房市和劳动力市场较快地稳定下来。金融危机后的一年半，美国经济出现复苏的态势，制造业最先复苏，随即消费市场出现好转，经济下滑速度明显放缓，物价方面也开始回升，种种迹象表明美国经济正在走出衰退。2010 年第四季度，美国经济恢复到 2007 年第四季度的水平，美国经济由复苏进入扩张，预示着新的经济周期正在逐渐展开。

二　全球战略的转变

与克林顿政府将对外经济关系作为政策的核心不同，布什政府将国家安全列为全球战略的首要目标，对外政策、国防和战备成为政策的核心内容，主要集中于打击恐怖主义和伊斯兰极端势力，确保美国在国际上的领先地位。2002 年 9 月发表的"国家安全战略报告"，将恐怖主义和大规模

---

① 王勇：《21 世纪初美国经济衰退探究》，《历史教学》2004 年第 6 期。
② Bank of International Settlements［Z］. BIS 75th Annual Report，2005.
③ 国家发展改革委外事司：《金融危机后的美国经济走势分析》，《中国经贸导刊》2008 年第 22 期。
④ 唐亚敏：《浅析国际经济的发展态势》，《科技创业月刊》2010 年第 12 期。

杀伤性武器及其技术的结合确定为美国所面临的"最严重威胁",进一步提出,美国"最迫切的任务"是"摧毁全球范围内的恐怖主义组织以及任何试图获得或使用大规模毁灭性武器及其制造材料的恐怖主义分子或支持恐怖主义的国家"。①

"9·11"事件后,美国发动了伊拉克战争,用武力推翻了萨达姆政权,继而又将防止大规模杀伤性武器扩散的目标扩大至伊朗和朝鲜两个国家,美国的安全战略开始向更强硬的方向转变。布什政府大幅增加军费,用于购置新武器、在中亚等地部署新的海外军事基地等。2002 年 2 月,布什向国会提出 2003 年财政预算案,其中军事预算增加到 3790 亿美元,比 2002 年度增加 2.7%,是美国 20 年来军费的最大增幅。2004 年度的军事预算更是高达 4000 亿美元。② 因此,布什政府无意大幅增加教育预算或作出重大的教育改革。

奥巴马上任后,联邦政府不再将反对恐怖主义的全球战争作为美国的主导战略,加上受到金融危机对美国经济的打击,奥巴马在任期的第一年主要将目光放在国内的经济问题。为应对金融危机所引发的经济衰退,美国政府连续推出救市措施,通过了 7800 亿美元的救市方案,大规模注入救助资金,财政刺激政策和宽松的信贷政策起了重要作用。其中包括为教育提供巨额资助,用于学校建设和提高教师素质等方面。

三　基础教育面临的问题和挑战

进入新世纪的美国基础教育仍然面临一些问题和挑战,构成了制约基础教育改革和发展的阻力与动力因素。这些因素也成为 21 世纪初期美国联邦基础教育政策制定和调整的重点。

第一,教育质量和学生成绩差距的问题。20 世纪 80 年代以来,教育质量成为美国基础教育最突出的问题。这一时期并没有提高教育质量,许多学生到四年级还不具备正常的阅读能力,正如教育部部长罗德·派格(Rod Paige)所言,有近 70% 的学生达不到基本的阅读水平。③ 学生成绩

---

① The White House. *The National Security Strategy of the United States of America* [Z]. 2002.

② 王缉思:《美国全球战略的调整与中美关系》,《当代世界》2002 年第 7 期。

③ U. S. Department of State. *Annual Back-to-School Speech by US Secretary of Education* [EB/OL]. http: //usinfo. state. gov/ usa/edu/paige904. htm. 2009. 10. 8.

在国际比较中的差距依然存在，八年级和十二年级的成绩水平落后，尤其是十二年级的成绩水平是世界最差的。许多学生在进入大学以后不得不先接受预科性的补偿教育，以适应大学的学习需要。此外，美国各个阶层和群体之间的学生成绩形成了巨大的鸿沟。富裕家庭和贫穷家庭的学生之间、白人与少数民族学生之间、先进的学生和有落后倾向的学生之间的教育差距也很明显，以致让每一个学生在教育上都有成功机会，看似是一个永远难以达到的目标。

第二，自 20 世纪 90 年代开始，持续增长的入学率给学校教育带来很大压力。据人口普查局预测，美国的出生率将持续增长，最早到 2028 年，出生的数量都不会减少。① 出生率的持续增长，意味着学校入学人数的增长，这就要求增加教师的数量，同时要求联邦政府为州和地方提供更多的技术和经费支持，这给基础教育公平政策带来了挑战。

第三，基础教育要满足日益增长的学生多样性的需要，学生多样性给学校教育带来了挑战。1997 年，少数民族学生人数超过公立学校入学人数的三分之一，从 1986 年的 30% 上升到 37%。非洲裔学生是最大的少数民族群体（占所有学生的 17%），但增长最快的群体是西班牙裔学生和亚洲裔学生（分别占 14% 和 4%）。1986—1997 年，西班牙裔学生的人数增长了 69%，亚洲裔学生的人数增加了 62%。② 母语不是英语的少数民族学生，也受到英语熟练程度的限制。此外，《残疾人教育法》要求学校教育残疾学生，这就在正规班级增加了需要特殊教育的学生。因此，美国基础教育不仅要满足美国本土白人学生的要求，还要满足各个少数民族群体学生的不同要求。

第四，教育管理体制僵化，公共教育资源浪费。长期以来，联邦政府只关注投入而不问效果，造成联邦政府大量的教育项目未能达到预期的效果和公共教育资源的严重浪费。自 1965 年《初等和中等教育法》颁布以来，联邦政府投入近 1300 亿美元，用于改善美国公立学校和补偿弱势群体学生的教育，然而，这一巨额投入并未达到预期的效果，学生成绩的优劣分化依然严重。同时，由于管理不善，一些好的项目也不

---

① U. S. Census Bureau. *National Population Projections*：2000 *to* 2100 ［Z］. Washington, DC：2000.

② National Center for Education Statistics. *Digest of Education Statistics*：1999 ［Z］. Washington, DC：May 2000. Table 45.

能持续运行。

进入 21 世纪后，美国联邦政府基于以上因素和教育问题，有针对性地进行基础教育改革。在第一个十年中，主要围绕对《初等和中等教育法》的重新修订和对原有教育项目的重新审视这两个方面，并对联邦基础教育公平政策进行新的调整。

第二节　以追求每一个学生成功为主导的基础教育公平理念

总体来看，新世纪第一个十年的基础教育公平理念基本延续了上一个时期的特点，是 20 世纪中后期的各种基础教育公平理念在新世纪的继续发展。在新世纪第一个十年，最值得一提的是两位总统的基础教育公平理念。基于服务国家经济发展和保持在世界上的竞争力，他们都非常注重基础教育改革，他们的基础教育公平理念都为这一时期的基础教育公平政策带来重要的影响。

一　小布什：不让一个孩子掉队

乔治·沃克·布什（George Walker Bush，1946—　），习称"小布什"，其父为美国第 51 届（41 任）总统乔治·赫伯特·沃克·布什。作为共和党总统候选人，小布什在 2000 年 11 月的美国总统选举中战胜民主党总统候选人戈尔，当选美国第 54 届（43 任）总统，并于 2001 年 1 月 20 日宣誓就职，正式入主白宫。2004 年 11 月 3 日竞选连任获胜，并于 2005 年 1 月 20 日就任美国第 55 届总统。

（一）政府重视基础教育改革

小布什十分重视基础教育改革。早在任德克萨斯州州长时，他就坚持推行基础教育改革，从而全面提高教育的质量，借此减少犯罪的发生。正如他在清华大学回答提问时所说："当我还是德克萨斯州州长的时候，我常常说一句话，如果你能够给一个儿童非常好的教育，你就能够避免他以后出去犯罪。"①

小布什认为，在发挥联邦政府作用的同时，还应赋予各州和地方教育

———————

① ［美］布什：《清华大学演讲》，2002 年 2 月 22 日。

部门更多的教育自主权，将学校的管理权从州政府移交到地方教育部门，联邦政府资金应得到更灵活的运用。在其两届州长的任期内，他还主张增加特许学校的数量，所有学校三年级的学生必须学会识字。此外，在州立法机构的配合下，他对该州的学校推行了可量化的评价机制，利用标准化考试来检测州内学校的实际改善程度。小布什担任州长期间，推动了德克萨斯州的基础教育改革，使该州的教育有了较大改观，创造了"德州教育神话"。直接领导教育改革的经历，使小布什在总统竞选中充分利用这一优势，向民众宣传他的教育改革理念，以及他在德克萨斯州的教育实践和成就，并提出了详细的教育改革计划，最终赢得大选。正如一位美国观察家评论："在竞选期间布什有关教育的演讲表明，无论是共和党还是民主党，从未有一位总统候选人像他那样对教育问题给予这样认真的关注。"① 当选为总统后，小布什将其教育改革的理念推广至全国，更加强调联邦政府在教育中的作用。他说："我们要共同努力，健全美国的学校教育，不能让无知和冷漠吞噬更多的年轻生命。对于民权和公共学校，政府将负有极大的责任。"②

（二）每个人都有成功的机会

被称为"教育总统"的小布什，其教育理念中突出体现了对教育公平的追求。他信奉平等是美国最崇高的理念，人人都有成功的机会。"这些理想中最伟大的部分正在慢慢成为美国的承诺，这就是：每个人都有自身的价值，每个人都有成功的机会，无人天生卑贱。我郑重宣誓：我将竭力建设一个公正、充满机会的独立国家。"③

小布什主张帮助弱势群体学生，尤其是西班牙裔和非洲裔等少数民族学生，消除来自不同社会背景的孩子的成绩差距。在他看来，无论种族、家庭收入等因素，所有学生都应接受高质量的教育。小布什在就职演说中提到："也有人怀疑我们自己的国家许下的诺言，甚至怀疑它的公正。失败的教育，潜在的偏见和出身的环境限制了一些美国人去实现他们的理想。"④ 他在告别演说中也提到，在全国范围，让所有学生在公立学校接受更好的教育，提高自身水平，是其任期内重要的

---

① 郭玉贵：《布什在重塑美国教育政策中的历史功绩》，《化工高等教育》2009 年第 3 期。
② ［美］布什：《布什就职演说》，2006 年 8 月 28 日。
③ 同上。
④ 同上。

工作。

（三）提高所有学生的教育质量

小布什主张提高所有学生的教育质量，其中他非常强调提高所有学生的阅读能力。他曾指出美国在阅读科目方面教育的不平等，部分学生的阅读能力低下的现状，并多次提到提高学生阅读能力的重要性。在小布什看来，通过提供学生的阅读能力，可以实现全面提高所有学生的教育质量。小布什在清华大学的演讲中也提到小学生的阅读能力问题："现在美国一个比较令人遗憾的事实，就是有一些四年级的小学生，没有办法达到他们那个年级的阅读能力。"① 小布什在 2001 年向国会提交的《不让一个孩子掉队》的教育改革计划中提到美国学生获得阅读教育的不平等："美国有太多的孩子因期望值低、识字少和缺乏自信而被隔离开来。在劳动力技能要求日益复杂化而且不断变化的世界里，仅就识字而言，孩子们正落在后面。"② 小布什清楚地认识到，作为基础性能力，阅读能力对学生以后的发展和成功十分重要，而提高所有学生的阅读能力对于整个国家具有重要意义。"如果你想想四年级还不能阅读的话，那他到初二的时候就更不能阅读了，他毕业以后，根本无法继续上大学。所以如果这种情形继续下去的话，对美国来说是一条死路……我想我们的重点是放在教导他们阅读方面。"③

在小布什看来，公立学校的质量直接影响到包括家长、学生在内的每一个人。因此，他曾多次强调提高公立学校的教育质量，为每一个学生提供高质量的教育，特别强调联邦政府在提高公立教育质量和促进基础教育公平中的作用。小布什指出："如果我们的国家不能承担起教育每一个儿童的责任，那么我们就可能在其他领域遭遇挫折。但是，如果我们成功地教育了我们的年轻人，在国家和民众生活中将会有许多其他方面的成功接踵而来。"④ 为保障联邦的教育公平政策有效实施，他坚持教育责任和绩效，通过大量的测试和严格的标准来判定教育质量的高低，强调每个教育

---

① ［美］布什：《清华大学演讲》，2002 年 2 月 22 日。

② No Child Left Behind, President Bush's Education Reform Plan ［EB/OL］. http://www2. ed. gov/nclb/overview/intro/presidentplan/page_ pg2. html

③ ［美］布什：《清华大学演讲》，2002 年 2 月 22 日。

④ George W. Bush. *No Child Left Behind*, *President Bush's Education Reform Plan* ［EB/OL］. http://www2. ed. gov/nclb/overview/intro/presidentplan/page_ pg2. html. 2011. 2. 19.

部门的责任都要与绩效相关联；对于未达到标准的学校给予惩罚的强制措施，以确保所有儿童都能获得高质量的教育。

小布什在其任期内制定的美国教育政策在基础教育改革和推动教育公平方面的功绩不可忽视。在凝聚全民共识的基础上，小布什亲自推动和主导通过的两项教育法案，是 21 世纪美国教育改革和发展的纲领性文件，对于美国基础教育公平的理念和政策而言都具有划时代的意义。其以"不让一个孩子掉队"为核心的教育公平理念，是具有里程碑意义的教育战略思想。

二　奥巴马：确保所有美国学生接受全面教育

巴拉克·侯赛因·奥巴马（Barack Hussein Obama，1961—　）是美国历史上第一位非洲裔总统。作为民主党总统候选人，奥巴马在 2008 年 6 月击败共和党候选人麦凯恩，当选为美国第 56 届总统。他的教育公平理念对当今美国的基础教育公平政策带来极大的影响。

（一）为所有儿童提供世界一流的教育

从奥巴马关于教育的演讲中，可见他对教育问题的观点和态度，以及对基础教育公平的倡导。他在竞选政纲和 12 次教育演讲中，表明了对教育改革的信念和决心："每个孩子都是我们的孩子，每个孩子的教育都是我们共同的责任"[1]，他主张加大教育投入，以确保每个孩子的学习机会。2007 年 11 月，在第一次主题教育演讲中，奥巴马就提到"我们必须为每个孩子的成功负责"。为了美国能够在未来的全球竞争中取胜，他主张提高教学质量，降低高中的辍学率，增加教育投入。2008 年 6 月 16 日，在密执安州弗林特市的一次演讲中，奥巴马提到："只有当所有美国儿童——我指的是每一个儿童——与我们的孩子一样都获得我们所期望的良好教育机会时，我们才会满意。"[2] 在 2009 年 3 月 10 日提出的全面教育改革计划中，奥巴马提出，教育改革计划将贯穿"摇篮到职业生涯"，确保所有美国人接受全面教育，任何一个学生都不应考虑辍学，辍学不仅仅

---

① Linda Darling-Hammond. *President Obama and Education*：*The Possibility for Dramatic Improvements in Teaching and Learning* ［J］. Harvard Educational Review. 2009（79）：213.

② ［美］奥巴马：《重塑美国竞争力》，《我们相信变革》，中信出版社 2009 年版，第 185 页。

是对自己的放弃，更是对国家的放弃。① 他甚至认为，应取消对特许学校数量的限制，为每一个儿童提供世界一流教育。在 2010 年 3 月的《改革蓝图》中，奥巴马强调指出："实现更平等、更公平和更公正社会的关键是世界一流的教育，每一名美国儿童都应受到世界一流的教育。只有更好地教育每一位儿童，才能做到忠于最高的理想，只有为每一个儿童提供世界一流的教育，才能够实现机会公平的承诺。""我们必须改革学校以提高学生成绩，缩小成绩差距，激励儿童取胜。"② 奥巴马在给女儿的信中也提到："我要让所有的儿童都能有同样的机会去学习，哪怕他们的父母并不富有。只要还有孩子没有获得这样的教育机会，我就不会满足于美国的现状。"他还主张，增加教育投资以保障美国每个孩子都能接受高质量的教育。因为"花在这些项目上的每 1 美元不仅能帮助我们的孩子通往胜利之途，而且可以在将来降低医疗保健成本、犯罪和福利等方面节约10 美元"③。

奥巴马的基础教育公平理念与全球竞争紧密相连。他多次呼吁，通过公立学校为美国儿童提供高质量的受教育机会，以此来应对全球经济的挑战。奥巴马在 2006 年的一次年会中就提到："我们清楚，在联系越来越紧密、竞争越来越激烈的全球经济中，我们党要保证每一个美国人有能力接受世界级的、终生的、一流的教育。从幼儿教育到中学教育，从大学教育到职业培训。我们知道这就是我们的目标。"④

（二）关注弱势群体学生的教育

由于奥巴马自身特殊的出身和成长背景，他非常注重对教育资源进行更公平和合理的分配。他认为，任何儿童所受的教育不应由他们父母的社会和经济地位决定，无论其家庭背景如何，所有孩子都有权利接受良好的教育。尽管全国学生完成学业的总体状况有所改善，中等收入家庭的孩子和低收入家庭的孩子之间，在完成学业方面的差异仍然很大，而且越来越大。"在美国近 60% 的四年级非洲裔学生不具备基本的阅读

① 周红霞：《奥巴马提出全面教育改革计划》，北京教育科研网，2009 年 3 月 13 日。

② U. S. Department of Education, Office of Planning, Evaluation and Policy Development, *ESEA Blueprint for Reform* [Z]. Washington, D. C., 2010. 2.

③ ［美］奥巴马：《重塑美国竞争力》，《我们相信变革》，中信出版社 2009 年版，第 185 页。

④ Barack Obama. *Barack Obama in Take Back America Conference*, June 14–16 2006. [EB/OL]. http：//www. ontheissues. org/Archive/Take_ Back_ America_ 2006_ Barack_ Obama. htm

能力，近 90% 的八年级非洲裔和拉丁裔学生在数学运算面还不熟练。"①
为此，奥巴马主张大幅增加教育投入，改善弱势家庭子女的教育，提高
所有儿童的受教育水平。他在"21 世纪的学生教育之道"上的演讲中
指出："教育改革既要发生在贵族学校……也要发生在贫困学校，这里
的大部分孩子们都生活在贫困线以下，但变革的成果却超过了全国的平
均水平。"② 奥巴马特别指出非洲裔美国学生成绩不佳的现状，呼吁提
高非洲裔美国学生的教育质量，缩小黑人学生和白人学生之间的成绩
差距。

（三） 为贫困地区招募优秀教师

奥巴马特别重视教师在促进基础教育公平方面的作用。他曾指出，教
师因素是决定孩子们命运的重要因素，从走进教室的第一天起，学生的成
就不再取决于他们的出身和肤色、父母、家庭条件，而是取决于他们的教
师。由于教师素质的不同而带来的教学水平的差异，最终导致学生成绩的
差异。奥巴马在他的演讲中曾提到了这样一项研究："两组数学水平相当
的三年级学生，优秀教师所带的一组学生的数学成绩提高了近 25%，不
合格教师带的一组学生的数学成绩下降了 25%。"③

奥巴马还非常注重招聘新的教师以充实教师队伍。他指出教师分配
方面存在的问题，例如，贫困学校的教师得到的工资和援助都较少，而
部分教师有了教学经验后，就会选择待遇优厚的学校。因此，最需要受
到教育的孩子，只能听到那些没有经验的、工资较低的老师们讲课，并
且很有可能这些教师事先没有接受过相关培训。奥巴马还对《不让一个
孩子掉队法》的实施情况进行批评。他指出，法案要求为所有的儿童提
供高水平的教师，但到目前为止还看不到任何行动，也没有人愿意为此
事负责。

奥巴马认为，要改变美国儿童的教育现状，必须从提升教师的素
质做起。为了改变很多地区没有足够优秀教师的情况，他提出，以更
多的资助为保障，将合格的教师分配到师资不足地区，促进优秀教师
的公平分配。奥巴马曾在演讲中提到："作为总统，我将保证——如

---

① ［美］奥巴马：《世界一流的教育——奥巴马在"21 世纪的学生教育之道"上的演讲》，
《光荣与梦想》，新世界出版社 2009 年版，第 135 页。

② 同上。

③ 同上。

果你投身教育事业，美国将会承担你的大学学费。我们将招聘数学和科学教师，派往美国城市和乡村师资不足的地区。我们将扩大有经验教师和新招聘教师‘结对子’的教育监督计划。当我们的教师取得成功时，我不会只口头表扬他们的伟大，我们还将会对他们的伟大成就报以更高的薪酬和更多的支持。"① 他还提出，在落后地区建立教师协会并与当地政府进行合作，采用新的招募办法和为每位教师提供大量培训等措施，为贫穷的地区和学校招募更多的优秀教师。

奥巴马的教育理念围绕着关注弱势群体学生和提高公立学校教育质量展开，要求公平分配高素质教师，以期为每一个儿童提供世界一流的教育。显然，奥巴马提倡基础教育改革，对教育公平表现出特别的关注，正如他铿锵有力的口号"我们相信变革"。

三　吉鲁：坚持民主原则的教育公平

美国教育学家、批判教育学的创始人之一亨利·吉鲁（Henry Giroux，1943— ），1977 年获得卡内基梅隆大学博士学位，曾任教于波士顿大学、迈阿密大学和宾夕法尼亚州立大学，担任过迈阿密大学"教育与文化研究中心"主任，现任教于麦克马斯特大学。作为一位多产的学者，他已出版 30 本著作，其中有 7 本著作被美国教育学会评为年度重要书籍，已发表论文约 300 篇，其研究广泛涉及教育和文化等领域。21 世纪初，吉鲁被评为从皮亚杰至今的 50 位现代教育思想家之一。

（一）新自由主义违背民主的原则

吉鲁认为，"对于美国这个国家乃至全世界来说，民主都是极其重要的"②，但是，新自由主义的核心，即自由市场，违背了民主的原则。这种思想已经渗透到各种社会关系之中，如父母和子女、医生和患者、教师和学生之间的关系变成了供应者和消费者之间的关系，在这些关系中都是以自由市场观念为主导。在吉鲁看来，这种新自由主义理念，破坏了社会民主、公平和自由，直接导致了 21 世纪以来美国一系列忽视公共利益和

---

① ［美］奥巴马：《重塑美国竞争力》，《我们相信变革》，中信出版社 2009 年版，第 186 页。

② Carlos A. Torres. *Education，Power，and Personal Biography：Dialogues with Critical Educators* ［M］. New York：Routldge，1998. 140.

社会福利的国家政策。政府为了保障私人和企业的利益而抛弃了公共利益，致使贫穷、城市中的种族隔离以及富人和穷人间不平等的社会问题进一步恶化。"教育作为一种公共领域，旨在培养批判的公民，在生活中注入民主的概念，发展正义、自由和良好生活的社群。"① 但是，为了在全球市场竞争中取胜，教育变得从属于市场规则，这实际上严重破坏了教育公平的原则。

（二）联邦教育拨款的减少增加了教育的不公平

从社会民主和社会平等的角度出发，吉鲁批判了"9·11"事件以来小布什政府政策破坏了美国基础教育的公平。他认为，"9·11"事件之后，美国政府片面强调对外的反恐战争，从而忽视了国内的民主，因此，"我们面临的危险，不仅仅是对伊战争，还有国内的无声的战争"②。

吉鲁指出，造成基础教育不公平的原因之一就是联邦教育经费的减少。小布什政府强调国家安全，不断增加军费开支，相应地减少了国内教育、卫生和其他公共服务的财政拨款。联邦政府计划花费 4000 亿用于资助伊拉克战争和接下来的军事占领，仅有 160 亿用于包括教育在内的公共福利项目。这带来州经济资源的减少，造成了大量的失业人口，致使贫困家庭和失业者的子女的教育得不到保障，因而导致极大的教育不公平。

吉鲁还指出，联邦政府"减少了针对富人和私人企业约为 3500 亿美元的税收，而使得州政府不得不在卫生、公共福利和教育方面减少 750 亿的财政拨款；并且，撤销了主要针对收入在 1 万美元和 2.6 万美元之间的家庭的约为 400 美元的儿童信贷税收"③。这些财政政策意味着，在受教育方面，1100 万儿童将由于贫穷受到惩罚，同时富有家庭儿童将由于富裕得到奖励的教育不公平局面，使得穷人更穷、富人更富，最终会破坏整个社会的公平。在吉鲁看来，增加军费开支和减少税收的政策，忽略了美国社会中的不平等、贫困、种族等一系列问题，使包括教育在内的公共项目受到了严重的限制。总之，在教育领域，政府的政策严重影响了教育

---

① 谭光鼎、忘丽贤：《教育社会学：人物与思想》，华东师范大学出版社 2009 年版，第 479 页。

② Henry Giroux. *War Talk*, *the Death of the Social*, *and Disappearing Children*：*Remembering the Other War*［J］. Cultural Studies〈=〉Critical Methodologies. 2004（4）：206.

③ Ibid.：208.

公平。

（三）问责制和标准化测试损害了教育公平

吉鲁认为："学校应该是在一个公正的社会内的个人和群体授权和解放他们的场所。"① 作为民主的公共领域，学校应该提供重要的公共服务。但是，美国学校教育中依然存在着种族隔离和惊人贫困的状况。他通过分析指出，政府在不能解决公立学校公平问题的状况下容忍了对于公立教育的不公平拨款问题，于是在 21 世纪的美国联邦基础教育政策中，强调对于公立学校的问责制和对于学生的标准化测试。

小布什政府试图借助于《不让一个孩子掉队法》来解决公立学校的教育公平问题，但吉鲁认为，《不让一个孩子掉队法》并没有很好地推进教育公平，因为这一法案是将基础教育改革置于问责制的基础之上，联邦政府只是试图用少量的联邦经费达到提高学生学业成绩的目的，再用额外的财政拨款迫使公立学校不得不参与基础教育改革。然而，在标准化测试中，相对于黑人学生和拉丁裔学生，白人学生继续保持了其领先的优势。标准化测试的政策实际上造成了黑人学生和拉丁裔学生在基础教育方面新的不利，损害了贫困学生和少数民族学生的教育公平。由此，吉鲁指出，"不让一个孩子掉队"应该理解为"不让一个孩子免于测试"。②

吉鲁倡导教育民主和社会民主，批评美国联邦政府在强调国家安全的同时，忽视了教育等公共福利和社会民主，也没有致力于改善贫困和少数民族学生的状况以解决复杂的教育不平等问题。他认为，如果公立教育不进行改革，基础教育不公平最终将导致严重的社会不公平。

第三节　以全面卓越的教育公平为核心的基础教育公平政策

在 21 世纪第一个十年中，美国制定了一系列有关基础教育改革的文件。在短短十年间，颁布了六个教育法案和战略规划，掀起了新一轮的基

---

① ［英］乔伊·帕尔默：《教育究竟是什么？——100 位思想家论教育》，北京大学出版社 2008 年版，第 669 页。

② Henry Giroux. *Challenging Neoliberalism's New World Order*：*The Promise of Critical Pedagogy* [J]．*Cultural Studies*〈＝〉*Critical Methodologies* 2006（6）：26．

础教育改革，其目标是促进学生全面卓越的教育公平，体现了 21 世纪美国基础教育公平政策的核心。

一　《数字化学习》

随着信息技术的飞速发展并日益成为人们生活中重要的工具，出于参与国际科技竞争的需要，21 世纪初，美国将数字化教育公平作为基础教育公平的主要目标之一。美国教育的现实情况是，在学校学习计算机技术机会有限的学生，在家里也很少有机会使用计算机和网络。尽管在新世纪美国拥有计算机的家庭数量逐年上升，但家庭收入的因素决定了学生在家里拥有计算机的可能性（见图 6.1）。这一现实情况导致了美国学生在新的科学技术方面受教育机会的不平等。为了消除这种不平等，联邦政府对所有学生加强了计算机和其他新技术的教育。

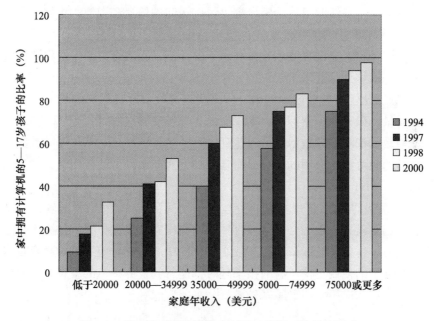

图6.1　学生家庭收入对家中拥有计算机可能性的影响

资料来源：美国联邦人口统计局所作的当前人口普查（1994 年 11 月，1997 年 10 月，1998 年 8 月，2000 年 8 月）

早在 1996 年，美国就公布了第一份国家教育技术计划，提出了一个通过教育技术的平台来广泛改进教与学的远景设想，以帮助下一代学校儿童得到更好的教育。之后，由于对教育技术投资的不断增加，在国家教育技术目标方面取得了显著的成就。2000 年 12 月，美国又公布了新的国家教育技术计划——《数字化学习》（*E-Learning*），其副题是"让所有的孩子随时都能得到世界一流的教育"。这份国家教育技术计划概括了 5 个新的国家教育技术目标，目的是使美国所有的教师和学生都有机会利用新技术，全面提高他们今天、明天和未来的教与学。正如美国前副总统戈尔（Albert Gore Jr. ）指出的："美国的每一个儿童都应当接受 21 世纪的教育，都应当使用 21 世纪的技术。"[①]

《数字化学习》明确提出，应该用教育技术促进所有学生的学习，提高所有学生的学习成绩。具体目标是：所有的学生和教师都能在教室、学校、社区和家庭中使用信息技术，所有的学生都要具备信息技术方面的知识与技能。通过应用教育技术促进学习，可以帮助学生充分理解难懂的概念，帮助学生专注学习，给学生提供可以访问的信息和资源，更好地满足学生的个别需要。这份国家教育技术特别提出"消除数字鸿沟"，即社会、经济和种族之间在使用教育技术上的差距，在教育技术上优先资助贫困地区和农村地区的学生。

《数字化学习》还明确提出，应该用教育技术改进教师的教学和提高教学质量，以确保国家拥有一支强大的 21 世纪的教师队伍。具体目标是：所有的教师都将有效地帮助学生达到较高的学业标准。它不仅要向教师提供足够的教育技术应用的机会，而且要加强对新教师如何使用教育技术的培训。

《数字化学习》这份国家教育技术计划提出了 21 世纪美国教育技术发展的远景设想，强调必须将教育技术放在国家的优先位置，作为教育工作的核心，作为学校改革与提高教学工作的中心。它希望通过对教育技术广泛和公平的使用，使所有的孩子随时都能得到世界一流的教育，在教育技术的发展和应用上凸显了基础教育公平的理念。

二　《2001—2005 年教育发展战略规划》

在刚刚进入 21 世纪的 2001 年，美国联邦教育部发表了《2001—

---

① 吕达、周满生：《当代外国教育改革著名文献》（第三卷），人民教育出版社 2004 年版，第 268 页。

2005 年教育发展战略规划》(*The* 2001 – 2005 *Strategic Plan*)。这个教育发展战略规划的制定主要基于当时美国教育的现实问题，围绕其中心使命，设定了 2001—2005 年间联邦教育部的四大战略目标，而且对每一战略目标又作了具体目标和指标性目标两级分解，并对各级目标之间的纵向关系、制订目标的背景思想、达成目标的具体措施以及评量目标达成度的数据来源均作了详尽阐述。其中指出，联邦教育部的职责之一就是开发、保持和传播最新和先进的知识，支持教育改革和教育公平，包括缩小不同学生群体之间的学习成绩差距和公平分配教师等，旨在改革美国学校教育体制，确保每一所学校的所有学生对其学习成绩获得高度期望。

这个教育发展战略规划的"前言"中，提出美国最高教育目标：在全国范围内，确保教育机会公平，促进教育卓越。也就是说，联邦教育部有义务确保所有学生有机会达到教育卓越所要求的挑战性标准。联邦教育部要确保在美国教育体系之下，不同背景的学生都有机会获得成功，不论种族、民族血统、肤色、是否残疾、年龄、性别。为了达到有效的教育改革，必须考虑到所有学生的需要，其合作伙伴必须涉及学生、家长、学校教育领导者、地区和州一级、社区成员、商业和宗教团体和各级政府。

（一）为所有儿童的学习建立坚实的基础

为了使所有学生有机会达到卓越的学业成绩，《2001—2005 年教育发展战略规划》提出，为所有儿童的学习建立坚实的基础，确保所有学生都掌握一定的阅读和数学技能。阅读是学习其他技能的基础，能够独立而有效地阅读，是为了运用阅读进行其他科目的学习。而掌握基本的数学技能，才能更好地学习更高级的功课，对学生在高中及以后的学习中获得成功至关重要。

基于以上目标，《2001—2005 年教育发展战略规划》进一步制定了具体目标：在三年级结束前，每个学生都能够较好地进行独立阅读；每个八年级的学生，都应掌握具有一定难度的数学知识，包括代数学和几何学。为了使这些目标更加明确，这一教育发展战略规划对目标进一步细化：到 2005 年，所有四年级学生达到基本阅读技能的比例将从 1998 年的 62%增加到 70%；在八年级学生中，达到基本数学水平或更高水平的比例要从 1996 年 62%上升到 2005 年的 70%。在国际数学评价中，美国学生的数学平均分与世界其他工业国家相比，到 2005 年达到中等水平。[1] 为此，联邦教育部将提供财政支持，不断发展在阅读和数学方面有特殊需要的儿童的教学，监测和评估 Title I，持续提高阅读和数学的教学。其教育资源将用于帮助州、学区和学校的教学和学习，主要集中于特困地区的儿童、低收入家庭儿童和有困难的特殊群体儿童，如残疾学生和少数民族学生。

联邦教育部还将通过各种项目支持阅读和数学的教学，为特殊群体提供服务，以提高特殊群体的阅读水平，如特殊教育、双语教育、移民教育和印第安人教育等。这些项目对促进阅读的教学质量具有重要的作用，包括增加专业发展机会、更新阅读课程和材料、缩小班级规模、提供额外的辅导时间、为阅读有困难的学生提供一对一的辅导等。

（二）确保基础教育结果平等

为了使美国学生能够参与世界竞争，《2001—2005 年教育发展战略规划》提出，为所有学生中学后的成功作好准备，学校必须面向所有的学生，满足不同学生群体的多种需要，确保中学学生获得信息、技能和支持为中学后教育和职业做好准备，包括英语熟练程度有限的学生，残疾学生、移民学生、贫困学校学生，以及任何可能无法获得知识和技能的学生。

在为所有学生的学习建立坚实的基础，保证其阅读和数学的基本技能的基础上，这个教育发展战略规划还制定了初中和高中应帮助所有学生成功地完成向大学和职业的过渡的目标，确保基础教育的结果平等。而且，为这一目标规定了具体的年限和指标：到 2005 年秋，高中毕业生，包括职业学校学生和极度贫困学校的学生从 1998 年 45% 上升至 60%，要达到核心学术课程要求；15% 的高中学生，包括极度贫困学校的学生，将完成先修课程和国际文凭课程（Advanced Placement and International Baccalaureate Courses）；90% 的高中毕业生，包括职业教育学生、低收入家庭学生和残疾学生，将成功地过渡到中学后教育或就业。[2]

基于成功地完成向大学和职业过渡的目标，这个教育发展战略规划指出，将为初中和高中改革和发展提供支持，更多地关注学生成功地进入大

---

① U. S. Department of Education. *The* 2001 – 2005 *Strategic Plan*［EB/OL］. http：//www2. ed. gov/pubs/stratplan2001 – 05/index. html. 2009. 12. 21.

② Ibid.

学或就业所需学术和技能准备，制定计划，发展和修改改革模式以及综合学校改革示范计划（Comprehensive School Reform Demonstration Program，CSRD）等，这些计划运用多种渠道为低收入家庭的学生提供支持和指导，促进学生为大学而准备。

此外，这个教育发展战略规划还提出，将加强对弱势群体学生的服务，主要包括帮助大型的特困高中，加强较小的学习社区（Smaller Learning Communities）计划等；为特殊人群提供技术支持或强制行动，为特殊群体的学生进入高等教育提供保证。同时，加强对残疾学生的服务；向残疾儿童提供有效实践、示范合作协议、"学校到工作"计划的有关信息，帮助他们实现从中学到大学或就业的良好过渡。

（三）所有学生都应获得优质教育的机会

21 世纪初，美国学校教育体系面临的挑战是确保每一所学校的所有学生对其成绩获得高度的期望。由此，《2001—2005 年教育发展战略规划》制定了更高的目标，即所有学生必须拥有获得优质教育的机会，学校要为所有学生获得优质教育而负起责任。每个州要对所有的学生在核心学科设立挑战性的标准和进行适当的评价。

这个教育发展战略规划提出，所有州都应制定适当的标准，帮助所有学生达到更高的标准是学校、教师、学生和家庭共同的责任。其具体目标是：到 2001 年，所有的州将最终确定评价体系或参照 Title I 的标准达成的协议，将英语熟练程度有限的学生和特殊教育学生纳入其中，分类报告；到 2005 年，80% 被确定为需要改进的学校，需报告从学区和州获得的帮助；日益增加的被确认为需要改进的学校，将取得足够的进步。[①]

同时，这个教育发展战略规划提出，为确保州实施挑战性标准、评价和责任体系，联邦教育部有责任检查州的责任体系。为了帮助所有的儿童达到高标准，联邦初等与中等教育计划都应起到支持和加强所有学生的标准的作用，重点帮助那些成绩和经济不利地区、面临教育失败可能的学生。

（四）每一个教室都应拥有高素质教师

《2001—2005 年教育发展战略规划》提出，教育者、家长和政策制

---

① U. S. Department of Education. *The* 2001 – 2005 *Strategic Plan* ［EB/OL］. http：//www2. ed. gov/pubs/stratplan2001 – 05/index. html. 2009. 12. 21.

定者都认为，美国儿童都应由能胜任的和高素质的教师来教授。教学质量是学校教育中提高学生成绩最重要的因素，各级政策制定者都应该关注教师的质量，尤其是教师准备、资格和认证标准、专业发展及学校领导，在公立学校内促进教学和推动学习。教师需要掌握更多的知识和技能，才能成功地教授日益多样化的学生，这也涉及学生的教育公平问题。

为了确保所有学生拥有获得优质教育的机会，使每个学生都获得成功，这个教育发展战略规划提出了美国每个教室都应拥有有才能且甘于奉献的专业教师的目标。鼓励更多的州设立教师标准，并结合学生标准，作为新教师资格认证的一部分，包括知识测试和教学技能评价；同时增加新教师和有经验教师的比例，使其对新的更高的内容标准有更好的准备，以满足英语熟练程度有限的学生和残疾学生的需要。① 为了确保政策的实施，实现使更多的学生拥有高素质教师这一目标，这个教育发展战略规划也制定了核心策略，其中包括：重新检验教师标准和教师教育计划的内容；确认表现不佳的地区，鼓励他们运用联邦资金增加高素质教师的数量，并在这些地区促进高素质教师的分配；在教师不足的地区，支持新教师的入职和专业发展项目等。

（五）扩大公立学校选择

《2001—2005 年教育发展战略规划》提出，公立学校选择是一个为不同学生的学习需要提供选择的重要策略。公立学校选择可以帮助学校满足不同学生和家庭不同的需要和兴趣，促进学校发展，为每一个儿童提供高质量的教育机会。公立学校选择也可以减轻对少数民族学生的隔离，鼓励学校为满足学生、家庭和社区的需要而具有更大的灵活性。公立学校选择的形式有：特许学校、磁石学校、开放入学政策和中学后选择。联邦教育部将继续支持和扩大公立学校选择，公立学校选择应平等地参与联邦计划，公立学校选择还应认真地监督教育质量和机会公平。为此，制定了所有学生和家庭均能在高质量的公立教育中进行选择的目标。具体规定为：到 2005 年，所有公立学校从幼儿园到十二年级的四分之一的学生将进入学生或父母选择的学校（1999 年为 5%）；45 个州将拥有特许学校法

---

① U. S. Department of Education. *The* 2001－2005 *Strategic Plan* ［EB/OL］. http：//www2. ed. gov/pubs/stratplan2001－05/index. html. 2009. 12. 21.

（1999 年为 38 个州）；全国将至少开办 4900 所特许学校（1999 年为 1700 所）。①

这个教育发展战略规划还提出，将为公立学校选择提供财政支持，主要通过"公立特许学校计划"（Public Charter Schools Program，简称 PC-SP）和"磁石学校辅助计划"（Magnet School Assistance Program，简称 MSAP）促进公立学校选择制度。公立特许学校计划主要是为特许学校提供启动资金，用于制定计划、设计和实施，提供已成功的特许学校的信息，评估特许学校在其他公立学校和学生中的影响。磁石学校辅助计划主要是为磁石学校提供资金，帮助学区建立新的磁石学校。Title I 项目也会为需要改进的学校提供小部分资金支持公立学校选择，接受资金的地区必须为学生提供转入其他公立学校的机会，同时确保符合低收入条件的特许学校获得 Title I 项目的支持。

（六）缩小"数字化差距"

《2001—2005 年教育发展战略规划》提出，有效运用教育技术，可以显著提高教学和学习，因此，学校应该为全体师生提供先进的技术，以促进教育发展目标的实现。联邦教育部支持学校在课堂中运用教育技术，并制定了国家教育计划，具体包括：所有教师都要接受训练，以帮助学生学习使用电脑和网络；所有的教师和学生的教室都将配备多媒体计算机；每一间教室都将连接网络；有效的软件和网络学习资源将成为每所学校课程的组成部分。② 在已有进展的基础上，联邦教育部将继续关注：（1）缩小"数字化差距"，增加特困社区内的家庭和学校使用计算机和网络。（2）委派可以提供培训的教育者，支持在教室内有效使用计算机，实现公立学校的教室 100% 能够使用网络的目标。③

这个教育发展战略规划还提出，通过社区技术中心计划（The Community Technology Centers Program）支持低收入社区，使缺少这些资源的儿童获得计算机和技术。此外，联邦教育部将实施促进公平地获得技术、鼓励软件发展的新策略，缩小低收入学校和其他学校之间的数字化差距；通过技术文化挑战基金（Technology Literacy Challenge Fund，TLCF）等项

---

① U. S. Department of Education. *The* 2001 - 2005 *Strategic Plan* ［EB/OL］. http：//www2. ed. gov/pubs/stratplan2001 - 05/index. html. 2009. 12. 21.

② Ibid.

③ Ibid.

目，为特困学校提供技术支持；继续支持州和学区通过增加贫困地区和农村社区的技术能力，消除各地区和各学校之间的数字化差距。

《2001—2005 年教育发展战略规划》是基于全球竞争和美国教育的现实问题，对美国教育今后如何发展做出的全国规划。它围绕其中心使命"确保教育机会公平，促进教育质量卓越"，设定了 2001—2005 年间教育部的四大战略目标，旨在确保每一所学校的每一位学生对其成绩获得高度期望。

三　《不让一个孩子掉队法》

20 世纪 90 年代运用国家标准来测量教育改革，结果表明，这一时期并没有提高教育结果，也没有缩小少数民族和白人之间的差距。公立教育被忽略，贫困儿童的教育质量并未得到改善。[①] 为了不让一个孩子掉队并得到优质的教育，2001 年 1 月 23 日，美国新任总统乔治·沃克·布什向国会提交了《不让一个孩子掉队》的教育改革计划，这是布什上任后的第一份立法动议。美国国会于 2002 年 1 月 8 日通过第 107—102 法案，称为《不让一个孩子掉队法》（*No Child Left Behind Act*），全名为《借助绩效责任、灵活性与选择，保证不让一个儿童掉队》（*To Close the Achievement Gap with Accountability，Flexibility，and Choice，So That No Child Is Left Behind*）。[②] 该法案的主要目标包括：赋予州政府更强的绩效责任、扩大家长对子女教育的选择权、增加教育行政的弹性和地方控制等三个方面。它是对 1965 年《初等和中等教育法》的发展，兼顾教育公平与教育质量，并把提高所有学生的教育质量作为最终目标，体现了这一时期美国基础教育公平政策的主旨。布什总统在签署此教育法案时宣称："一个新的时代开始了，我国公共教育的新时代。从此刻起，美国的学校将走上一条新的改革之路，一条新的关注结果的改革之路。"[③]

《不让一个孩子掉队法》的主要原则是：兼顾教育公平与教育质量，

---

① Patrick J. McGuinn. *No Child Left Behind And The Transformation of Federal Education Policy*，1965 – 2005 ［M］. Kansas：University Press of Kansas，2006. 171.

② Rudalevige Andrew. *Accountability and Avoidance in the Bush Education Plan：The No Child Left Behind Act of* 2001 ［M］. Cambridge，Mass. ：Program on Educational Policy and Governance，Harvard University，2002.

③ 吕达、周满生：《当代外国教育改革著名文献》（第四卷），人民教育出版社 2004 年版，第 216 页。

凸显教育质量，提高所有儿童的教育质量。其"前言"指出："公立学校的质量直接影响到我们每一个人——无论是家长、学生还是公民。"① 布什总统也强调指出："如果我们国家不能承担起教育每个孩子的责任，我们就有可能在其他领域遭到挫折。但是，如果我们成功地教育了我们的年轻人，在全国和公民生活中将会有许多其他的成功接踵而来……公立学校的使命就是塑造来自不同背景、不同地区的每个孩子的思想与品格。"② 因此，这个教育法案的要点就是转变联邦政府在全国教育事务中的作用，使所有儿童都受到发挥其全部潜能的教育，不让一个孩子落后。联邦政府在教育中的主要责任就是，确保所有的儿童，无论其背景如何，都有机会获得成功。

（一）缩小学习成绩差距

为达到缩小学习成绩差距这一目标，在通过高标准和教学效能核定来实现平等上，《不让一个孩子掉队法》指出联邦政府能够、而且必须帮助缩小处境不利学生与同龄人之间的成绩差距，州、学区和学校必须负责保证所有学生，包括处境不利学生达到较高的学业标准。

这个教育法案要求学校的目标必须明确，便于测评，并以基本技能和必要知识为重点。要求每年对三到八年级的学生进行州级测验，要保证每个孩子每年都能达到目标。没有取得应有进步的学校将受到特殊帮助，弱势群体的学生不会被迫就读于落后的学校，他们可以选择教学水平正常的学校。要求州制定学生应该掌握的阅读和数学技能标准。要求各州必须建立一套奖惩制度以使学区和学校在提高学业成绩方面承担起责任。为了使家长掌握孩子在学校的表现以及了解学校的教育水平，这个教育法案还提出进行年度学业评估。具体方案是："对3—8年级的每一个学生进行年度测评。每年的阅读和数学测验将为父母提供需要的信息，让他们了解孩子在学校的学习情况，以及学校对孩子进行教育的情况。各州可以有充分的时间规划、实施选择和设计适当的测验。唯一的要求是对学生成绩进行逐年比较。"③

① 吕达、周满生：《当代外国教育改革著名文献》（第四卷），人民教育出版社2004年版，第191页。

② 同上书，第192页。

③ 同上书，第197页。

（二）奖励成功的学校和处罚失败的学校

为了使所有学生包括处境不利学生每年在学习上都能取得足够的进步，学生成绩必须按照种族、民族、英语能力和社会经济地位等分类公之于众。为了奖励成功和处罚失败，《不让一个孩子掉队法》规定，对缩小学习成绩差距的州和学校给予奖励，专门设立了"不让一个孩子掉队"学校奖和州"教育成绩"额外津贴奖金。"所有在提高不利学生成绩方面取得最大进步的成功学校，将获得承认并授予'不让一个孩子掉队'奖金。""各州必须建立一套奖惩制度以使学区和学校在提高学业成绩方面承担起责任。"① 如果某州未能达到学习成绩目标，将会减少其行政开支经费；如果某学校连续三年未能使处境不利学生每年取得必要进步，将会被采取适当行动。

对于改进每一年未取得进步的学校，这个教育法案做了详细的规定："一个学年中没有取得足够年度进步的学校和学区将被学区或州认定为需要改进。被认定后，这些学校将立即得到帮助来提高成绩；如果被认定的学校两年后仍然没有取得足够的年度进步，学区必须采取矫正行动，为落后学校的所有学生提供进入公立学校的选择机会。""如果学校 3 年后还没有取得足够进步，学校中处境不利学生可以转到成绩更好的公立或私立学校，或择校接受额外的教育服务。"②

（三）加强家长的作用，扩大教育选择

为了缩小不同种族、民族和收入群体间的阅读和数学等科目的成绩差距，在促进家长的选择上，《不让一个孩子掉队法》提出了择校政策。主要包括：促进家长的选择和革新计划、创设特许学校、扩大择校。同时，要求各州向家长报告学生的成绩评价结果，这些结果须按照种族、民族、英语能力和社会经济地位等分类公布。

这个教育法案还提出，应该公布更多有关学校质量的信息，帮助家长作出明智的选择。它规定："在掌握信息的情况下，家长是教育责任制最重要的力量，在选择权的帮助下，他们能保证其孩子尽可能得到最好、最有效的教育。"③ 家长可以通过查询一所学校的各类学生群体的

---

① 吕达、周满生：《当代外国教育改革著名文献》（第四卷），人民教育出版社 2004 年版，第 194—197 页。

② 同上书，第 198 页。

③ 同上书，第 203 页。

学生成绩报告卡，来了解自己孩子的情况以作出明智的选择。如果自己的孩子在一所长期处于尚待改进状况的学校学习，家长可以为自己的孩子选择更好的学校。如果自己的孩子在一所被确定为需要改进的学校就读，家长有权将自己的孩子转到更好的公立学校或公立特许学校。① 为此，联邦教育部将为扩大家长选择的革新尝试及有关择校效果的研究提供专项资助。

（四）提高教师质量，实现教师的公平分配

在提高教师质量上，《不让一个孩子掉队法》赋予各州和地区使用联邦经费的灵活性，期望各州能保证其所有的孩子都能接受高质量教师的教学。具体要求是：2005—2006 年，州的每所学校具备可以教授核心学术课程的高质量的教师。"高质量"意味着，教师具有完全的资格、学士学位和熟练的学科知识和教学技能。因此，各州将加强培养、招聘和培训高素质的教师，使教师质量得到改进，保证所有孩子都能获得高素质教师。同时，要为出色的教师提供奖励经费以及税收减免，并为家长提供有关教师质量的信息。正如美国教育学者麦吉恩（Patrick J. McGuinn）指出的："教师的高质量意味着他们具有完全的资格、学士学位和熟练的学科知识和教学技能。《不让一个孩子掉队法》还要求各州必须设定相应的时间表以逐步实现这个目标，并要求根据 Title I 聘用高质量的教师。"②

此外，这个教育法案还提出，联邦政府对为土著美国人重建学校负有特定的义务，并特批资助来加强这些学校的建设。在残疾学生教育上，应该为残疾学生增加联邦政府的拨款，以减少地方政府和学校在满足残疾学生特殊需要方面的负担。在双语教育和移民教育方面，为英语熟练程度有限学生和移民学生提供语言教学。

《不让一个孩子掉队法》的颁布，对于改善美国少数民族和弱势群体的中小学教育，从而缩小种族间的教育差距、实现基础教育平等具有重要的推动作用。它是在新世纪对 1965 年《初等和中等教育法》的新发展。研究表明，《不让一个孩子掉队法》法案颁布后美国全国范围内

---

① 赵中建：《不让一个儿童落后——美国布什政府教育改革监图述评》，《上海教育》2001年第 5 期。

② Patrick J. McGuinn. *No Child Left Behind And The Transformation of Federal Education Policy*, 1965 – 2005 ［M］. Kansas：University Press of Kansas，2006. 178.

的学生学业成绩都在上升。"全国教育进步评估"（NAEP）于 2005 年 7
月发表的研究结果显示，基础教育阶段学生的阅读和数学成绩达到了有
史以来的最高程度，而各民族学生之间的差距也达到最小。在经费预算
方面，2002 年联邦教育部的教育经费预算有了实质性的增加，比上一
个财政年度提高了 11.5%。① 在这个教育法案的框架下，学校承担起了
保证让每个孩子都有成功机会的责任，家长被赋予了为子女选择教育的
权利。

　　《不让一个孩子掉队法》的通过和实施表明了民主党与共和党在教
育改革理念上的相互妥协，弥合了两党在基础教育公平政策问题上的分
歧。正如布什总统在签署仪式上所说的："我们国家的公立教育开始了
一个新时代，一个新纪元……美国的学校将走上一条新的改革之路……
从而确保美国的每一名儿童受到一流的教育。"② 《不让一个孩子掉队
法》强化了联邦政府在教育上的责任意识，加强了联邦政府在教育事务
中的作用，这也是美国 20 世纪教育发展总趋势的反映。它的颁布对联
邦政府实施基础教育公平政策提供了有力的保障。在 2002 年 7 月的全
国教育政策论坛上，各州州长和教育主管等研讨了该教育法案的实施
情况。

四　《美国教育部 2002—2007 年战略规划》

　　《2001—2005 年教育发展战略规划》制定后不久，美国发生了震惊全
世界的"9·11"恐怖袭击事件。由此，美国开始重视联邦政府在国家各
项事务中的作用，教育也不例外。美国教育部根据新的国际和国内形势对
《2001—2005 年教育战略规划》进行了修订，并于 2002 年 3 月 7 日公布
了一份新的教育战略规划，即《美国教育部 2002—2007 年战略规划》
（ U. S. Department of Education Strategic Plan：2002 - 2007）。这个战略规划
主要是为全面贯彻《不让一个孩子掉队法》而制定，是对美国教育新战
略框架更为精细的构建。在该法案基础上，它提出了六大目标，以教育质
量为核心，关注教育结果，提高学生成绩。通过优先强调阅读、提高数学

---

①　The White House. *Table of Contents. A Blueprint For New Beginnings*：*Strengthen and Reform Education* ［DB/OL］. http：//www. whitehouse. gov/news/usbudget/blueprint/bud03. html. 2009. 12. 21

②　张维平、马立武：《美国教育法研究》，中国法制出版社 2004 年版，第 251 页。

与科学教学的质量、改革高中、提高教师教学质量、缩小成绩差距，提高所有学生的成绩。非常重视教育质量和教育公平，要求在提高入学率的同时，缩小因种族、经济状况及身体条件等因素所造成的不同群体入学率的差距，加强黑人、拉美裔及其他有色人种学生聚集学校的教学。《美国教育部 2002—2007 年战略规划》体现了 21 世纪初美国教育改革与发展的目标取向和策略体系，凸显出保障教育公平是美国基础教育公平政策的核心主题。

（一）保障教育平等和促进教育卓越

《美国教育部 2002—2007 年战略规划》再次明确，美国教育部的使命是在全国范围内保障教育平等和促进教育卓越。在"部长声明"中，美国教育部长罗德里克·佩奇（Roderick Paige）指出："教育是国家需优先发展的紧要任务之一，而且比从前更为紧要。""我们承诺，改善教育质量，提高我们对学生所能够达到的成就的预期。我们承诺，不让一个孩子掉队。"[1] 因此，这个战略规划充分体现了"所有儿童教育机会均等"的思想，特别关注弱势群体的学生和低收入家庭的学生。

在这个战略规划的"引言"中，有这样一段表述："我们的教育体系为一部分孩子提供了很好的教育，他们的成功证明我们拥有许多优秀的教师和管理者。我们需要帮助整个教育体系认同、崇尚并效仿这种成功。但是我们不能满足于拥有这些优质教育的一个个岛屿。这样的公立学校应该遍及美国的每一个城市和社区。不应有一个孩子被放弃，因为每一个孩子都是重要的，并且是每一个孩子都有学习的能力。"[2] 因此，这个战略规划在其目标中充分体现了"教育机会均等"的思想，关注弱势群体的学生，赋予来自低收入家庭的低成就学生以特别优惠。为保障落实"全面卓越"目标和措施，布什政府还针对各目标，制定了明确的计划，以确保每一个高中毕业生具备在大学中和劳动力市场上获得成功的技能。

（二）继续支持教育选择

《美国教育部 2002—2007 年战略规划》继续实施《不让一个孩子掉

---

① 吕达、周满生：《当代外国教育改革著名文献》（第四卷），人民教育出版社 2004 年版，第 215 页。

② 冯大鸣、赵中建：《"9·11"后美国教育战略调整的两个标志》，《教育发展研究》2003 年第 3 期。

队法》的内容，支持州和地方政府为家长提供选择的机会。它提出："我们将鼓励各州和地方社区提供学生本学区之外的选择机制并开发特许学校法律和制度。"① 联邦政府将继续支持面向所有学生的，包括特许学校在内的公立学校选择政策。因此，"陷于失败或不安全学校的孩子将拥有加入好的公立学校（包括特许学校）或使用联邦资金接受私立教育的机会。公立学校的选择机会，包括特许学校，将获得强大的支持。教育部还将与国会合作，将更多的父母选择、参与、信息提供贯彻到所有联邦教育项目及税则中去"②。同样，对于处境不利的孩子来说，其私立学校选择机会方面也将获得强大的支持。为了向家长提供更多有关学校的信息和选择，《美国教育部 2002—2007 年战略规划》中还提出，通过学校做报告卡片和创建便于使用的在线数据库等方式，公布学校信息和家长的选择，帮助家长为孩子选择学校时作出明智的选择。

此外，联邦教育部将继续支持特许学校，将启动资金和设施资助，以便许多高质量的特许学校能够发展起来。教育部将与各州合作确保陷入失败或不安全学校的孩子有机会转到好的公立学校（包括特许学校），或者使用联邦资金获取补充教育服务。"我们将鼓励州和社区为陷于失败校或不安全校的孩子提供另外的选择，包括进入高质量的私立学校学习，教育部还将与国会和其他机构合作，在包括特殊教育、职业教育、高等教育和职业康复教育在内的其他立法领域提高家长和其他顾客的信息提供和选择机会"③，以扩大其他联邦项目中的学校选择。

（三）高质量教育机会的均等

在提高学生的学业成绩方面，《美国教育部 2002—2007 年战略规划》提出，学校应该负起提高全体学生学业成绩的责任，通过将阅读置于优先地位、扩展高质量的数学和科学教育、进行高中改革和提高教师与校长的质量，改善所有群体学生的学业成绩，从而缩小学生之间的学业成绩差距。正如小布什所说的："有人认为让处于弱势地位的儿童达到既定的严格标准是不公平的，而我认为，对他们降低要求则恰恰是对他们的一种歧

---

① 吕达、周满生：《当代外国教育改革著名文献》（第四卷），人民教育出版社 2004 年版，第 223—224 页。

② U. S. Department of Education, Office of the Deputy Secretary, Planning and Performance Management Service. *U. S. Department of Education Strategic Plan* ［Z］. Washington D. C. , 2002. 14.

③ Ibid.

视——对他们的这种低期望是一种无形的偏见。"① 也就是说，提高全体学生的数学和科学成绩；为学生学习提供更多的选择机会，提高全体中学生的成绩，缩小各群体学生间的成绩差距；提高教师和校长的素质，采取措施以确保每个学校的每间教室都有高素质的教师，以此来提高学生的学习成绩。

具体目标是：确保所有学生在三年级时都能达到本级水平的阅读能力。这一目标是《不让一个孩子掉队法案》中已设定的目标。为了实现这一目标，"我们必须确保阅读教学以扎实的科学研究为基础，我们要充分地理解构成良好阅读教学的五个组成部分，并充分认识到早期认知开发的重要性，我们将提高所有学生的阅读能力，包括来自少数民族和低收入家庭的儿童、英语学习能力不足者以及残障儿童"② （见表 6.1）。联邦教育部还将鼓励各学校对有阅读困难的学生进行早期确认并用基于研究的手段进行干预，确保英语学习能力不足者达到严格的标准。英语水平有限的学生在到达美国后的三年内要参加州阅读评估（英语），在这之前，他们要用母语接受州评估，教育部将支持就如何提高英语技能、水平和成绩而开展的有效策略研究。"我们将提高所有学生的阅读能力，包括来自少数民族和低收入家庭的儿童、英语学习能力不足以及残障儿童。"③

除了提高所有学生的阅读水平外，这个战略规划还提出，提高全体学生的数学和科学成绩的目标。（见表 6.2、表 6.3）"让学校担负起提高全体学生数学成绩和科学成绩的责任；将接受特殊教育的学生和英语学习能力不足者纳入各州数学评估；支持教师职业素质的提高，为急需数学和科学教师的学校招收新的师资。"④

从这个战略规划可见，联邦教育部试图提高所有群体学生的成绩，并通过三年一次的教育进步评估，检测各群体学生核心科目成绩的进步状况，以确保所有学生获得高质量的教育机会。同时，通过教育补偿等

---

① 吕达、周满生：《当代外国教育改革著名文献》（第四卷），人民教育出版社 2004 年版，第 226 页。

② U. S. Department of Education, Office of the Deputy Secretary, Planning and Performance Management Service. *U. S. Department of Education Strategic Plan* ［Z］. Washington D. C., 2002. 20.

③ 吕达、周满生：《当代外国教育改革著名文献》（第四卷），人民教育出版社 2004 年版，第 227 页。

④ U. S. Department of Education, Office of the Deputy Secretary, Planning and Performance Management Service. *U. S. Department of Education Strategic Plan* ［Z］. Washington D. C., 2002. 24 – 25.

政策，使弱势群体学生获得更大的进步，来缩小各群体学生之间的成绩差距。

（四）提高教师和校长的素质

《美国教育部 2002—2007 年战略规划》提出，将通过招募高素质的新教师、为现任教师的专业发展提供有利的机会等措施，确保每个学校的每间教室都有高素质的教师，以此来提高学生的学习成绩。这一点对于学生成绩已经落后在其他学校后面的学校来说，至关重要。此外，这个战略规划还提出："要致力于加强学校领导队伍素质的提高，因为从研究和实践中我们已经知道出色的校长对于学生成绩的提高是甚为关键的。"①

《美国教育部 2002—2007 年战略规划》是美国教育部根据新的国际和国内形势对《2001—2005 年教育发展战略规划》的修订，再次体现了"保障教育机会公平"和"提高教育质量"是美国基础教育政策的两大核心主题。这个战略规划反映了 21 世纪初美国教育改革与发展的目标取向和策略体系。其所表达的"平等"与"优异"之间的关系，被构想为"平等"服务于"优异"，主要由"全体优异"、"全方位优异"和"全面保障优异"三个方面组成。②

表 6.1　　　　　　　　　阅读科目绩效目标表

目标 2.3 中学成绩

		绩效目标					
		2002	2003	2004	2005	2006	2007
国家教育进步评估：阅读	全体学生。在国家教育进步评估中成绩达到或超过及格水平和良好水平的所有 12 年级学生的百分比。						
	以 1998 年及格水平为基准 = 75%	76	×	×	77	×	79
	以 1998 年良好水平为基准 = 38%	39	×	×	40	×	42

---

① U. S. Department of Education, Office of the Deputy Secretary, Planning and Performance Management Service. *U. S. Department of Education Strategic Plan*, Washington D. C. , 2002. 40.

② 冯大鸣、赵中建:《"9·11"后美国教育战略调整的两个标志》,《教育发展研究》2003 年第 3 期。

续表

目标 2.3 中学成绩	绩效目标					
	2002	2003	2004	2005	2006	2007
国家教育进步评估：阅读	非洲裔美国学生。在国家教育进步评估中 12 年级的非洲裔美国学生成绩达到或超过及格水平和良好水平的百分比。 以 1998 年及格水平为基准 =56% 以 1998 年良好水平为基准 =16%	57 17	× ×	× ×	59 19	× ×	64 24
	拉丁美洲裔学生。在国家教育进步评估中 12 年级的拉丁美洲裔学生成绩达到或超过及格水平和良好水平的百分比。 以 1998 年及格水平为基准 =60% 以 1998 年良好水平为基准 =23%	61 24	× ×	× ×	63 26	× ×	68 31
	残障学生。在国家教育进步评中 12 年级的残障学生成绩达到或超过及格水平和良好水平的百分比。 以 1998 年及格水平为基准 =30% 以 1998 年良好水平为基准 =7%	31 8	× ×	× ×	33 10	× ×	38 15
	英语学习能力不足者。在国家教育进步评中 12 年级的英语学习能力不足者成绩达到或超过及格水平和良好水平的百分比。 以 1998 年及格水平为基准 =27% 以 1998 年良好水平为基准 =8%	28 9	× ×	× ×	30 11	× ×	25 16

注释　成绩目标：从 1998 ~ 2007 年，这些目标假定所有学生成绩能够提高 4 个百分点，各学生亚群体能提高 8 个百分点。这样，成绩差距就会缩小。因为"来自低收入家庭的学生"12 年级的统计数字不可信，所以不包括在内。

注意：依照现行的日程安排，在 2003、2004、2006 年不进行国家教育进步阅读评估。

资料来源：U. S. Department of Education, Office of the Deputy Secretary, Planning and Performance Management Service. *U. S. Department of Education Strategic Plan*, Washington D. C. , 2002. 33.

表6.2   数学科目绩效目标表

目标2.3 中学成绩

		绩效目标					
		2002	2003	2004	2005	2006	2007
国家教育进步评估：数学	全体学生。在国家教育进步评估中成绩达到或超过及格水平和良好水平的所有 12 年级学生的百分比。						
	以 2000 年及格水平为基准 =62%	×	63	×	64	×	66
	以 2000 年良好水平为基准 =16%	×	17	×	18	×	20
	非洲裔美国学生。在国家教育进步评估中 12 年级的非洲裔美国学生成绩达到或超过及格水平和良好水平的百分比。						
	以 2000 年及格水平为基准 =29%	×	30	×	32	×	37
	以 2000 年良好水平为基准 =2%	×	3	×	5	×	10
	拉丁美洲裔学生。在国家教育进步评估中 12 年级的拉丁美洲裔学生成绩达到或超过及格水平和良好水平的百分比。						
	以 2000 年及格水平为基准 =42%	×	43	×	45	×	50
	以 2000 年良好水平为基准 =4%	×	5	×	7	×	12
	残障学生。在国家教育进步评中 12 年级的残障学生成绩达到或超过及格水平和良好水平的百分比。						
	以 2000 年及格水平为基准 =24%	×	25	×	27	×	32
	以 2000 年良好水平为基准 =4%	×	5	×	7	×	12
	英语学习能力不足者。在国家教育进步评中 12 年级的英语学习能力不足者成绩达到或超过及格水平和良好水平的百分比。						
	以 2000 年及格水平为基准 =28%	×	29	×	31	×	36
	以 2000 年良好水平为基准 =2%	×	3	×	5	×	10

注释　成绩目标：从 2000～2007 年，这些目标假定所有学生成绩能够提高 4 个百分点，各学生亚群体能提高 8 个百分点。这样，成绩差距就会缩小。因为"来自低收入家庭的学生"12 年级的统计数字不可信，所以不包括在内。

注意：依照现行的日程安排，在 2002、2004、2006 年不进行国家教育进步数学评估。

资料来源：U. S. Department of Education, Office of the Deputy Secretary, Planning and Performance Management Service. *U. S. Department of Education Strategic Plan*, Washington D. C. , 2002. 34

表6.3 　　　　　　　　**科学科目绩效目标表**

目标2.3 中学成绩

		绩效目标					
		2002	2003	2004	2005	2006	2007
国家教育进步评估：科学	全体学生。在国家教育进步评估中成绩达到或超过及格水平和良好水平的所有12年级学生的百分比。						
	以2000年及格水平为基准＝50%	×	×	×	53	×	×
	以2000年良好水平为基准＝17%	×	×	×	20	×	×
	非洲裔美国学生。在国家教育进步评估中12年级的非洲裔美国学生成绩达到或超过及格水平和良好水平的百分比。						
	以2000年及格水平为基准＝29%	×	×	×	27	×	×
	以2000年良好水平为基准＝3%	×	×	×	9	×	×
	拉丁美洲裔学生。在国家教育进步评估中12年级的拉丁美洲裔学生成绩达到或超过及格水平和良好水平的百分比。						
	以2000年及格水平为基准＝28%	×	×	×	34	×	×
	以2000年良好水平为基准＝6%	×	×	×	12	×	×
	残障学生。在国家教育进步评中12年级的残障学生成绩达到或超过及格水平和良好水平的百分比。						
	以2000年及格水平为基准＝17%	×	×	×	23	×	×
	以2000年良好水平为基准＝4%	×	×	×	10	×	×
	英语学习能力不足者。在国家教育进步评中12年级的英语学习能力不足者成绩达到或超过及格水平和良好水平的百分比。						
	以2000年及格水平为基准＝13%	×	×	×	19	×	×
	以2000年良好水平为基准＝2%	×	×	×	8	×	×

注释　成绩目标：从2000～2005年，这些目标假定所有学生成绩能够提高3个百分点，各学生亚群体能提高6个百分点。这样，成绩差距就会缩小。因为"来自低收入家庭的学生"12年级的统计数字不可信，所以不包括在内。

注意：依照现行的日程安排，国家教育进步科学评估将在2005年进行。

资料来源：U. S. Department of Education，Office of the Deputy Secretary，Planning and Performance Management Service. *U. S. Department of Education Strategic Plan*，Washington D. C.，2002. 34.

五 《2007—2012 年教育战略规划》

继《美国教育部 2002—2007 年战略规划》之后，2007 年 5 月，美国教育部又发布了《2007—2012 年教育战略规划》（*Strategic Plan For Fiscal Years* 2007－2012）。这个战略规划仍承袭《不让一个孩子掉队法》的精神，以提高所有学生的成绩，通过促进优质的教育和确保公平的入学机会为全球竞争做准备为使命。美国教育部长玛格丽特·斯佩林斯（Margaret Spellings）说："我们将致力于给予学生在全球经济竞争中获得成功所需的技能，《不让一个孩子掉队法》之后的 5 年，我们依然决定在国家的每一个角落推进教育卓越。"① 联邦教育部以往的使命是促进教育卓越和确保教育机会公平，现在增加了对提高学术成绩水平的期望，以及保持在国际市场上长期的竞争力。为了完成这一任务，联邦教育部将为所有的美国人建立世界级教育体系，针对低收入家庭学生、少数民族学生、残疾学生和英语熟练程度有限的学生，缩小学业成绩差距，使所有的学生拥有实现全部学术潜力的机会。

（一）提高所有学生的学术成绩

由于《不让一个孩子掉队法》在提高学生成绩和缩小成绩差距方面的积极成果，为该教育战略提供了强有力的基础，因此，《2007—2012 年教育战略规划》制定与对《不让一个孩子掉队法》法案的重新授权结合在一起，在已有成果的基础上继续提高学生的成绩。到 2014 年，所有学生将熟练掌握阅读和数学技能，在高年级更多的学生所接受的课程应逐渐增加难度，尤其是数学和科学（见表 6.4、表 6.5），为中学后教育阶段的学习准备。围绕着提高学生的学业成绩、为所有学生提供优质的教育机会这一核心目标，该教育战略规划提出，提高学生学术成绩，奖励高素质的教师，改革有问题的学校，以便到 2014 年每个学生的阅读和数学水平都能达到相应的标准，以及鼓励有难度和更高级的课程，提高中学生的学术成绩。

---

① U. S. Department of Education, *Strategic Plan for Fiscal Years* 2007－2012 [Z]. Washington, D. C., 2007. 3.

表6.4　　　　　　　　　　　　　州学生阅读成绩评估的测量

	基准线（'05）（%）	目标（%）					
		'07	'08	'09	'10	'11	'12
所有学生	65.8	73.4	77.2	81.0	84.8	88.6	92.4
低收入学生	52.6	63.1	68.4	73.7	78.9	84.2	89.5
少数民族学生[a]	不确定	差距缩小12.5%[b]	差距缩小25%[b]	差距缩小37.5%[b]	差距缩小50%[b]	差距缩小62.5%[b]	差距缩小75%[b]
残疾学生	38.0	51.8	58.7	65.6	72.4	79.3	86.2
英语熟练程度有限的学生	不确定	差距缩小12.5%[b]	差距缩小25%[b]	差距缩小37.5%[b]	差距缩小50%[b]	差距缩小62.5%[b]	差距缩小75%[b]

注意：2006年在此测量中没有提供。

a 非裔美国人，西班牙和印第安人/阿拉斯加土著学生的数据是州所需报告的重要数据。

b 差距：2005年基准线的百分比与2014年完全实现熟练目标之间的差距。

资料来源：［美］《初等和中等教育法》州综合业绩报告

表6.5　　　　　　　　　　　　　州学生数学成绩评估的测量

	基准线（'05）（%）	目标（%）					
		'07	'08	'09	'10	'11	'12
所有学生	63.4	71.6	75.6	79.7	83.8	87.8	91.9
低收入学生	50.7	61.6	67.1	72.6	78.1	83.6	89.0
少数民族学生[a]	不确定	差距缩小12.5%[b]	差距缩小25%[b]	差距缩小37.5%[b]	差距缩小50%[b]	差距缩小62.5%[b]	差距缩小75%[b]
残疾学生	38.5	52.2	59.0	65.8	72.7	79.5	86.3
英语熟练程度有限的学生	不确定	差距缩小12.5%[b]	差距缩小25%[b]	差距缩小37.5%[b]	差距缩小50%[b]	差距缩小62.5%[b]	差距缩小75%[b]

注意：2006年在此测量中没有提供。

a 非裔美国人，西班牙和印第安人/阿拉斯加土著学生的数据是州所需报告的重要数据。

b 差距：2005年基准线的百分比与2014年完全实现熟练目标之间的差距。

资料来源：［美］《初等和中等教育法》州综合业绩报告

《2007—2012年教育战略规划》把更多的资源和注意力集中于高中，

更多地侧重于残疾学生等弱势群体，号召学校和地区在科学方面采用高标准，确保更多的进步和有效的行动，转变持续落后的学生，以高标准教育学生。其主要实施策略是："教育部将帮助州和地方教育部门重组不合格学校，提高办学水平；支持各州实现《残疾人教育法》，在阅读和数学方面的州绩效计划（State Performance Plan，SPP）目标。"① 教育部将在州范围的评价中，收集关于残疾学生受教育和表现的数据，作为州绩效计划要求的一部分，以及以全国教育进展评估（National Assessment of Educational Progress）为参照，在数学和阅读方面，提高达到和超越熟练水平残疾学生的比例。教育部将为州在促进收集正确数据和设计正确评估、基于数据的实践、支持州绩效计划目标与促进残疾儿童阅读和数学成绩的有效策略方面，提供必要的技术支持。

此外，这个教育战略规划提出，为提高贫困地区学生的学业成绩，联邦教育部将通过教师奖励基金（Teacher Incentive Fund）发展有差别的、基于行动的补偿体系，以提高学生成绩。同时，将建立激励机制，奖励最成功的教师，吸引最好的教师去高需求学校和急需教师（hard-to-staff）的科目。

（二）确保所有学生由高素质教师来教授

《2007—2012 年教育战略规划》提出，为了到 2014 年所有的儿童都能在阅读和数学科目上达到熟练程度，高质量和有效的教学是提高学生的学业成绩最重要的因素。为此，联邦教育部必须确保所有班级继续取得进步，在核心科目上由高素质的教师教授，贫困家庭和少数民族的儿童不应该再由不具备资格或没有经验的教师教授。（见表 6.6）

尽管在提供高素质教师方面取得了一些进步，但《不让一个孩子掉队法》制定的到 2005—2006 学年所有核心科目的教师都要具有较高素质的目标还未实现，因此，这个教育战略规划提出，州和地区在确保所有教师能胜任所教的科目方面，仍然面临着挑战。特别是对于小型的、农村初中和高中以及独立中学中的特殊教育班级，各州应该分析教师分配模式，调查贫困学生和少数民族儿童相对集中的学校和地区与富裕学校和地区的教师状况。州必须向联邦教育部提交计划，阐述特别的策略和行动来消除

① U. S. Department of Education, *Strategic Plan for Fiscal Years* 2007 – 2012［Z］. Washington, D. C. , 2007. 4.

教师分配上的不同，确保教授核心科目的所有教师都具备很高的素质。

表6.6　　　　　　　　　由高素质教师教授核心课程数据的测量

	基准线（2005 年）（%）	目标（%）
核心学术课程（所有）	91	100
核心初级课程（所有）	93	100
高中核心初级课程	90	100
特困学校的核心初级课程	95	100
核心中级课程（所有）	89	100
特困学校的核心中级课程	84	100
贫困学校的核心中级课程	92	100

资料来源：［美］《初等和中等教育法》州综合业绩报告

因此，针对确保所有学生都拥有高素质教师的目标，这个教育战略规划提出："州将确保所有的教师具备高素质，监管各州在降低不具备资格的、经验不足的或非专业的教师教授贫困家庭学生和少数族裔学生比例方面作出的努力。"[①] 同时，所有的州都要设计方案，确保不同背景和家庭收入的儿童，由高素质、经验丰富和专业教师教授。联邦教育部将促进这些计划的实施，将加强监管以确保在各种类型的地区配备高素质教师，并向公众报告。

（三）为家长和学生提供更多的选择机会

《2007—2012 年教育战略规划》提出，联邦教育部将继续提供启动资金和设备资助，继续支持高质量的特许学校发展，鼓励州和学区为落后学校的儿童提供选择其他学校的机会。联邦教育部"将与州合作确保落后学校的学生有机会转入公立学校（包括特许学校），或者如果符合条件，运用联邦补偿教育服务（Supplemental Educational Services，SES）资金"[②]。联邦教育部还将支持州实施学校选择和《初等和中等教育法》所要求的补偿教育服务，确保最大数量的符合条件的学生得到选择机会和补偿教育服务。在补偿教育服务上，联邦教育部将为州提供指导和技术支

---

① U. S. Department of Education, *Strategic Plan for Fiscal Years* 2007 – 2012 ［Z］. Washington, D. C. , 2007. 11.

② Ibid. , 2007. 14.

持，增强对家长的宣传；为教育不足的地区提供新增的补偿教育服务；通过扩大监管，实施有效的补偿教育服务和评价补偿教育服务提供者的有效性。此外，这个教育战略规划还提出，学校选择的范围可依据州和当地的情况，州和学区应该增强提供选择的范围，并消除各种障碍，如取消对特许学校数量的限制等。

（四）提高高中学生的毕业率

《2007—2012 年教育战略规划》提出，美国所面临的最大挑战之一就是确保每一个青少年从高中毕业，做好大学和工作所需的准备。长期以来，每年近 100 万学生辍学，一半的少数民族学生不能按时毕业，仅54% 的残疾学生可以毕业并获得正规的高中毕业证书。总体来说，30% 的九年级的学生不能按时毕业。① 因此，要着重提高在年级标准以下的学生和面临辍学危险的学生的阅读技能。联邦教育部将支持提高现有标准（见表 6.7），给予有需求高中的学生以更大的支持，为其完成学业提供更高质量的选择。

表 6.7　　　　　　　　　　　　　高中完成率的测评

	基准 （'04） （%）	目标（%）					
		'07	'08	'09	'10	'11	'12
18—24 岁的高中毕业生：							
●所有	86.8	87.3	87.4	87.6	87.8	88.0	88.2
●非裔美国学生	83.4	85.3	85.5	85.8	86.0	86.3	86.5
●西班牙学生	69.8	70.1	70.3	70.6	71.0	71.5	71.8
一年级平均毕业率	74.3	75.2	76.6	77.9	79.3	80.8	82.2

资料来源：18 至 24 岁完成高中的学生的数据：美国商务部、人口统计局、当前人口调查中每年收集的数据。

一年级平均完成率：美国教育部、国家教育统计中心、一般核心数据、公立初等/中等教育州非财政调查，每年收集的数据。

http://nces.ed.gov/pubs2007/2007024.pdf, p.2

---

① U. S. Department of Education, *Strategic Plan for Fiscal Years* 2007 - 2012 ［Z］. Washington, D. C. , 2007. 15.

《2007—2012年教育战略规划》制定的提高高中毕业率的策略主要有："帮助州和地区实施早期干预，使有辍学危险的学生重回正轨。教育部将支持数据体系的发展和有效使用，州和学区及早确定有辍学危险的学生，以便可以及早提供帮助。"[1] 此外，联邦教育部将为各州提供技术支持，发展学校范围内高质量的核心教学的基础和保护干预体系（Response to Intervention and Early Intervening Services），具体包括高质量补偿支出、干预或者服务（亦或两者兼具），继续观察学生的进步，实现加速学生学习。通过保护干预体系，可以确保失败学生接受早期干预，并为其提供特殊的教育服务，以免在学习后期才发现有辍学危险的学生。这个教育战略规划还特别强调将重点支持特困学校，分配更多的资源给高需求的、特困的高中。在促进所有学生在高中阶段都取得成功方面的其他策略还有：为高中学生增加更多的学习选择机会，帮助有辍学危险的学生和辍学学生在非传统高中获得成功的机会，为他们设置较高的期望并为他们提供达到期望所需的条件。

《2007—2012年教育战略规划》还提出，联邦教育部将帮助州实现《残疾人教育法》和《州绩效计划》中关于辍学、毕业和中学后就业等目标。具体来说，将收集残疾学生的数据，作为州绩效计划要求的一部分；将向州提供技术帮助提高其收集正确数据的能力，帮助州达到州绩效计划的目标和提高残疾学生中学后的成就。

（五）提高所有高中生的学术水平

针对美国的部分高中生尤其是弱势群体学生的学术水平低下、学术学习难度较低的状况，《2007—2012年教育战略规划》提出了提高所有高中生的学术水平的目标，提高高中生选修高难度课程的比例。联邦教育部将在全国范围内增设大学预科课程，鼓励增加低收入家庭和其他弱势群体的学生参加先修课程（Advanced Placement，简称AP）和国际文凭课程（International Baccalaureate，简称IB），并提供有一定难度的课程，由具有高素质的教师来教授。联邦教育部将增加具有学术知识、高级课程所需的教师数量，尤其对于开设有难度课程有限的学校；增加对先修课程和大

---

① U. S. Department of Education, *Strategic Plan for Fiscal Years* 2007 – 2012 [Z]. Washington, D. C., 2007. 15.

学国际文凭课程的资助，扩大低收入家庭和其他弱势群体学生接受高级课程的机会。联邦教育部还将与州合作，增加资助低收入家庭和少数民族家庭学生的先修课程考试费，认定和公布关于低收入家庭和少数民族学生成功参与先修课程的信息。①

《2007—2012 年教育战略规划》基本保持了《2002—2007 年战略规划》的框架，在基础教育公平的政策上是延续的。但它根据新时期社会和教育发展的需要，将原有的 6 个战略目标减少为 4 个，具体目标由原来的 24 个减少为 16 个，这也体现了联邦政府在教育问题上的侧重点有所变化。《2007—2012 年教育战略规划》不仅明确了 2007 年以后五年美国教育的任务，而且坚持了《不让一个孩子掉队法》所确立的原则。总体看来，《2007—2012 年教育战略规划》凸显了未来美国基础教育公平政策的核心任务：提高所有学生（包括弱势群体学生）的学业成绩，促进教师的公平分配和改善不合格的学校，以确保所有学生都获得高质量的教育机会。

六　《美国复苏与再投资法案》

2009 年的金融危机引发全球性经济衰退，更直接影响了美国的教育。在这种形势下，美国总统奥巴马于 2009 年 2 月 17 日签署了《美国复苏与再投资法案》(American Recovery and Reinvestment Act)。其中关于教育方面的内容，目的主要是帮助各州和地方教育机构减少与避免因学生缩减而造成的基本教育服务的丧失。这个法案提出对教育领域提供 1400 多亿美元投入，旨在通过对教育投资，对经济复苏产生刺激作用；也通过学校现代化建设项目，额外产生数千个建造业就业机会。其中一部分投资用于提升教师素质，促进高质量教师的公平分配，资助弱势群体学生教育和特殊教育，为弱势群体学生提供公平的学习机会。无疑，这些举措将有利于促进基础教育公平。

（一）资助弱势群体学生教育和特殊教育

《美国复苏与再投资法案》规定，联邦教育部负责管理的教育投资将大部分分配给各州执行，其中包括 130 亿美元弱势群体学生教育补助金和

---

① U. S. Department of Education, *Strategic Plan for Fiscal Years* 2007 – 2012 ［Z］. Washington, D. C., 2007. 19.

122 亿美元特殊教育资金。这两项资助具体由中小学教育办公室负责管理。

　　具体来说，在资助弱势群体学生教育上，130 亿美元用于资助来自经济贫困、教育落后家庭的学生。给予各州和地方教育机构 100 亿美元用于 Title I 基金的拨款，其中 50 亿美元为针对性补助金（targeted grants），50 亿美元为教育财政激励资金。另外，有 30 亿美元用于资助学校的改善计划，以帮助治理低效运转学校，其中包括设立"弱势中小学生教育补助金"，用于保证所有学生都平等地接受高质量教育。还有 158 亿美元的联邦学生资助金，使每位学生的助学金最多可增加 500 美元。[①] 这些资助将促进《不让一个孩子掉队法》的实施，保证所有孩子都能有接受高质量教育的平等机会，以达到国家学业标准和州学业评估标准。

　　在资助特殊教育上，联邦政府设立 122 亿美元特殊教育基金。其中 120 亿美元用于保障实施《残疾人教育法》，旨在通过增加联邦的财政支持，使各州和公立教育机构为残障儿童提供特殊教育及相关服务，以及督促学校为残疾学生提供更好的服务和支持来充分挖掘他们的潜力等举措，竭力保障残疾学生取得学业成就。通过支持过渡性的双语教学，帮助那些掌握有限英语的学生继续学习，并督促学校确保他们完成学业。

　　（二）实现教师的公平分配

　　《美国复苏与再投资法案》还规定，通过奖励教师、实现教师的公平分配，缩小学生学习成绩的差距。美国联邦教育部部长邓肯（Arne Duncan）公布了美国 2010 年度联邦教育预算为 467 亿美元，比 2009 年度增长 2.8%，预算中资金分配项目包括提供 5.17 亿美元教师奖励基金。[②] 旨在激励各州和学区努力提高教师队伍素质，特别要奖励在提高学生学业成绩、缩小学生学业差距方面取得突出成绩以及那些在农村等条件较差地区工作的教师。

　　此外，联邦政府还设立 50 亿美元奖励资金和创新基金。其中 43.5 亿美元奖励资金，用于提高教师教学成效，促进教师公平分配，为有迫切需

---

① Whitehouse. *Progress* ［EB/OL］. http：//www. whitehouse. gov/agenda/education/. 2010. 2. 15.

② U. S. Department of Education. *Guidance on the State Fiscal Stabilization Fund Program* ［EB/OL］. Washington, D. C., 2009. http：//www. ed. gov/programs/statestabilization/guidance. pdf. 2009. 12. 29.

求的学生分配合格的教师；还有 6. 5 亿美元创新基金，用于奖励地方教育当局或非营利组织与地方教育当局合作在缩小学术成就差距方面所取得的显著成绩。① 其目的是帮助各州和学区减少和避免因学生缩减而造成基本的教育服务的损失，同时也规定了四个附加条件，即凡是申请领取资助的各州，在提交申请时的改革详细计划中必须包括采取措施提高教师的教学技能并将高质量的教师公平地分配于各个学校和各个班级方面的内容。

从《美国复苏与再投资法案》中的教育投资策略可见，奥巴马政府将教育置于优先地位。奥巴马在其第一次国会讲话中就明确指出，教育是缓解经济衰退的处方。这个法案的教育投资策略延续了《不让一个孩子掉队法》的精神，在教育上采取一系列应急措施，加大对教育的投入，保障弱势群体儿童的教育，培训和奖励教师，加强师资队伍建设，以推进美国基础教育公平的发展。

七　《改革蓝图——对〈初等和中等教育法〉的再授权》

按照规定，美国教育部每隔几年就要对《初等和中等教育法》进行重新授权。2010 年 3 月，美国教育部公布了奥巴马上台后的重新授权提案，即《改革蓝图——对〈对初等与中等教育法〉的再授权》（*A Blueprint for Reform*: *The Reauthorization of the Elementary and Secondary Education Act*，以下简称《改革蓝图》），这也是奥巴马政府对小布什政府《不让一个孩子掉队法》进行修订的提案。作为一份教育改革蓝图，《改革蓝图》的公布清楚地表明，美国在基础教育上不仅延续了 2002 年《不让一个孩子掉队》所确立的教育公平政策，而且为实现基础教育公平政策作了全面的规划，使每一个学生都能得到一种国际水平的教育、一种全面的教育，以保证他们获得成功。从《改革蓝图》中可见，通过提高所有学生的成绩，缩小学业成绩差距，促进教育公平，从而实现全面卓越仍是奥巴马政府在基础教育上的主要目标。

（一）设置更高的学术标准

《改革蓝图》提出，政府在实施促进教育公平政策的过程中，并未能

---

① U. S. Department of Education. *Guidance on the State Fiscal Stabilization Fund Program* ［EB/OL］. Washington, D. C., 2009. http: //www. ed. gov/programs/statestabilization/guidance. pdf. 2009. 12. 29.

反映每个学生的实际需要；州所依据的评价标准不能充分地反映学生的发展或学生所需的知识和技能，也不能及时地为教师提供有用的信息。"各州参照《初等和中等教育法》的标准，未能反映中学后所需的知识和技能，既不适合于继续学习也不适合于参加工作。"实际上，"每十个大学生中（包括一半两年制大学），就有 4 个学生需接受辅导课程，而许多雇佣者也评价中学毕业生的准备不足。"①

针对原有基础教育标准的弊端，《改革蓝图》为所有学生设置了更高的学术标准，即"为大学和就业而准备"的标准。依据这一标准，美国高中毕业生都应有选择自己成功道路的机会，因此，每个美国学生都应高中毕业，并为大学和就业做好准备。这一标准贯穿于《改革蓝图》的始终，更好地体现了教育公平的内涵，它也是基础教育各项改革的参照，各项教育政策和策略的实施都围绕此标准而展开。在"为大学和就业而准备"项目之下，确保每一个学生有取得成功的机会。"联邦仍将保持对特困学区的公式拨款，在促进所有群体学生的成绩方面做出更大改变，包括贫困家庭学生、少数民族学生、英语学习者和残疾学生，以更好地支持州、地区和学校（包括中学）"②，以确保每个从高中毕业的学生都为大学或就业做好准备，无论其家庭收入、种族、民族、语言背景或是否残疾。

除提供联邦拨款大力支持高需求地区外，《改革蓝图》还提出，在"科学、技术、工程和数学"（Science, Technology, Engineering and Mathematics Stem）项目下，"至少在数学、科学，包括技术和工程学科，实施高质量的教学，州制定策略促进该项目的教学，支持地区为包括英语学习者和残疾学生的所有学生，确认有效的教学材料，提高教师的知识和技能"③。为了帮助高需求学校内更多的学生接受全面的教育，将加强数学和艺术、外语、历史和市政学、金融知识、环境教育和其他学科。此举旨在提高包括英语学习者和残疾学生在内的所有学生的教育质量，促进其包括学术科目在内的全面成绩的提高，赋予每一个人成功的机会，更进一步促进教育公平。

此外，《改革蓝图》还强调，必须依照"为大学和就业而准备"这一

---

① U. S. Department of Education, Office of Planning, Evaluation and Policy Development, *ESEA Blueprint for Reform* [Z] . Washington, D. C. , 2010. 7.

② Ibid. , 2010. 8.

③ Ibid. , 2010. 25.

标准，以更好的评价方式更准确地评估学生所学。奖励有重大进步的成功学校，根本改变表现不佳的学校，缩小学术成绩和毕业率方面存在的差距。据此，将支持各州发展结合"为大学和就业而准备"新标准的新评价体系，以便更好地评定学生是否获得了成功所需的技能。新的评价体系将帮助学生更好地获取高要求的技能，为学生发展提供更准确的评价，以便更好地向教师报告必要的信息。

（二）建立新的问责机制

奥巴马政府所推崇的"问责制"旨在缩小学生之间的学业成绩差距，从而提高所有学生的成绩。因此，《改革蓝图》建议全国各级教育体系都应建立起严密而公正的问责机制，以确保所有学生都能拥有获得成功的机会。它提出，新的问责制不仅依据"为大学和就业而准备"标准，为中学生设置更高的学术标准，而且所有的学生都将包括在以"为大学和就业而准备"这一标准为基础的问责体系之中。在问责制的实施中，将奖励那些在提高学生成绩和缩小学生学业成绩差距方面表现突出的州、学区和学校，以及为实现到2020年毕业生达到"为大学和就业而准备"这一标准而努力的州、学区和学校；还要对学业成绩落后的州、学区和学校进行问责，对于表现不佳的学校予以强烈的干预。

该教育改革蓝图还提出，州问责体系除奖励进步和成功的学校外，将包括认定和干预失败的学校。而且，问责不只停留在学校层面，州和学区也将被问责。在州一级，认定并奖励取得显著进步的学校和学区，集中支持和干预表现不佳的学校和学区。它号召州、学区和学校致力于到2020年实现所有的学生都能毕业，为大学和就业做好准备的目标，以确保所有学生都获得高质量的教育机会。依据《改革蓝图》的评价标准，部分学校、学区和州将得到奖励，主要包括显著提高所有学生的成绩，缩小学生间的成绩差距，或全面转变表现不佳学校（在州和学区一级）的学校、学区和州。依据学生学术成绩、学生发展和毕业率，每个州排名在末5%，并且未能得到改进的学校，州和学区将被要求进行学校改革，这5%的学校将被列入被警告的范围，州和学区将执行地方基于研究而制定的策略帮助改进这些学校。①

---

① U. S. Department of Education, Office of Planning, Evaluation and Policy Development, *ESEA Blueprint for Reform*［Z］. Washington, D. C., 2010. 10.

《改革蓝图》还将设置适当的重大拨款项目，目的是帮助州、学区和学校在"为大学和就业而准备"的标准下，对每个州表现不佳的学校实施有力的干预。州将按照公式获得拨款，用以改善表现不佳的学校，对通过改革而表现转好的学校，给予一定的资助。在改革落后学校的拨款方面，为使联邦拨款达到预想的效果，对于接受拨款者也作了相应的规定。"接受拨款者须制定相应的计划，设立提高毕业率的条件；校长应在促进表现不佳学校中获得成功，为以上人员提供自主权、预算、教学计划和日程；校长应提高落后学生的学术成绩和其他成绩，这些都应进行相应的记录。"①

（三）公平分配优质教育资源

《改革蓝图》再次将缩小学生学业成绩差距作为追求教育公平的重要策略，特别提出优秀教师和校长作为优质教育资源的公平分配。因为在每一级教育系统中，教师与学生的互动是决定学生成功的主要因素，优秀的教师对学生的发展有极大的影响；同样，一个好的校长可以帮助教师成功，更好地组织教学团队。研究表明，优秀的教师可以为学生成绩带来很大的改变，优秀教师和好的校长的公平分配能有效缩小学生的成绩差距。

在《改革蓝图》中，奥巴马十分强调教师和校长在提高教育质量和促进教育公平方面的作用，特别提到要兑现基础教育公平的承诺，"需要大量具有技能的人才，尤其是我们国家的教师、校长和其他学校领导，我们的目标是每一间教室都要有优秀的教师，每一所学校都有优秀的校长。学生从进入学校的那一刻开始，决定成功的最重要的因素不是肤色亦或家庭收入，而是站在教室前面的教师。为了确保儿童的成功，我们必须在招聘、发展、支持、保留和奖励优秀教师方面做得更好"②。为此，《改革蓝图》将继续推进对州和学区的公式拨款，以促进教师和校长的有效性，确保弱势群体学生由有效的教师来教授，由有效的校长来领导。为确保每一所学校都具备有效的教师和校长，它要求在州范围内明确衡量标准，以及在此标准之上建立评价体系；同时，联邦政府将灵活运用现有对"高

---

① U. S. Department of Education, Office of Planning, Evaluation and Policy Development, *ESEA Blueprint for Reform* ［Z］. Washington, D. C. , 2010. 18.

② Ibid. , 2010. 1.

素质教师"（highly qualified teachers）等的相关规定，提供有价值的反馈信息，以帮助教师和校长获得提高，促进优质教育资源的公平分配。此外，它还鼓励在州范围内，各个学区要跟教师、校长和其他学校教职员工合作，依据学生发展和课堂观察等指标确定"有效教师"、"有效校长"、"高效教师"、"高效校长"的衡量标准；州将逐步推行这些衡量标准，并保留现有关于"高素质教师"的相关法律规定，但比以往在运用上更具灵活性。

　　参照这些标准，州和学区可以根据当地的需要选择如何运用资金，促进教师和校长的有效性，并确保平等地分配有效的教师和校长。同时，州和学区可以开发和实施教师和校长的评价体系，基于学生学术发展及其他方面，确定有效和高效的教师和校长，奖励杰出的教师和校长。这些评价体系将促进教师和校长的专业发展和促进学生的学习。此外，"新项目将致力于招聘、安置、奖励、保留和晋升有效教师和校长，强调教学的专业性"①。通过这些策略，确保各州和学区平等地获得有效的教师和校长，尤其是高需求地区能够公平地获得优秀的教师和校长。针对贫困学生和少数民生学生集中的学校，要有步骤地、均衡地使其获得有效的教育者。

　　《改革蓝图》还提出了公平分配教师的新策略，支持州和学区敢于采取大胆的行动，增加高需求地区的有效教师和校长的数量，并在高需求学校增加教学和学校领导岗位的入职途径。联邦教育部将继续推进对州和学区的公式拨款，以保证高需求地区获得有效的教师和校长，实现教育资源的公平分配。同时，为招聘、准备和支持有效教师和校长提供竞争性拨款，以扭转那些持续表现不佳学校的状况。"各州的计划制定，必须为教师和学校领导提供有效的专业发展，以及由州和当地确定的高质量课程、教学材料和评价及干预，确保所有学生得到适当的服务。"②

　　（四）补偿弱势群体教育

　　为了对弱势群体教育进行补偿，《改革蓝图》强调兼顾不同学习者的学习需要，特别是对弱势群体教育的补偿政策。补偿教育政策的范围从英语学习者和残疾学生到土著美国学生、无家可归的学生、移民学生、农村

---

　　① U. S. Department of Education, Office of Planning, Evaluation and Policy Development, *ESEA Blueprint for Reform* ［Z］. Washington, D. C. , 2010. 4.

　　② Ibid. , 2010. 27.

学生及被忽视和过失学生，真正体现了美国追求教育公平的承诺。

《改革蓝图》提出，学校有责任满足日益增多的多种学习者的教育需要，联邦政府必须提供广泛的资源确保所有学生拥有在大学和职业中成功的机会。此外，联邦政府有责任为农村地区等高需求地区提供帮助，将继续实施服务于所有学生的项目，包括发展英语学习者项目、鼓励改革项目和实践，以支持英语学习者获得成功；将保持和加强针对土著美国学生、无家可归学生、移民学生和被忽视或过失学生的公式拨款。

在对农村地区学生的补偿政策上，《改革蓝图》提出，将继续通过"小规模农村学校成就"（Small，Rural School Achievement，简称 SRSA）项目和"农村和低收入学校"（the Rural and Low-Income School，简称 RL-IS）项目向农村地区提供公式拨款，满足农村地区学生的特殊需要。为了提高资助的针对性，将更新对农村地区确认的方法。此外，将"为大学和就业而准备的学生"项目的要求与农村教育项目结合，以便农村教育项目在持续表现不佳的地区支持学校的发展。《改革蓝图》特别提出，要帮助农村地区申请竞争性拨款，以及为提高学生学术成绩而确定有效策略。[①]

在对低收入家庭学生的政策上，《改革蓝图》提出，将继续向低收入家庭学生提供支持，为他们提供高质量的学习机会，促进中等教育公平。具体来说，在高中阶段的学习内容包括大学阶段的课程；在小学和初中阶段的学习机会包括获得"天赋和天才"（gifted and talented）的教育项目。它支持校长和教师帮助低收入家庭学生取得成功，为校长和教师提供资源以帮助低收入家庭学生获得成功；鼓励各州在每一级教育体系中公平地增加投入，有步骤地采取措施以确保教育平等，逐步使特困学校接受的资助水平与一般贫困学校接受的资助水平相当。

《改革蓝图》还提出，按照"为大学和就业准备的学生"的标准，为英语学习者和残疾学生提供高质量的教育和全面教育，旨在提高所有学生的读写能力及各科成绩。它还将为英语学习者和残疾学生设置更高的学习标准，加强他们的读写能力，为所有地区（包括高需求地区）确认有效的教学材料，提高教师的知识和技能。为了满足残疾学生的需要，在对残

---

① U. S. Department of Education, Office of Planning, Evaluation and Policy Development, *ESEA Blueprint for Reform* [Z]. Washington, D. C., 2010. 23.

疾学生的补偿政策上，《改革蓝图》提出，继续通过《残疾人教育法》的资助项目集中支持残疾学生，并将增加对提高残疾学生成绩的支持，将帮助教师和领导为满足残疾学生需要而更好地准备，确保以更准确、更适当的评价方式，在更多的地区和学校实施高质量的、由州和当地决定的课程和教学支持。同时，针对母语不是英语的英语学习者，《改革蓝图》提出，设立多个有针对性的项目，避免英语学习者因语言障碍而带来学习困难，提高英语学习者获取学业成功的机会。"将继续提供公式拨款，帮助州和学区实施高质量语言辅导教育计划，促进英语学习者的教育。接受拨款者须提供双语计划，过渡性双语教育，或其他语言辅导教育计划，接受拨款者还须为英语学习者发展有效的专业教师，包括学术领域的教师，经过评估确定针对教学需要的教师。确定公式拨款协助这些地区的英语学习者取得成功。"①

在对移民学生的补偿政策上，《改革蓝图》提出，将继续加强对州、学区和其他移民学生教育需要的提供者的公式拨款，确保资金最有效地投入到移民学生生活的地区，还将根据更准确和更及时的数据，更新现有的资助公式。同时，还将加强和促进州际行动，以支持移民学生从迁出地到当地学校和社区的教育过渡。

对在印第安人、当地的夏威夷人和阿拉斯加土著的补偿政策上，《改革蓝图》提出，将继续支持，通过向州、学区、印第安部落进行公式和竞争性拨款，资助印第安人、当地的夏威夷人和阿拉斯加土著的教育和基于社区的组织、非盈利性组织、代理和机构，帮助满足印第安学生、当地的夏威夷人和阿拉斯加土著的独特需求。接受拨款者将更灵活地使用资金以实施方案，满足他们的需要。

在对无家可归儿童和青年的补偿政策上，《改革蓝图》提出，将继续加强公式拨款，帮助州和地区建立体系和服务，满足无家可归学生的教育需要。在对于被忽视和过失儿童和青年的补偿政策上，《改革蓝图》提出，将继续为州加强公式拨款，促进在国家机构内学生的教育服务，促进社区项目为被忽视或过失儿童和青年的教育服务。

《改革蓝图》通过拨款、整合原有的项目和设立新项目、赋予有限权

---

① U. S. Department of Education, Office of Planning, Evaluation and Policy Development, *ESEA Blueprint for Reform* [Z]. Washington, D. C., 2010. 20.

等措施，满足各个群体学生的不同需求，确保学校能够帮助他们达到升学和就业的要求，从而实现教育资源平等分配，给予每一个学生取得成功的公平的机会。

（五）扩大教育选择

学校选择制度是美国促进基础教育公平的一个重要策略，《改革蓝图》提出，将继续扩大公立学校选择的范围，在表现优异的新开办学校和公立学校内进行选择，并在公立学校体系内增加选择范围。为此，联邦教育部将对州和地区增加竞争性拨款，以便为每个学生提供高质量公立教育的选择机会。

《改革蓝图》支持有效的特许学校项目和磁石学校计划，将为州、特许学校授权人、特许管理组织、地区和非盈利性组织、开始表现优异的公立特许学校和其他表现优异的自治的公立学校提供竞争性拨款；赋予表现优异的公立特许学校、自治的公立学校更多特许权，包括员工配备、预算、日程和方案各方面，但它们必须从属于同样的责任体系，并负有提高学生学术成绩的责任。同时，为确保拨款经费用于表现优异的公立特许学校，用以提高各个群体学生的成绩，其申请者将在各方面受到评估。这种评估"主要根据在资助、支持、授权、管理、经营各方面是否取得成功。他们应承诺将促进学校质量，对于表现不佳的特许学校或自治学校停止拨款或关闭。接受拨款者将被要求制定相关计划，恰当地为所有特许学校和自治学校的学生服务，包括英语学习者和残疾学生，教育部长应预留部分资金促进特许学校引进设备或资金"[1]。

《改革蓝图》表明，奥巴马政府将进一步推进公立学校选择，对于向所有学生提供高质量的公立学校选择机会的州和地区将继续提供竞争性拨款，确保学生和家庭能够了解这些择校政策。接受拨款者将使用拨款资金，通过制定和扩大地区内的学校选择计划，以及高质量网络学习计划，为所有学生、尤其是表现不佳学校的学生增加高质量公立学校的选择机会。接受拨款者还必须为学生、家庭和社区提供如何确认、评价和获得高质量教育选择的信息，在一个地区内为每个学生提供跨地区的选择计划，在学校选择上增加多样性将会获得一定的优先权。此外，支持磁石学校计

---

① U. S. Department of Education, Office of Planning, Evaluation and Policy Development, *ESEA Blueprint for Refor* [Z] ., Washington, D. C., 2010. 37.

划，将扩大和推进学校选择，增加学校选择的多样性，成功提高学生的学术成绩和减少少数民族群体学生的孤立状况。

《改革蓝图》是在 2009 年《美国复苏与再投资法案》进行的一些重要改革的基础上拟定的。这份教育改革蓝图的公布清楚地表明，美国在基础教育公平上不仅延续了从 2002 年《不让一个孩子掉队法》所确立的政策，而且对其进行了一定的修正。正因为如此，教育史学家戴安（Diane Ravitch）评论道："在教育上，奥巴马只不过是小布什的第三个总统任期。"[1] 从奥巴马修订提案及其他教育政策中可见，奥巴马政府将教育公平置于优先地位。奥巴马政府以大量的经费资助基础教育和特殊教育等来推动教育公平，其基础教育政策在以教育质量为本的同时，也表现出追求教育公平的取向。

第四节　小结

在美国，21 世纪的基础教育公平理念继承了上一个世纪的理念，并对其进行了整合，提出为每一个学生提供获得成功的机会，兼顾教育公平与教育质量。它不再单纯地关注教育过程中的某一阶段的平等，而是强调每一个学生，无论其经济地位、种族肤色或家庭背景，都有权利受到高质量的教育，帮助每一个学生都能在未来有机会获得成功，并且这种成功是个人选择的结果，从而将基础教育公平的理念和实践推向了一个新阶段。正是在这种基础教育公平理念下，新世纪的基础教育公平政策，继承了教育市场化和教育选择对教育质量的追求，同时采取对弱势群体学生和弱势学校的补偿政策。

21 世纪以来，人们更加关注为每一个学生提供获得成功的机会，更加关注那些处境不利和成绩不佳的学生。以往，人们通常会把这些学生的成绩不佳归咎于他们自身。但是，当今的基础教育公平理念从另一个角度提出疑问：是这些学生自身的能力有限，还是学校制度本身不适于这些学生发展的需要。在新世纪的美国，基础教育公平理念和政策开始关注通过教育取得成功的机会是否公平，每一个学生是否能在教育中获得平等的成

---

① Greg Toppo. *Schools adapt, cut back, cope: Few changes with Obama K - 12 policy* [N]. USA TODAY. McLean, Va.: Dec 30, 2009. D. 4

功机会，应该说，这种公平是向实质性的教育公平迈进了一步。

从21世纪第一个十年美国基础教育公平政策的演进来看，促进教育的全面卓越和保障教育公平仍是两大主题，而且仍把提高所有学生的教育质量作为最终目标，更强调公平地提供优质的教育资源，提高每一个学生的学业成绩。在基础教育公平政策的制定和实施中，联邦政府在教育事务中的作用加强了，承担起保证让每一个学生都有学习机会和成功机会的责任，从而缩小来自不同背景、不同地区和不同家庭的学生之间的教育差距，对美国基础教育公平的实践起着重要的推动作用。总体来看，这一时期的基础教育公平政策在延续以往教育政策的基础上，使新世纪的基础教育公平政策更加合理和更加完善，可以更好地实现基础教育公平。应该看到，在这一时期的基础教育公平政策上，民主党和共和党两党并没有什么分歧。

在21世纪第一个十年中，基础教育公平理念和政策十分关注为所有学生提供优质的教育机会。但应该看到，新世纪的基础教育公平理念和政策，不再单纯地强调教育质量或教育公平，而是强调提高所有儿童的学业成绩，确保包括弱势群体儿童在内的所有学生都获得优质的教育机会。这一原则几乎体现在21世纪第一个十年所有的教育政策文本之中。联邦教育部强调实施绩效责任制度，确立更高的学术标准，并实行学业评估，以缩小各个群体学生之间的成绩差距，促进所有学生学业成绩的提高。州、学区和学校要为所有学生（包括处境不利学生）提高学业成绩负责。通过将阅读置于优先地位、扩展高质量的数学和科学教育、进行高中改革和提高教师与校长的质量，提高年级学业标准，从而缩小学生学业成绩的差距。鼓励各州采用更高的学术标准和更好的评估体系，特别是在阅读和数学方面，保证所有学生的学业成功。此外，确保每一个学生从高中毕业，并具备一定的大学和工作所需的准备，也是美国基础教育公平所面临的最大挑战之一。因此，在21世纪第一个十年，联邦政府强调提高高中的毕业率，制定高中到大学和就业的过渡目标，以及设置相关的教育标准，为中学毕业生的中学后教育和就业做好准备。

教师素质是学校教育中提高学生成绩最重要的因素，但是，美国在教师分配方面存在不平等，特别是贫困地区的学生，他们经常由准备不足的和素质不够的教师教授。因此，在21世纪第一个十年，公平地分配高素质教师就成为实施基础教育公平政策的一个重要方面。新世纪以来的教育政策文本都会涉及高素质教师的公平分配问题。联邦政府为相关的教育项目提供大量的拨款，招聘优秀教师到中小学任教，并将高素质教师公平地分配到各地区、学校和教室。同时，为教师提供专业发展的机会，制定为高需求地区提供高素质教师相关的计划，设立奖励基金以奖励到高需求地区任教的教师，确保每一个教室都有高素质且甘于奉献的专业教师。

学校选择制度也是美国政府促进基础教育公平的一个重要策略。早在20 世纪80 年代，美国公立学校的低效和教育质量的低劣，引发了具有历史意义的择校运动。在21 世纪第一个十年，政府在基础教育公平政策上继续实行选择学校制度并扩大学校选择的范围，但选择的范围不包括私立学校。通过家长和学生对学校的选择，使学生可以摆脱质量低劣的学校而进入高质量的学校；同时，贫困家庭学生和少数民族学生也可以通过学校选择，进入高质量的学校。在进一步扩大学校选择的范围时，尤其注意增强薄弱学校学生的选择权，同时为家长提供大量的择校信息。为了提升美国公立学校的教育公平和质量，教育选择的主要策略有：增加特许学校的数量，减少对特许学校的限制，关闭长期表现不佳的特许学校，以及支持磁石学校计划等。

在21 世纪第一个十年，美国在基础教育公平政策上，推行新的奖励与问责机制。也就是说，在一些学校多年改造仍旧低效的情况下，将依据法律对这些学校给予处罚。全国各级教育体系都应建立起严密而公正的问责机制，这种问责不仅针对学校，而且针对学区和州。联邦政府通过《不让一个孩子掉队法》等法案实施问责制，制定适当的年度进步计划，通过大量的标准化考试来检测学校的教学质量，奖励成功的和有进步的学校，并对未达标的学校进行处罚，对成绩落后的学校进行干预。应该说，新的奖励与问责机制已成为21 世纪以来美国推动基础教育公平的主要动力。现今，美国已有40 多个州建立了相应的奖励与问责机制，大大促进了基础教育公平的发展。

自20 世纪80 年代起，联邦政府在美国基础教育中的作用开始增强，过问和参与全国教育事务，但其作用还仅限于协调作用。进入21 世纪以后，联邦政府对基础教育进行了更大的干预，进一步地实质性参与到全国教育事务之中。"9·11 事件"给美国社会带来巨大的震动和影响，迫使美国开始重视联邦政府在国家各项事务中的作用，教育也不例外。联邦政府对教育的干预日益增强，其在推进基础教育公平的作用转化，表明了教育问题已从美国国家事务的边缘走向中心地带。2002 年美国国会通过《不让一个孩子掉队法》，首次以法律的形式确立了联邦政府在全国教育事务中的领导作用，极大地提升了联邦政府在公共教育中的地位。应该说，该法案的颁布，标志美国全国性基础教育政策的正式形成。由联邦政府推动基础教育公平发展，有利于基础教育公平政策的制定和实施，联邦层面的基础教育政策也更突出公平的取向。

针对 21 世纪初美国基础教育存在的突出问题，美国政府先后制定与推出了几个重要的基础教育政策文本。其中的战略重点是兼顾教育质量和教育公平，使每一个学生都能获得成功的机会。具体来讲，为所有学生提供世界一流的教育，提高学生的学业成绩，尤其在阅读、数学和科学等核心科目上，促进所有学生的学业成功。21 世纪第一个十年美国基础教育政策在以教育质量为本的同时，也表现出保障教育公平的取向。

结　　论

美国是一个多民族国家，具有多元文化的背景，它又是一个注重民主的国家。自美国建国以来，平等问题始终是美国人所关注的核心问题。正如英国牛津大学教授、美国历史研究著名学者波尔所说的："各种平等的类型所提出的问题在美国较为突出，是因为美国如此突出地致力于保障平等……然而，尽管美国的民主是最早确立的民主制度，而且最为具体地致力于保障权利的平等，但是从未对这个'明确的问题'给出一个具体的答案。从美国 200 年的历史中至少能得出的一个论断是，这个问题的答案随着时间和环境的变化而变化。"[1] 应该说，"人人生而平等"是美国人心中所坚持的信念，也是美国宪法所遵循的原则。因此，基础教育公平是美国人民一直追求的目标，并且美国教育公平理念与政策强调不同种族、民族和家庭背景学生之间的公平。

第一节　基础教育公平内涵逐步深化

基于社会经济和人类认识的发展状况，在不同的历史时期，产生了不同的关于基础教育公平理念。基础教育公平的内涵主要是由平等的目标来确定的，由于人们对平等目标的追求不断深化，基础教育公平的内涵也在不断深化。两百多年来，美国基础教育公平理念经历了一个由追求教育权利平等、入学机会均等、教育过程平等、教育结果平等、突出教育质量和公正到追求所有人都获得成功的高质量教育机会的过程。在美国，现代公共教育制度的建立是实现最初的教育机会均等的基本途径，它大大促进了基础教育公平的发展，从普及初等教育到逐步普及中等教育，从追求教育

---

① ［英］J. R. 波尔：《美国平等的历程》，商务印书馆 2007 年版，第 437 页。

机会均等逐步发展为追求教育过程平等，再到追求教育结果平等。但随着社会的发展，公共教育制度的强制性在一定程度上压制甚至破坏了个体的自由发展，从而阻碍了基础教育公平的深入发展和真正实现。随即就出现了尊重教育过程中的自主选择、保证所有人都有获得成功机会的学校选择制度，从而进一步丰富了基础教育公平的内涵。

从美国建国后直至20世纪初期，基础教育公平理念主张教育机会平等即教育机会均等，人人都享有受教育的权利，人人都应进入学校接受教育。实际上，教育机会均等强调的是数量上的相等，是一种量的规定性，是一种形式上的平等。这种教育机会平等是根据相对处境不利的群体在分层化社会和教育系统内所受的不同水平教育来确定。20世纪60年代以后，随着美国中等教育的发展和普及，尤其是具有里程碑意义的《科尔曼报告》的发表，对于基础教育公平的研究重点转移到背景特征与学校因素如何影响学生接受教育的机会，尤其是如何保证学生获得真正的学习机会。科尔曼等一些社会和教育学者在入学机会平等的基础上提出学业成就的平等，即教育结果平等，这无疑是一种实质性的平等。然而，教育机会和教育结果均属教育过程的基本环节，随后以多样化和多元化为前提而提出的选择学校的平等，从教育公平的策略的角度，对基础教育公平提出了更高的诉求。20世纪80年代以来，美国对于教育公平理念的研究更加深化，把更多的注意力转移到学校教育的课程和进程上，重新关注民族、种族的身份特征，超越了社会和地区层面的教育机会均等的宏观研究，而深入到学校和教室的层面的微观研究，更加关注学生获得成功机会的可能性上的不平等，强调学生在教学和课程所得到的经验恰恰是导致教育成功或失败的最直接的原因。学校和教室层面教育机会公平的研究，进一步阐释了学生个人学习机会的不平等是如何引起学业成就方面的重大差异及教育结果不平等的产生过程，同时也说明了仅仅研究社会中的权利、经济的不平等以及家庭和社区层面的影响是不够的。

值得注意的是，在美国基础教育公平理念的演进过程中，有不少学者是以基础教育现实中的"不公平"为前提，在对基础教育不平等的批判中，使基础教育公平理念得到深化，使基础教育政策趋于公平和合理。例如，科尔曼指出不同地区与种族群体之间存在着严重的教育机会不均等，进而阐释教育机会的效果和教育活动的效果不平等，即教育结果不平等；鲍尔斯和金蒂斯的批判集中于教育不平等的社会阶级因素，关注教育不平等的再生产，提出学校不过是统治阶级用于维持现状、尤其是维持其统治权利的工具；古德曼深刻揭露了资本主义教育制度与学校制度的不公平；詹克斯批判教育机会远没有实现平等，教育不公平突出表现为教育资源的不平等、学生就学机会以及选择课程机会的不平等；罗尔斯指出对于弱势群体来说，仅仅实现教育机会均等实质上是一种不平等，因而强调在尊重差异的基础上打破形式上的平等而达到实质性的平等；科恩批判学校和教室内部存在诸多的不平等，并通过对学校和教室内地位差异的系统研究进一步揭示了学校教育机会不公平的根源、课堂学习机会不均等的原因；达林－哈蒙德指出不同群体学生之间的学习成绩差距源于他们不能平等地获得教育资源，尤其是有技能的教师和平等的课程，而远非阶级或种族本身的原因。

随着社会和时代的发展，美国基础教育公平理念也在不断深化和趋于丰富。各种基础教育公平理念反映了社会中对于基础教育公平的不同需求，而其中部分理念在基础教育公平政策中以不同的形式得到体现。基础教育公平政策在制定和实施方面所存在的问题，也会在一定程度上反映在当时或随后的基础教育公平理念之中。这也说明，历史的局限性和体制的弊端，又为新的基础教育公平理念的诞生带来契机。正是在基础教育公平理念和政策之下，基础教育公平的实践不断克服阻碍和解决矛盾而有所前进。在此过程中，众多美国政治家、社会学者和教育学者从实现基础教育公平的目标出发，提出各自的基础教育公平理念，这些基础教育公平理念对基础教育公平政策的制定起到了相当重要的指导作用。

第二节　通过教育补偿政策促进少数民族学生基础教育公平

由于美国是一个多民族和多种族的国家，在美国基础教育公平的演进过程中，一个非常突出的问题就是不同种族儿童之间的教育公平问题。南北战争后，美国彻底废除奴隶制度，宪法第十四修正案正式以法律的形式赋予所有公民以平等的公民权，废除种族隔离和种族歧视的政策，南方各州也相继制定相关法律。"废除奴隶制只是走向国家承担确立实质性的个人平等的责任的第一步。而且，废除奴隶制本身并不能创造权利并将它们赋予获得解放的黑人种族的男性和妇女。"① 因此，在教育方面，仍然实行"隔离但平等的原则"，即实施在学校内白种人与有色人种相隔离的政策，只要黑人学校设施不低于白人学校即为合法。

对美国基础教育公平具有深远意义的布朗案判决，认定了隔离的教育是违宪的，公共教育是宪法保障的权利，无论出身哪个种族，每个人都应该享有相同的教育机会。布朗案判决极大地推动了美国少数民族儿童的基础教育公平。布朗案判决之后，种族合校方面取得了很大的进展，但由于种族合校成为衡量教育机会是否平等的标准，导致取消学校种族隔离方面的政策的成效并不明显。实际上，教育质量不平等是布朗案判决的重要基础，因为它背离了教育公平的实质，从而造成了新的教育不公平，即教育结果的不公平。

但是，布朗案判决揭开了美国民权运动的序幕，并直接导致十年后《民权法案》（1964）的颁布，其中涉及了消除公共教育种族隔离，以及禁止联邦资助带有歧视的教育项目，任何人都不应因为其种族、肤色、或民族的原因而在联邦资助项目中受到任何歧视。《民权法案》使得少数民族儿童的受教育机会增加，加快了实现少数民族基础教育公平的进程。此外，另一个非常重要的决定就是要求教育行政部门对教育机会平等政策的实施情况进行调查，这直接导致了《科尔曼报告》的诞生。《科尔曼报告》在对不同种族、宗教信仰和家庭背景的学生情况的调查的基础上，指出基础教育中的教育机会平等情况不容乐观，绝大多数学生仍在种族隔离学校学习，并且除亚裔外的少数民族学生成绩通常低于白人学生，家庭的社会经济地位、尤其家长的教育程度是影响学生成绩的主要因素。

此后，美国国会对《民权法案》进行两次修订，进一步巩固反种族歧视的法律，并且美国联邦教育部设立了民权办公室，专门负责在教育领域内相关条款的实施。此后的美国基础教育公平政策，无不提到少数民族儿童的教育公平问题。

为了解决少数民族学生和弱势群体学生的基础教育公平问题，美国联邦政府自20世纪60年代采取了教育补偿政策。教育补偿政策是美国基础教育公平政策的重要内容，有效地促进了基础教育机会平等。起初它主要对贫困家庭学生进行补偿，后来逐渐将少数民族学生、母语非英语的学生

① ［英］J. R. 波尔：《美国平等的历程》，商务印书馆2007年版，第197页。

等其他弱势群体学生包括进来。来自处境不利家庭的儿童与同伴相比，更倾向于选择收费较低、质量不高的学校，因而在基础教育中往往处于不利地位。补偿教育就是为了消除这种教育不平等，通过对不同的学生群体的不平等资源分配，达到基础教育上的相对公平。在常规教育资源分配之外，对有特殊需要的学生进行再次专项拨款，为弱势群体学生提供额外的服务，使其能够接受公平的教育。

早期的美国教育学者认为，弱势群体学生的学习成绩不良是由于家庭因素或他们的种族、民族文化存在缺陷，而与教育本身无关；若要使弱势群体学生的学习成绩提高，就需要对他们进行补偿教育。因此，在基础教育政策上，强调给社会底层和贫困家庭儿童以教育机会，关注教育资源的重新组合和分配。自20世纪60年代起，美国基础教育公平理念主张在学校教育的实际过程和内容等实质上，去探求基础教育不公等的根源所在。例如，鲍尔斯和金蒂斯主张对无产阶级儿童进行补偿教育；古德曼提出补偿那些在教育体制和学校制度内处境不利的和家庭状况不良的儿童；罗尔斯强调补偿教育是教育公平原理的必要条件；詹克斯提出补偿的教育凭证制度，就是以多样化的学习创设为前提对处境不利的学生进行补偿教育；达琳－哈蒙德主张采取相应的教育政策来补偿少数民族学生和低收入家庭学生等，使他们可以平等地获得教育资源。

在主张补偿教育的基础教育公平理念的影响之下，美国联邦政府开始认识到低收入家庭特殊教育需要的急迫性，以及地方教育部门对低收入家庭教育状况改善的局限性，由此宣布联邦教育政策是提供经济资助，以便地方教育部门能够更大限度地改进低收入家庭子女的教育质量。于是，20世纪60年代美国的基础教育公平政策开始以补偿弱势群体学生的教育为主。1965年《初等和中等教育法》以及1981年《教育巩固与促进法》奠定了美国在基础教育上实施的教育补偿政策的基础。

《初等和中等教育法案》致力于解决美国基础教育的公平问题，初步制定了教育补偿政策，其中包括关于小学和中学教育的补偿性项目多达3万个。其中最重要的为第一章（Title I），其他各章则从不同侧面对第一章予以支持。联邦政府向低收入家庭子女集中的学校拨款，联邦政府向提交废止种族隔离计划并获得教育部批准的学区提供资金，还资助教育上处境不利的印第安儿童学校，以及为残疾儿童提供平等的受教育机会，并且非公立学校也可以获得资助，以满足各弱势群体儿童的特殊教育需要。为弱势群体学生的额外拨款政策得以延续，小布什的《不让一个孩子掉队法》和奥巴马的《改革蓝图》都保留并发展了这一政策。

1981 年《教育巩固与促进法案》（*Education Consolidation and Improvement Act*）进一步修订联邦教育经费政策，发展与完善了教育补偿政策。该法案颁布后，在某种程度上成功地缩小了美国各个群体学生之间的基本知识与能力的差距，但是在接受帮助的学生与学校之间又造成了新的不平等。1993 年，美国对《教育巩固与促进法》重新修订，使补偿教育政策不仅针对学校与学生，而且与学校重塑计划以及新的教学、学习和评估改革相结合，为所有处境不利的学生与整个学校系统服务，加强补偿教育资金的使用效率与有效性，在教育机会方面确保更大的公平性。①

《初等和中等教育法》的资助对象开始主要为年家庭收入少于 2000美元的贫困群体和学生。后来又陆续颁发了一些修正法案，把关注的对象扩大到所有有特殊需要的群体，包括中心城区儿童、少数民族儿童、贫困家庭儿童、英语能力有限的儿童和残疾儿童、移民家庭儿童等。1994 年前，补偿教育资金主要用于最需要帮助的低年级学生；1994 年后，补偿教育资金倾向于支持各年级学生，不再限于低年级学生，而且鼓励特困学校进行全方位绩效改革。随着教育补偿政策的发展，由对弱势群体学生的关注逐渐转变为对包括弱势群体学生在内的所有学生的关注。在《不让一个孩子掉队法》颁布之后，补偿教育资金资助的对象包括所有在校学生，也包括所有的学校，除了公立学校之外，对私立学校也进行了资助；除了扩大资助的对象外，还对接受资助的州和学校提出了更高的要求，以保证基础教育公平政策达到预期的效果。2001 年，美国国会重新确认了《初等和中等教育法》，补偿教育制度在实施中不断得到发展与完善。

教育补偿政策是美国促进少数民族学生和弱势群体学生基础教育公平的重要措施。其目的就是为处境不利儿童提供额外的服务，使他们能够更加公平地接受教育。美国教育学者对 20 世纪 60—80 年代补偿教育的实施情况进行调查的结果表明，补偿教育对处境不利学生的学业成绩有着积极影响，使得处境不利地位学生与优势地位学生之间的学业成绩差距逐渐

---

① Linda Darling-Hammond. *Federal Policy Option for Chapter 1: An Equity Agenda for School Restructuring* [R]. New York,: NCREST, Teacher College, Columbia University, 1993: 4 - 7.

缩小。

补偿教育政策的积极影响在儿童早期教育阶段比较明显，但这种积极影响并没有持续到后来的学习过程中；此外，教育补偿政策实施以后，不同群体学生之间的学业成绩差距依然明显。所以，如何真正实现少数民族学生和弱势群体学生的基础教育公平在美国仍然是一个严峻的问题。正如当代美国教育学者库克森等人所指出的："机会平等和公平的理想与美国黑人和其他少数民族的实际情况形成了极大的反差。尽管在法律上保证平等，但黑人继续经历着严重的不平等。实际上，这在教育上是更为明显的。"①

第三节　基础教育公平离不开教育质量

在美国基础教育公平理念与政策的演变过程中，有一个不可忽视的问题，那就是，基础教育公平与教育质量关系问题。教育质量是教育公平的内在要求，而没有质量保障的教育公平是没有意义的。美国教育学者康奈尔（R. W. Connell）认为："教育是一个'多少'量和'什么'质不能分离开的社会过程，在量的分配和质的内容之间有着不可避免的联系。"②实际上，高质量的教育公平才是美国基础教育的真正追求。

早在 20 世纪 60 年代，《科尔曼报告》已明确提出，在追求基础教育公平的过程中，如果不强调教育质量，政府将为推进教育平等付出更大的投入，巨大的教育投入却无法带来教育质量的提高，甚至出现教育投入越多教育质量反而越低的现象，因此，教育改革一定要将促进教育公平和提高教育质量结合起来。20 世纪 80 年代以来，把基础教育公平与基础教育质量结合起来，渐渐地成为美国基础教育公平方面的一种主流理念，并越来越清楚地体现在美国基础教育公平政策上。正如美国教育家范迪尼所提出的，"卓越教育"是融合教育质量和教育公平的教育。美国教育首先保证人人有受教育的机会，在此基础上对教育平等提出了更高的要求，即对高质量的基础教育公平的追求，进而追求使每一个学生都获得同样的

　　① Peter W. Cookson, Jr., Alan R. Sadovnik and Susan F. Semel（ed.）. *Internatioonal Handbook of Educational Reform*［M］. New York: Greenwood Press, 1992, 449.

　　② R. W. Connell. *School and Social Justice*［M］. Philadelphia: Temple University Press, 1993. 18.

成功的机会。对于美国基础教育公平来说，其目标不仅是每个人都有受教育的机会，而且每个人都应公平地享有受高质量教育的机会。美国教育的真正使命是确保所有儿童公平获得优质教育的机会，也就是必须同时确保所有儿童的教育公平和教育质量。无疑，这种基础教育公平是与高质量的基础教育紧密相关的，只有提高基础教育的质量才能真正实现基础教育的公平。

应该说，美国自20世纪60年代以来的基础教育改革，都是试图平衡教育公平与教育质量两者之间的关系。自建国至二战后，美国教育政策侧重于发展公立的基础教育，从普及初等教育到普及中等教育，一般来说，那时为处境不利儿童提供的基础教育在质量上很难得到保障。20世纪60—70年代，美国教育政策倾向于对处境不利的少数民族儿童和贫困家庭儿童的进行补偿，对少数民族儿童采取反种族隔离或种族融合措施，为贫困家庭儿童提供特殊教育服务来提高他们的学业成绩，以实现基础教育整体教育质量的提高。然而，当时更多的是关注教育机会的平等分配。20世纪80年代以后，美国为了在国际竞争中保持其领先的地位，联邦政府意识到美国基础教育质量低下的严重性，开始高度重视基础教育的质量，并逐渐扩展为强调针对所有学生的高质量教育，寻求在高质量基础之上的教育公平。这从21世纪初以来美国教育部对自身使命的定位中可见一斑，从"机会均等优先，提高教育质量"，到"公平优先，提高质量"，再到"质量优先，确保公平，竞争全球"，虽然教育公平和教育质量两个目标各有侧重，但教育公平与教育质量两者兼顾是毋庸置疑的。此外，如果说20世纪60年代联邦政府的教育政策主要在于无条件地提供援助，为学校和学生提供额外的教育资源，那么20世纪80年代以来，尤其是21世纪初，则更强调建立绩效问责制，在提供教育资助的基础上，更关注基础教育质量的提高，把有限的经费用于提高学校教育的质量和效率，将绩效机制引入公共教育领域。为了更好地解决美国基础教育中存在的公平与质量问题，联邦政府政策出台了一系列扩大学校选择的政策，在学区和学校实施绩效问责制，并强化家长和学生的教育选择权。20世纪90年代以后，美国基础教育公平政策加强了对核心课程的关注，强调提高所有学生的成绩和培养相应的能力，缩小各学生群体之间的学习成绩差距，以提高基础教育质量和促进教育公平。

基础教育公平的目标不应是形式上的公平，而应是实质性的公平。

新世纪美国基础教育公平的目标是使每一个儿童有取得同样成功的机会，这种教育公平不仅体现在入学机会上，更主要体现在教育质量上，要使所有的学生获得所需要的知识和技能，并确保他们在未来获得成功的机会。

第四节　联邦政府在基础教育公平实践中的作用日趋强化

殖民地时期，美国教育移植了英国的模式而采取双轨制。但是，建国后美国在教育民主化的原则之上，开始走上单轨制发展之路。可以说，两百多年来，美国始终不懈追求基础教育公平的目标。

自建国初期至 20 世纪中期，美国基础教育公平的主要目标为单一诉求的入学机会平等。例如，自殖民地时期开始，美国基础教育公平的目标是普及免费的公立初等教育。1834 年，宾夕法尼亚州议会率先通过了一项非强迫性的免费学校法案，规定了州有对公立学校进行资助、监督和要求地方征收教育税的权利。1852 年，马萨诸塞州颁布了美国第一个强迫性的义务教育法。此后，各州纷纷制定资助公立教育的法案。从 19 世纪 30 年代到 60 年代，美国公共的、免费的、非教派的公立初等教育体系初步确立。

南北战争以后，在基本普及初等教育的基础上，美国在教育公平方面开始追求中等教育的机会平等，制定了发展和普及中等教育的政策。1872 年密执安州对卡拉马祖案的判决，确立了用税收兴办公立中学的原则，使各州利用公共经费开办公立中学的做法合法化。此后，美国公立教育体系不断完善，二战后基本普及了中等教育。在教育机会均等的基础教育公平政策的指引下，为消除中学之间的不平等，满足社会发展的需要，美国开始建立和发展综合中学。特别是美国教育家科南特 1959 年面世的《今日美国中学》一书，明确提出综合中学是美国中等教育的最佳学校类型，使得综合中学在美国得到了广泛的传播，并发展为美国最主要的中学类型。

20 世纪 80 年代，美国基础教育公平政策强调基于教育质量的教育公平，关注教育公平和教育质量的统一，"重建"美国公立教育系统，成为 20 世纪八九十年代美国基础教育改革最鲜明的主题。同时，为了兼顾教育公平与教育质量，基础教育公平政策发展的方向是：在维护现存公立学校制度框架的前提下，从学校内部管理体制入手，引入市场竞争机制，通过建立多样化新型学校，以及进一步在公立学校系统内部建立特许学校等措施，赋予家长择校的权利，形成公立学校之间以及公立学校与私立学校之间的竞争，激发公立学校的活力，推动公立学校提高质量，使公立学校承担其应有的责任，促进基础教育整体的发展。进入 21 世纪之后，美国基础教育改革实践基本上延续了上个世纪的内容，继续实施学校选择政策，将学校选择的范围限定在公立学校之内，基本不包括私立学校；对公立学校实行问责机制，使学校承担更大的责任；采取措施促进优秀教师的公平分配，为所有学生提供未来成功的机会，在更大意义上促进基础教育的公平。

　　由于美国在建国之初规定对教育的管理属于各州的事务，实际上，起初联邦对教育的管理权非常有限，但是对于促进基础教育公平这一重大的任务来说，单单依靠各州的力量恐怕难以完成，因而必须由联邦政府在全国范围内进行整体教育规划。值得注意的是，在美国基础教育公平的演进过程中，联邦政府对教育的干预逐渐加强，在基础教育公平方面联邦政府的作用日趋重要。这表明了联邦政府在基础教育公平实践中的作用转化。

　　早期美国联邦政府支持教育公平的政策可以追溯到 1787 年的《西北法案》，联邦政府通过赠与土地资助教育，以支持建立学校，为美国儿童提供更多的教育机会。1954 年的布朗案判决，最高法院从法律上废止了"隔离但平等"的原则，使非洲裔美国儿童的受教育机会大大增加，极大地推进了基础教育公平。随着国际和国内形势的变化，联邦政府开始对基础教育进行大规模干预，20 世纪 50 年代末到 60 年代末先后颁布了几十个涉及中小学教育的法案。联邦政府主要通过经费资助和教育立法来推动基础教育公平的发展。其中，1958 年的《国防教育法》是联邦政府第一个大幅资助教育的法案；1965 年的《初等和中等教育法》更加突出了联邦政府在推进基础教育公平上的作用，联邦政府对处境不利学生进行额外资助，每五年重新认可一次。这些法案对美国基础教育公平产生了极其深远影响。

　　20 世纪 80 年代末 90 年代初，联邦政府在全国教育事务中的作用日益增强。1989 年，乔治·布什总统召集全国州长召开"教育高峰会议"，将联邦政府的干预看作推动教育改革的关键。1991 年的《2000 年美国教育战略》体现了联邦政府在促进基础教育公平方面的重要作用。自此之后，美国教育部的教育战略规划都将促进基础教育公平作为其最高使命。后来，联邦政府颁布的《2000 年目标：美国教育法》，以法令的形式确定了一系列促进基础教育公平的国家教育目标。

如果说 20 世纪八九十年代美国联邦政府在基础教育公平实践中的作用还仅限于协调，那么进入 21 世纪之后，联邦政府对基础教育公平进行了更大程度的干预，在全国教育事务之中发挥了更具实质性的作用。"9·11 事件"使得联邦政府在全国事务中的作用凸显，加速了联邦政府对教育的干预，教育问题从国家事务的边缘走向中心地带。2002 年美国国会通过《不让一个孩子掉队法》，首次以法律的形式确立了联邦政府在全国教育事务中的领导作用，极大地提升了联邦政府在公共教育中的地位。在 21 世纪的第一个十年中，联邦政府依然致力于基础教育公平，通过缩小各个群体学生之间的学业成绩差距、提高学业标准、平等地接受高质量的教育等措施实现其最终目标——为每一个学生提供成功的机会。应该看到，随着社会时代和经济的发展，尽管联邦政府在新世纪之初不断地调整其教育管理上的方向，但其追求基础教育公平的目标始终未变，联邦政府制定的一系列基础教育公平政策在推动基础教育公平方面的作用日益增强。

国际 21 世纪教育委员会主席雅克·德洛克（Jacques Delors）在论述 21 世纪教育时曾这样指出，当人类面临未来各种挑战与冲击时，作为平等权利的教育将成为人类追求自由和平与维持社会正义最珍贵的工具。教育机会平等的理念，正是本着公正的原则以追求社会正义目标的达成。[①]当代美国著名教育家古得莱得在讨论美国基础教育公平问题时也强调指出："在现实生活中，这种理想仍然没有完全实现，但是其原则是清楚的。"[②] 因此，可以预见，在新的世纪中，给予每个人成功机会的基础教育公平对美国教育来说，仍将是一个具有挑战性的重要目标。

---

① ［联合国］德洛尔：《教育——财富蕴藏其中》，教育科学出版社 1996 年版，"序言"。
② ［美］约翰·I. 古得莱得：《一个称作学校的地方》，华东师范大学出版社 2006 年版，第 384 页。

参考文献

一、英文文献

（一）著作

[1] Alexander, Kern & Alexander, M. David. *American Public School Law*. Belmont, CA. : Thomson West, 2005.

[2] Ashline, Nelson F. , Pezzullo, Thomas R. & Norris, Charles I. *Education, Inequality, and National Policy*. Washiton D. C. : Heath and Company, 1976.

[3] Bank, Barbara J. & Hall, Peter M. Gender. *Equity, and Schooling: Policy and Practice*. New York: Garland Pub. , 1997.

[4] Berube, Maurice R. American School Reform: *Progressive, Equity, and Excellence Movements*, 1883 – 1993. Westport, Conn. : Praeger, 1994.

[5] Borman, Kathryn M. *Implementing Educational Reform: Sociological Perspectives on Educational Policy*. Norwood, N. J. : Ablex Publishers, 1996.

[6] Bosker, Roel J. Enhancing Educational Excellence, *Equity and Efficiency*. Netherlands: Kluwer Academic Publishers, 1999.

[7] Chartock, Roselle K. *Educational Foundations*. Columbus: Upper Saddle River, New Jersey, 2004.

[8] Sol Cohen. *Education in the United States: A Documentary History*. New York: Random House, 1974.

[9] Coleman, James S. *Equality and Achievement in Education*. Boulder: Westview Press, 1990.

[10] Compayre, C. *Horance Mann and the Public School in the United States*. New York: Thomas Y. Crowell, 1907.

[11] Compayre, Gabriel. *Horance Mann and the Public School in the United States.* New York: Thomas Y. Crowell, 1907.

[12] Conant, James Bryant. *The American High School Today.* McGraw-Hill Book Company Inc, 1959.

[13] Conant, James Bryant. *Education in a Divided World: the Function of the Public Schools in our Unique Society.* Greenwood Press, 1948.

[14] Conant, James Bryant. *My Several Lives: Memoirs of a Social Inventor.* Harper&Row, Publishers, 1970.

[15] Conant, James Bryant. *The Child, the Parent & the State.* McGraw-Hill, 1965.

[16] Cremin, Larence A. *American Education: The Colonial Experience, 1607 – 1783.* New York: Harper & Row Publishers, 1970.

[17] Cremin, Larence A. *American Education: The National Experience, 1783 – 1876.* New York: Harper & Row, Publishers, 1980.

[18] Cremin, Larence A. *The Transformation of the School: Progressivism in American Education 1876 – 1957.* New York: A. Vintage Book, 1961.

[19] Cremin, Lawrence A. *The Republic and the School, Horance Mann on the Education of Free Men.* New York: Teachers College Press, Columbia University, 1974.

[20] Cubberley, Ellwood P. *Public Education in the United States.* Boston: Hounghton Mifflin, 1919.

[21] Fennema, Elizabeth & Ayer, M. Jane. *Women and Education : Equity or Equality?* Berkeley, California: McCutchan Publishing Co, 1984.

[22] First, Patricia F. & Curcio, Joan L. *Individuals with Disabilities: Implementing the Newest Laws.* Newbury Park, Calif. : Corwin Press, 1993.

[23] Gewirtz, Sharon, Ball, Stephen J. & Bowe, Richard. *Markets, Choice and Equity in Education.* Buckingham: Open University Press, 1995.

[24] Goodman, Paul. *Compulsory Mis-education.* New York: Horizon Press, 1962.

[25] Goodman, Paul. *Growing up Absurd.* New York: Random House, Inc. , 1960.

[26] Grant, Carl A. & Gillette, Maureen D. *Learning to Teach Everyone's*

Children: Equity, Empowerment, and Education That is Multicultural. California: Thomson & Wadsworth, 2006.

[27] Heubert, Jay P. *Law and School Reform: Six Strategies for Promoting Educational Equity.* New Haven: Yale University Press, 1999.

[28] Honeywell, Roy J. *The Educational Work of Thomas Jeferson.* New York: Russell & Russell, Inc. 1964.

[29] Horvat, Erin McNamara & Connor, Carla O. *Beyond Acting White: Reframing the Debate on Black Student Achievement.* Lanham, Md. : Rowman & Littlefield, 2006.

[30] Imber, Michael & Geel, Tyll van. *Education law.* New York: McGraw-Hill, 1993.

[31] Jefferson, Thomas. Madison, James, Boyd, Julian P. (ed.) . *The Papers of Thomas Jefferson.* Vol. 1. New Jersey: Princeton University Press. 1953.

[32] Jefferson, Thomas. Lee, Gordon C. (ed.) . *Crusade Against Ignorace: Thomas Jefferson on Education.* New York: Bureau of Publications, 1926.

[33] Jencks, Christopher S. *Inequality: A Reassemssment of the Effect of Family and Schooling in America.* New York: Basic Books, 1978.

[34] Johnson, Lawrence J. & Bauer, Anne M. *Meeting the Needs of Special Students: Legal, Ethical, and Practical Ramifications.* Newbury Park, CA. : Corwin Press, 1992.

[35] Kopan, Andrew & Walberg, Herbert. *Rethinking Educational Equality.* California: McCutchan Publishing Corporation, 1974.

[36] Laidley, Harry W. *John Dewey at Ninety.* New York: League for Industrain Democracy, 1950.

[37] Lodge, Paul & Blackstone, Tessa. *Educational Policy and Educational Inequality.* Oxford: M. Robertson, 1982.

[38] Malone, Dumas. *Jefferson and His Tim.* Vol. 1. Boston: Little, Brown and Company, 1948.

[38] Mann, H. . *Twelfth annual report. In L. Cremin* (Ed.) , The republic and the school: Horace Mann on the education of free men. New York: Teachers College Press. 1957.

[39] Mann, Mary Peabody. *Life and Works of Horace Mann.* Washington, D. C. : National Education Association of the United States, 1937.

[40] Maschke, Karen J. *Educational Equity.* New York: Garland Publishers, 1997.

[41] McGuinn, Patrick J. *No Child Left Behind And The Transformation of Federal Education Policy,* 1965 – 2005. Kansas: University Press of Kansas, 2006.

[42] Minow, Martha, Shweder, Richard A. & Hazel Rose Markus. *Just School: Pursuing Equality in Societies of Difference.* New York: Russell Sage Foundation, 2008.

[43] Moss, Pamela A. , Pullin, Diana C. , Gee, James Paul, Haertel, Edward H. & Young, Lauren Jones. *Assessment, Equity, and Opportunity to learn.* New York: Cambridge University Press, 2008.

[44] Olivert, Damian P. *No Child Left Behind Act: Text, Interpretation and Changes.* New York: Nova Science Publishers, 2007.

[45] Osgood, Robert L. *The History of Special Education: A struggle for Equality in American Public Schools.* Westport, Conn. : Praeger. 2008.

[46] Petrovich, Janice. Amy Stuart Wells, *Bring Equity Back: Research for a New Era in American Educational Policy.* New York: Teachers College, Columbia University, 2005.

[47] Plaut, Suzanne. & Sharkey, Nancy S. *Education Policy and Practice: Bridging the Divide.* Cambridge, MA: Harvard Educational Review, 2003.

[48] Parrish, Thomas B. , Chambers, Jay G. & Guarino, Cassandra M. . *Funding Special Education.* Corwin Press, Inc, 1999.

[49] Pulliam, John D. & Patten James J. Van. *History of Education in America.* Columbus, New Jersey : Upper Saddle River, 2003.

[50] Sadovnik, Alan R. *No child left behind and the Reduction of the Achievement Gap: Sociological Perspectives on Federal Educational Policy.* New York: Routledge, 2008.

[51] Secada, Walter G. . *Equity in Education.* New York: The Falmer Press. 1989.

［52］ Skrla, Linda & Scheurich, James Joseph. *Educational Equity and Accuntability: Paradigms, Policies, and Politics.* New York: Routledge Falmer, 2004.

［53］ Spring, Joel. *American Education: An Introduction to Social and Political Aspects.* New York: Longman, 1989.

［54］ Spring, Joel H. *The American School*, 1642 – 2004. Boston: McGraw-Hill, 2005.

［55］ Tushnet, Mark V. *The NAACP's Legal Strategy Against Segregated Education*, 1925 – 1950. Chapel Hill: The University of North Carolina Press, 1987.

［56］ Webb, Rodman B. & Sherman, Robert R. *Schooling and Society.* New York: Macmillan Publishing Company. 1989.

［57］ Weishaar, Mary Konya. *Case Studies in Special Education Law: No Child Left Behind Act and Individuals with Disabilities Education Improvement Act.* Upper Saddle River, NJ. : Merrill/Prentice Hall, 2007.

［58］ Williams, E. I. F.. *Horance Mann: Educational Statesman.* New York: MaCmillan, 1937.

［59］ Yell. Mitchell L.. *The Law and Special Education.* Prentice Hall, 2006.

［60］ Yudof, Mark G. *Educational Policy and the Law.* Belmont, CA: West & Thomson Learning, 2002.

（二）论文

［61］ Cohen, Sol. *Education in the United States: A Documentary History.* New York: Random House, 1974. 5.

［62］ Darling-Hammond, Linda. *Unequal Opportunity: Race and Education.* The Brookings Review. Washington: Spring 1998. 16.

［63］ Darling-Hammond, Linda. *New Standards and Old Inequalities: School Reform and the Education of African American Students.* Washington, D. C. : The Journal of Negro Education, Fall 2000. 16.

［64］ Darling-Hammond, Linda. *The Flat Earth and Education: How America's Commitment to Equity Will Determine Our Future.* Educational Researcher, 2007. 36.

［65］ Darling-Hammond, Linda. *Teaching and Knowledge: Policy Issues Posed by Alternate Certification for Teachers.* Peabody Journal of Education, 1992. 67 (3).

[66] Darling-Hammond, Linda. *A Future Worthy of Teaching For America.* The Education Digest. 2009. 74.

[67] Darling-Hammond, Linda. *America's Future: Educating Teachers.* The Education Digest. 1999, 5 (64).

[68] Darling-Hammond, Linda. *Instructional Policy into Practice: The Power of the Bottom over the Top.* Educational Evaluation and Policy Analysis, 1990. 12 (3).

[69] Darling-Hammond, Linda. *Transforming Urban Public Pchools: The role of Standards and Accountability.* Paper Prepared for the Harvard Urban Education Seminar Series. Cambridge, MA. 2001.

[70] LindaDarling-Hammond. *The right to Learn: A Blueprint for Creating Schools that Work.* San FraTnCFev-Rac_ 1997.

[71] Dewey, John. *Democracy and Educational Administration. School and Society,* 1937. 6.

[72] Fantini, Mario D.. *Adapting to Diversit Future Trends in Curriculum.* NASSP Bulletin. 1985 . 69.

[73] Gamoran, A. Measuring*Curriculum Differentiation.* American Journal of Education, 1989. 97.

[74] Keller, Bess. *"Residencies" Set Up to Train Urban Teachers at School Sites.* Education Week. Bethesda: 2006. 26 (10).

[75] Rudalevige, Andrew. *Accountability and Avoidance in the Bush Education Plan: The No Child Left Behind Act of* 2001. Cambridge, Mass. : Program on Educational Policy and Governance, Harvard University, 2002.

（三）网络资源

[76] History in Educating Children With Disabilities Through IDEA. http: // www. ed. gov/offices/osers/osep

[77] Transcript of Civil Rights Act (1964) . http: //www. ourdocuments. gov/

[78] U. S. Department of Education Strategic Plan, 1998 – 2002. http: // www2. ed. gov/pubs/StratPln/index. html.

[79] The 2001 – 2005 Strategic Plan. http: //www2. ed. gov/pubs/stratp-

lan2001 – 05/index. html.

[80] U. S. Department of Education. No Child Left Behind Act Is Working. http：//www. ed. gov/nclb/overview/importance/nclbworking. html.

[81] U. S. Department of Education, Strategic Plan for Fiscal Years 2007 – 12, Washington, D. C. , 2007.

[82] U. S. Department of Education, Office of Planning, Evaluation and Policy Development, ESEA Blueprint for Reform, Washington, D. C. , 2010.

[83] U. S. Department of Education, Washington, D. C. , Guidance on the State Fiscal Stabilization Fund Program, April 2009. http：//www. ed. gov/programs/statestabilization/guidance. pdf.

[84] America 2000：An Education Strategy. Source book. U. S. Department of Education. Washington D. C. , 1991.

[85] No Child Left Behind, President Bush's Education Reform Plan. http：//www2. ed. gov/nclb/overview/intro/presidentplan/page_ pg2. html

二、中文文献

（一）译著、著作

[1] ［美］奥巴马:《重塑美国竞争力》,《我们相信变革》,中信出版社2009 年版。

[2] ［澳］乔德兰·库卡塔斯、［奥］菲利普·佩迪特著,姚建宗、高申春译:《罗尔斯》,黑龙江人民出版社1999 年版。

[3] ［美］劳伦斯·阿瑟·克雷明著,单中惠、马晓斌译:《学校的变革》,山东教育出版社2009 年版。

[4] ［美］杜威著,赵祥麟、王承绪编译:《杜威教育名篇》,教育科学出版社2006 年版。

[5] ［美］杜威著,傅统先、邱椿译:《人的问题》,上海人民出版社2006 年版。

[6] ［美］杜威著,孙有中等译:《新旧个人主义》,上海社会科学院出版社1997 年版。

[7] ［美］杜威著,王承绪译: 《民主主义与教育》,人民教育出版社

1990 年版。

［8］［美］杜威著，赵祥麟等译：《学校与社会·明日之学校》，人民教育出版社 1994 年版。

［9］［美］Linda Darling-Hammond 主编，王晓华、向于峰、钱丽欣译：《美国教师专业发展学校》，中国轻工业出版社 2006 年版。

［10］［美］莫林·T. 哈里楠主编，傅松涛等译：《教育社会学手册》，华东师范大学出版社 2004 年版。

［11］［美］约翰·罗尔斯著，何怀宏等译：《正义论》，中国社会科学出版社 2001 年版。

［12］［美］鲍尔斯、［美］金蒂斯著，王佩雄等译：《美国：经济生活与教育改革》，上海教育出版社 1990 年版。

［13］［英］J. R. 波尔著，张聚国译：《美国平等的历程》，商务印书馆 2007 年版。

［14］［美］约翰·I. 古得莱得：《一个称作学校的地方》，华东师范大学出版社 2006 年版。

［15］［美］凯瑟琳·麦可德莫特著，周玲等译：《掌控公立学校教育：地方主义与公平》，教育科学出版社 2007 年版。

［16］［美］托马斯·杰斐逊著，朱曾文译：《杰斐逊选集》，商务出版社 1999 年版。

［17］［美］韦恩·J. 厄本、［美］杰宁斯·L·瓦格纳著，周晟等译：《美国教育：一部历史档案》，中国人民大学出版社 2009 年版。

［18］［美］戴维·B. 秦亚克：《一种最佳体制：美国城市教育史》，上海人民出版社 2010 年版。

［19］成有信：《教育政治学》，江苏教育出版社 1993 年版。

［10］冯建军：《教育公正——政治哲学的视角》，福建教育出版社 2008 年版。

［21］季苹：《西方现代教育流派史论》，北京师范大学出版社 1995 年版。

［22］华桦、蒋瑾：《教育公平论》，天津教育出版社 2006 年版。

［23］刘庆仁：《美国新世纪教育改革》，心理出版社股份有限公司 2005 年版。

［24］刘欣：《基础教育政策与公平问题研究》，华中师范大学出版社 2008 年版。

［25］江绍伦：《美国高等和中等教育发展过程》，三联书店 1980 年版。

［26］吕达、周满生主编：《当代外国教育改革著名文献》，人民教育出版社 2004 年版。

［27］马和民、高旭平：《教育社会学研究》，上海教育出版社 1998 年版。

［28］瞿葆奎主编：《教育学文集·美国教育改革》，人民教育出版社 1990 年版。

［29］屈书杰：《美国黑人教育发展研究》，河北大学出版社 2004 年版。

［30］单中惠主编：《外国素质教育政策研究》，山东教育出版社 2004 年版。

［31］苏君阳著：《公正与教育》，北京师范大学出版社 2008 年版。

［32］孙绵涛：《教育政策学》，武汉工业大学出版社 1997 年版。

［33］滕大春：《美国教育史》，人民教育出版社 2001 年版。

［34］翁文艳：《教育公平与学校选择制度》，北京师范大学出版社 2003 年版。

［35］赵祥麟主编：《外国教育家评传》（四卷本），上海教育出版社 2002 年版。

［36］袁振国主编：《教育政策学》，江苏教育出版社 2000 年版。

［37］张人杰主编：《国外教育社会学基本文选》（修订版），华东师范大学出版社 2009 年版。

［38］张维平、马立武：《美国教育法研究》，中国法制出版社 2004 年版。

［39］周洪宇：《教育公平是和谐社会的基石》，安徽教育出版社 2007 年版。

　　（二）期刊论文

［40］丁维莉、陆鸣：《教育的公平和效率是鱼和熊掌吗》，《中国社会科学》2005 年第 6 期。

［41］冯大鸣、赵中建：《"9·11"后美国教育战略调整的两个标志》，《教育发展研究》2003 年第 3 期。

［42］傅松涛、赵建玲：《美国城乡教育机会均等与"农村教育成就项目"》，《外国教育研究》2006 年第 3 期。

［43］古冬梅、洪明：《美国〈不让一个孩子落伍〉法案实施过程中的问题》，《教育发展研究》2009 年第 17 期。

［44］黄忠敬：《美国政府是如何解决教育公平问题的》，《教育发展研

究》2008 年第 21 期。

［45］乐先莲：《发达国家教育公平问题研究：问题、对策和启示》，《教育发展研究》2007 年第 1 期。

［46］李清富：《平等还是公正？试论罗尔斯的教育哲学观》，《外国教育研究》2006 年第 3 期。

［47］马晓强：《科尔曼报告 40 年述评——兼论对我国"上学难，上学贵"问题的启示》，《教育研究》2006 年第 6 期。

［48］生兆欣：《〈初等与中等教育法〉与美国联邦政府教育角色的变迁》，《比较教育研究》2009 年第 3 期。

［49］王嫣：《美国教育立法与美国教育发展》，《外国教育研究》1994 年第 3 期。

［50］薛二勇、方展画：《美国教育公平发展中的补偿性政策》，《教育发展研究》2007 年第 19 期。

［51］杨军：《促进基础教育的均衡发展》，《外国教育研究》2004 年第 11 期。

［52］叶玉华：《教育均衡化的国际比较与政策研究》，《教育研究》2003 年第 11 期。

［53］杨柳：《美国残疾人教育法探析》，《比较教育研究》2008 年第 6 期。

［54］余秀兰：《弱势群体的教育支持：发达国家的理念及其嬗变》，《比较教育研究》2009 年第 1 期。

［55］张良才、李润洲：《关于教育公平问题的理论思考》，《教育研究》2002 年第 12 期。

［56］张民选：《杰斐逊公立教育思想评述》，《上海师范大学学报》1992 年第 4 期。

［57］赵中建：《不让一个儿童落后——美国布什政府教育改革监图述评》，《上海教育》2001 年第 5 期。

［58］褚宏启、杨海燕：《教育公平的原则及其政策含义》，《教育研究》2008 年第 1 期。

［59］朱家存：《教育平等：科尔曼的研究及其给我们的启示》，《外国教育研究》2003 年第 12 期。

［60］朱旭东：《杰斐逊教育思想的现代性阐释》，《高等师范教育研究》

1999 年第 6 期。

（三）学位论文

［61］李敏：《美国教育政策问题研究——以 20 世纪 80 年代以来基础教育政策为例》，博士学位论文，华东师范大学，2006 年。

［62］薛二勇：《教育公平与公共政策——基于教育公平的美国公共政策研究》，博士学位论文，浙江大学，2007 年。

［63］朱永坤：《教育政策公平性研究——基于义务教育公平问题的分析》，博士学位论文，东北师范大学，2008 年。